THE CONTAGIOUS COMMANDMENTS

[英]
保罗·坎普—罗伯逊
Paul Kemp-Robertson
克里斯·巴斯
Chris Barth
著

品牌与产品疯传的十条诫律

如何实现高效、精准、高转化率的营销

中国青年出版社
CHINA YOUTH PRESS

图书在版编目（CIP）数据

品牌与产品疯传的十条诫律：如何实现高效、精准、高转化率的营销／（英）保罗·坎普-罗伯逊，（英）克里斯·巴斯著；刘静月译．
—北京：中国青年出版社，2020.5
书名原文：THE CONTAGIOUS COMMANDMENTS: Ten Steps to Brand Bravery
ISBN 978-7-5153-4733-2

Ⅰ.①品… Ⅱ.①保…②克…③刘… Ⅲ.①市场营销学 Ⅳ.①F713.50

中国版本图书馆CIP数据核字（2019）第270091号

THE CONTAGIOUS COMMANDMENTS: Ten Steps to Brand Bravery
Text Copyright © Paul Kemp-Robertson and Chris Barth, 2018
First Published 2018
Simplified Chinese edition copyright © 2020 by China Youth Press
Published under licence from Penguin Books Ltd.
Penguin（企鹅）and the Penguin logo are trademarks of Penguin Books Ltd.
First published in Great Britain in the English language by Penguin Books Ltd.
All rights reserved.
封底凡无企鹅防伪标识者均属未经授权之非法版本。

品牌与产品疯传的十条诫律：
如何实现高效、精准、高转化率的营销

作　　者：	[英]保罗·坎普-罗伯逊　克里斯·巴斯
译　　者：	刘静月
责任编辑：	肖　佳　岳明园
美术编辑：	杜雨萃
出　　版：	中国青年出版社
发　　行：	北京中青文文化传媒有限公司
电　　话：	010-65511270/65516873
公司网址：	www.cyb.com.cn
购书网址：	zqwts.tmall.com
印　　刷：	大厂回族自治县益利印刷有限公司
版　　次：	2020年5月第1版
印　　次：	2020年5月第1次印刷
开　　本：	787×1092　1/16
字　　数：	211千字
印　　张：	16
京权图字：	01-2019-1557
书　　号：	ISBN 978-7-5153-4733-2
定　　价：	59.00元

版权声明

未经出版人事先书面许可，对本出版物的任何部分不得以任何方式或途径复制或传播，包括但不限于复印、录制、录音，或通过任何数据库、在线信息、数字化产品或可检索的系统。

中青版图书，版权所有，盗版必究

本书献给所有伟大的创意。

目录
CONTENTS

引　言 / 007

第一部分　创造一种利于品牌与产品疯传的文化 / 017

诫律一：拥有一个组织原则　　　　　　　　018

诫律二：要有实用性、相关性和趣味性　　　044

诫律三：提出异端的问题　　　　　　　　　065

诫律四：与受众行为保持一致　　　　　　　090

诫律五：要有慷慨的思维与行动　　　　　　111

第二部分　让创意如自己长脚一般在受众中传播 / 133

诫律六：投入5%的时间与资源进行实验　　134

诫律七：客户体验要优先于创新　　　　　　160

诫律八：化受众为武器，为你传播　　　　　184

诫律九：信任至上　　　　　　　　　　　　207

诫律十：打破常规，勇于创新　　　　　　　229

致　谢 / 253

引 言
INTRODUCTION

试着想象你在书店、机场或者客厅看书的时候,旁边的人咳嗽了一下,或者打了一个喷嚏,或者说散播了某种细菌,这可能会直接威胁到你接下来一周的美好计划。

你很可能会立即走开,想去洗手,或者下意识地咒骂或者祝福这个人,这完全取决于个人性格。总之,传染病是我们避之不及的。

但在营销人员(以及娱乐、媒体和许多其他领域的人员)看来,传染效应却恰好是需要把握并借机放大/炒作的。因为成本低,辐射范围广,品牌同样靠这种效应发展壮大。一条措辞不当的推文可能断送一个人的职业生涯,同样,一个画质清晰度不高的视频说服了百万人把冰块倒在自己头上(2014年的ALS冰桶挑战)。传染效应让品牌理念像野火一样扩散传播。这些高传播度的事物可以是在流行文化中拥有一席之地的一则画面优美的创意短片,可以是有创意的、支持社会事业的公关活动,也可以是记录在一堆沙子中慢慢生长的马铃薯的直播视频。

在这样一个高成本广告会被拦截,但在人们的智能手机上一个创意可以免费获得数十亿浏览的时代，高传播度的想法格外有价值。而不能提出这种想法的营销人员将很快会发现自己很容易落后并被淘汰，广告经费花费超额，甚至可能面临失业的危险。

我们是（咳咳）Contagious

Contagious成立于2004年，那时的市场营销正经历重大的改变。智能手机的出现，社交媒体的盛行，让人们与品牌的关系变得更具互动性和舆论性。新的媒体衍生了新的行为，让受众走在了广告人的前面。

那时的传播产业需要一套新的指引系统来理解这些变化和挑战。Contagious便是一家在商业情报资源、季度期刊和营销咨询服务这三个领域帮助客户把握未来营销方向的公司。

公司成立的初衷，是启发卓越的创想，为那些试图通过创意和创造力提升竞争力的营销人员服务。我们探寻世界上最杰出的营销和颠覆性趋势，帮助客户快速获得制胜灵感。我们深信，创造力是在竞争中获得压倒性优势的最后正当手段。

成立至今，公司已经成为营销趋势和创意领域的世界级权威。我们十分痴迷于关注人们选择在意什么、热切渴望分享什么，所以创造了一个平台来探索另类的广告创意，研究新兴技术的影响，让品牌更具使命感。

我们想让你的品牌、产品能够疯传

为什么要读这本书呢？首先，它汇聚了这个千禧年广告行业最引人注目和颠覆性的想法。无论你是想了解危地马拉鞋类零售商的巧妙活动，为日本咖啡品牌设计的古怪的自动售货机，连接互联网的内衣，还是狗狗的广播电台，我们都能满足你的需求。如果你在营销行业工作，或者只是对创意想法对文化和商业的影响着迷，你会在这里发现许多干货。

除了创意灵感，本书也是一本实用指南：十条清晰简单的诫律，帮助你创造和分享成功的、富有感染力的想法。经过了广告领域变革和颠覆中最激烈的十几年的不断打磨，现在的这十条诫律为人们提出了清晰的指引，在市场营销和其他领域都适用。

高传播度的灵感需要打破长期存在的规则和套路。想象一则啤酒广告，你的脑海中是否出现这样的画面：一个派对或者体育赛事上，男男女女在嬉笑打闹，最后出现一瓶或是刚满上的一品脱啤酒，闪着晶亮的气泡，喝一口还有些许泡沫留在了嘴唇上。按照品类套路，闭上眼睛就能写出这样的广告。洗发水广告就更加简单，全世界的品牌手册中都有这样的范本："扭头，沙沙声，微笑"三部曲，广告的女主角望向镜头，撩起她刚洗好的头发然后露出动人的微笑。这样的广告十分普遍，让人过目即忘。

回忆你每天在电视或平板电脑上、在通勤路上或者电脑前看到的无数老套的广告，有多少给你留下了印象？正如我们的免疫系统不断地战胜那些常见的细菌一样，我们的大脑也会自动屏蔽那些平庸的创意和老套的呈现方式。人们对大部分的营销活动都有认知上的免疫。

本书提供了十大战略要点，帮助你在构思创意时跳出思维定式，打破常规，不断地产生能够疯传的成果，用积极的方式渗透人们的认知防线。遵循这十条诫律，你会发现创意会在受众中间自然传播，让你的品牌成为文化交流的一部分。尽管这样的创意无法生搬硬套，但的确存在一些可供参考的范例和指引，让有意义的创意构思在人群中引发共鸣。我们希望本书能帮你实现这一目的。

阿根廷广告人的故事

所有高传播度的创意都来自故事，其中有两个故事激发了Contagious公司创立的灵感。第一个故事来自阿根廷首都布宜诺斯艾利斯。1998年，一个名为马德罗东区的崭新街区落成，街区位于马德罗港口，曾经是河边的工业园区。街区有阿根廷第一家希尔顿酒店、住宅区、办公楼以及商场和影院的综合体。为了推广这个新的街区，富有的开发商阿尔伯特·冈萨雷斯找到了国内最出名的创意总监豪尔赫·海曼。"这是四百万美元，"他说，"我们需要一个广告宣传，让更多人知道这里，吸引他们来这个城中新城。请给我一些建议。"

接到如此具有野心且备受瞩目的简报，海曼和任何重视自己名声的创意总监一样，花了大量时间研究产品。他在白天和夜晚的不同时间造访了马德罗港，感受这个雄心勃勃、闪闪发光的新街区。但当他前往向商界巨头呈现自己的广告创意时，却什么也没带。他告诉冈萨雷斯："先生，你需要的不是广告宣传，而是一座桥。"

透过一个消费者的视角观察马德罗东区，海曼发现它离城市的主要枢纽太远了，无法构成对潜在游客的吸引力。河流不仅是物理障碍，同样是个心理障碍。当然，他也可以毫不费力地策划一系列广告牌、平面广告、广播和电视广告。但是，如果人们不得不乘坐两次公交，走很远的路或支付高昂的出租车费用，等他们到达这个新街区时，将不会有太多购物和社交的心情。这个问题是不管多少光鲜的广告都难以解决的。但，一座桥可以。

不过，可不是一座普通的桥。

海曼感到，这个改变了布宜诺斯艾利斯地图的新贵街区需要大胆和标志性的设计，需要一个吸引人的故事。这座大桥要有传染效应，成为人们津津乐道的地标和媒体专栏争相报道的题材——这个野心十足的设计要起到广告宣传的作用,又要比传统的十二周媒体报道更加长久。它既是交通枢纽,又是艺术品,会立即将马德罗东区和客户群建立连接,给周边地区注入活力。

海曼知道名气助长名气,于是他印制了一张有开发商标志和自己名字的名片,飞往西班牙去说服世界上最著名的建筑设计师之一圣地亚哥·卡拉特拉瓦来接下这个广告简报。于是,独特的"女人桥(Puente de la Mujer)",连接马德罗港和布宜诺斯艾利斯主城区的人行天桥便诞生了。这座桥不仅成了城市地标,还为马德罗东区的商店、住宅、办公楼、影院、宾馆和餐馆带来了大量客源。尽管造价六百万美元,超过了原本市场和媒体预算的一半,但也得到了成倍的回报。在《新滨水区:全球城市成功案例》中,作者安妮·布里恩和迪克·里格比将其称为世界上最成功的滨水区重建工程项目之一。

二十世纪伟大的哲学家埃尔维斯·普雷斯利曾鼓励人们"穿着我的鞋走一英里(猫王的歌曲 Walk a Mile in My Shoes)",这位阿根廷的广告人就做到了。这位创意总监选择到马德罗港步行考察一番,而不是在城市另一端的办公室里起草广告策划,因此了解到了目标群体的想法。通过重现人们的体验,他创造性地发现了传统营销方法以外的方案。

这似乎很显而易见,但营销人员有时确实需要离开他们的办公桌和数据监测屏,深入产品和服务用户的生活中。帮助营销人员用新的方法找到创意解决方案,就是Contagious的使命。

墨西哥的古老故事

第二个启发我们创立Contagious的故事,与我们曾经服务的一家跨国餐饮集团有关。他们曾提出这样一个问题:"品牌能够做到真正的换位思考吗?"在做调研的过程中,保罗偶然发现了一个极端例子(请做好心理准备)。

在西方宗教社会看来,生育被视为与原罪有直接的关系。《圣经》中描述，分娩时的阵痛是对女性触犯天堂法规的自然惩罚。伊甸园中，夏娃受到蛇的蛊惑而偷食禁果，于是上帝判罚男人一生辛苦劳作，而女人则要通过痛苦的生育来繁衍后代。这种观念根深蒂固，早期在生育的过程中常常不允许使用麻醉药，因为作为"夏娃的后代"，女性"应当"遭受分娩之苦。

只有少数社会有着相反的看法，作为印第安阿兹特克人的后代，墨西哥的印第安维乔人认为这种生育之痛应该由男女共同承担。为此，他们设计了一种巧妙的、极具共情力的方法（准备倒吸一口气）。在分娩时，让准母亲手握一根绳子，绳子另一端拴着准父亲的睾丸，每一次痛苦的宫缩，她都会本能地去拉这根绳子，通过这样的方式，她上方的棚架或者树枝上的准父亲不仅能分担这种疼痛，也在精神上分享新生命带来的喜悦。

并不是说每个创建品牌的人都要以这种极端的方式去为客户们着想，但Contagious鼓励营销人员培养感受用户的"切身之痛"的能力，就像猫王说的那样，要深入人们的想法，才能更好地预知他们的需求。

大众媒体能有效地传播品牌信息，也时常能唤起很强的情绪反应。但我们也相信，品牌要想赢得消费者的忠诚度和兴趣，并从中受益，应该利用其独特的影响力——无论是通过媒体还是通过创意——带来积极的改变，给用户带来实际的用途，塑造原本无法触及或原本无法获得的体验。在时常疯狂和令人眼花缭乱的世界中，品牌已经开始填补社会的部分真空地带，充当起顾问、门房礼宾、问题解决者、教育家和娱乐提供商。

"体会用户的切身之痛"

尽管"体会用户的切身之痛"像是那些营销大会赠品袋里T恤上的口号，墨西哥维乔人的故事和建造了一座大桥的广告简报都触及了Contagious公司创立的核心理念，于是公司就在伦敦一家酒廊的啤酒垫上诞生了。

引言

传统的市场营销人员花费大量的精力来研究"用户体验地图",精心寻找消费者的日常行为规律,以找到最合适的"接触点"。说白了,就是找到能够利用广告向人们传递品牌信息的途径。但Contagious不同,就像"体会用户的切身之痛"的比喻一样,我们主张找到用户体验中的"痛点",并提出相应的解决方案、服务、辅助、信息或者体验来解决或者减轻痛感。与传统的广告方式相比,这种方法更能为消费者设身处地地思考。因为广告习惯用一种激进的方式向消费者传达信息,这也是为什么"活动""目标""轰炸""游击营销""渗透""隐形营销"这些术语是如此常见。

尽管价格和产品性能是购买决策的主要因素,但当品牌能以这种直观的、创造性的方式运作时,与常规的、短暂的广告相比,更容易与人群建立真切的连接。

达美航空为了缓解乘客害怕行李丢失的焦虑,在手机应用中增加了一项功能,乘客从办完登机手续那一刻就能追踪行李的位置,做到了感受乘客的"切身之痛"。奥兰德银行通过转型成为聚焦于可持续性的金融机构,做到了感受用户的"切身之痛"。肯尼亚通讯运营商Safaricom将手机账户余额转化成点对点的金融服务,从而解决了文化的痛点。接下来的章节有大量类似的案例,这些品牌都通过关注消费者的痛点,提供创造性的解决方案,并从中获得了收益。

品牌与产品疯传的十条诫律

"体会用户的切身之痛"是句有洞察力的口号,但用于宣传难免有些尴尬。毕竟,被绳子拴着的睾丸这样的画面不太适合出现在初次会面的场合。但它埋下了一颗种子,最终启发我们写成了品牌与产品疯传的十条诫律——品牌进行成功的营销、适应未来,并具有创新突破的勇气的十个步骤。经过在营销领域十多年的写作、演讲和思考，我们已出版超过五十期季度期刊，通过无数的客户案例的实战经验，总结出了高传播度创意的特点，从而得到这十条诫律。它们将帮助品牌更加适应未来的发展趋势。

- **拥有一个组织原则**。从自身和客户的角度，判断你的公司为什么存在。不要被一时的趋势所蒙蔽，你的组织原则是关于组织存在的清晰声明，也是公司的核心支柱。

- **要有实用性、相关性和趣味性**。这是大约2005年我们写下的最初的诫律。很简单，但并没有得到足够的重视。如果你想让人们在品牌内容、服务和体验上花时间，回馈给他们的东西就要具有价值。

- **提出异端的问题**。你上一次问关于公司为什么存在的问题是什么时候？这种问题可能会让人感觉到不适，但勇敢的营销人员敢于面对这种不适感，拥抱意见的分歧。他们打破砂锅问到底，直到触及问题的核心。或许最重要的是，他们鼓励其他同事也这么做。

- **与受众行为保持一致**。不要想着另辟蹊径，或者脱离用户的实际需要。相反，要善于协作，观察已有的规律和行为，发现可以如何在这个基础上发展你的品牌，而不是远离这个基础。

- **要有慷慨的思维与行动**。把用户而不是公司的利益放在首位。最好的广告往往并不是广告本身，而是你的广告要能够解决用户体验中的难点和痛点，让世界变得更加美好。

- **投入5%的时间与资源进行实验**。"失败为成功铺平道路"这句话自有道理，不妨从生产预算、媒体预算和奖品预算中拿出一部分来做新的尝试，并始终保持乐观和好奇心。不能从失败中学习，才是最失败的事。

- **客户体验要优先于创新**。如果一个创意很糟糕，用再先进的技术也无济于事。技术创新可能会带来一时的传播效果，但如果没有带来更完美的用户体验，就不会长久。技术应该为创意服务，而不是本末倒置。

- **化受众为武器，为你传播**。把大众变成传播媒介，因为他们能站在制高点帮助品牌发声。你的受众有着强大的力量，要邀请他们一起塑造品牌的发展方向和作为，并给予他们工具和资源来为品牌做宣传。

- **信任至上**。声誉往往会为企业带来蝴蝶效应。培养用户的信任，让他们将品牌视作合作伙伴或者同盟。首要的一点是，不要忘了数据的背后，是一个个鲜活的个体，要尊重这些个体。

- **打破常规，勇于创新**。有研究显示，在商人的潜意识中，创意（新的、有风险的想法）就等同于毒药、呕吐物和痛苦。他们错了！创意工作的有效性是非创意工作的六倍。我们只有将创意放在第一位，才能击穿用户的认知防御，并打开一条通路。要敢于在简报中赋予创意勇气。

在接下来的章节中，我们将对这十条诫律展开详细的说明。我们相信通过对它们的研究，你的品牌、公司和客户都会受益。不过我们知道在广告行业，时间宝贵，注意力就是金钱。广告公司花费上千小时的时间精心策划，仅仅为的是让人们在Facebook上浏览广告的那几秒之内，或是在YouTube上点击"跳过广告"之前能有所触动。

我们知道，你们中的大多数人都处在这个星球上最争分夺秒的行业中，而接下来的每个章节都包含大量的信息。为了节省你们的时间，我们用两种方式来解释每一个章节，我们将它们比作拿铁和浓缩咖啡。

我们将完整版的说明比作光滑的陶瓷杯中的有着浓郁泡沫的拿铁咖啡，可以让你靠在复古的皮沙发上慢慢享用。每章的最后，则有一个简化版本，将内容浓缩和提炼，让你在两分钟内就能掌握那一章的主旨。除此之外，还能向你的老板和同事去解释核心思想和要点。

另外在Contagious，我们还有些自留的妙招——一些模型、工具和图表，能够帮助你将诫律中的智慧运用到自己的工作中。这些工具在全书均有出现，敬请留意。

CREATING A CULTURE

第一部分
创造一种利于品牌与产品疯传的文化

THE FIRST COMMANDMENT

诫律一：拥有一个组织原则

根据比写这本书的凡人更高一等的权威的说法，诫律不一定非要花哨或是复杂。《圣经》十诫中的第六诫"不可杀人"，并不是一条多么深刻的行为准则，不是吗？因此，我们的第一条诫律既显而易见，又至关重要，那就是：在做任何事之前，必须了解你的公司存在的原因。

中国电商巨头阿里巴巴的创始人马云在2017年的致股东信中提到："商业的成功只是我们将要承担的责任的一部分。18年前，刚刚创立阿里巴巴时，我和伙伴们思考最多的问题并不仅仅是怎么能做好这个公司，而是我们为什么要做这个公司。"他们讨论得出的使命——"让天下没有难做的生意"，让阿里巴巴得以制定明智、适应性的决策，在快速发展的世界确保长远的成功。

在不同的公司，它可能有不同的叫法，比如"北斗星""宗旨""理念""愿景使命"或者你的"为什么"。或许你公司电脑旁的公告板上就贴着公司的价值观。而在Contagious，我们喜欢用"组织原则"这个词。

我们并不是追求用词上的教条，但这个词的确有它的好处。它并不像"宗旨"这个词让人自动联想到社会利益，不像"为什么"会让人陷入一段机械的销售对话，不像"北斗星"那么隐晦。它所表达的含义是直接和清晰的——组织原则就是公司或者品牌能够围绕和发散的命题，从内部政策到外部沟通，这个中心理念在背后驱动着一切行动。

当然，在接下来的内容中，你可以使用你熟悉的词汇来替代"组织原则"。同时，也欢迎你丢弃原来的用词，从组织原则的角度来思考，这样，你会受益良多。

我们不是为了买卖而存在

2011年，一家公司将组织原则印成广告，公然抵制"黑色星期五"这一美国资本主义的一日购物狂欢活动。在《纽约时报》头版，印着户外服饰制造商巴塔哥尼亚（Patagonia）标志的全幅广告上，标题"不要买这件夹克"显得十分刺眼，配图则是这个品牌最畅销的R2羊毛织物。夹克下面的文案解释了现代消费文化如何破坏地球资源，并详细描述了对环境造成的影响：生产一件羊毛夹克需要135升的水，并产生衣服重量24倍的二氧化碳排放量。

除了鲜明的文字，还有具体的行动号召。巴塔哥尼亚借这个机会解释了"共同计划（Common Threads Initiative）"，呼吁企业与消费者们应遵循5R原则（减少、修复、重复使用、循环、重新构思），并达成约定，共同朝着"只取自然能够再生的资源"这个目标努力。

当年9月"共同计划"付诸实践，巴塔哥尼亚和eBay推出了一个转售网站，人们可以在那里购买巴塔哥尼亚的二手服饰和运动装备。一旦有消费者加入这个计划，该品牌会通过eBay上的一个特别拍卖区进行推广，寻找新的买家。巴塔哥尼亚的环境事务和传播副总裁里克·里奇韦曾经介绍过设立该网站的目标以及与eBay的合作，正好与eBay CEO 约翰·多纳霍的声明"最环保的产品是已经存在的产品"相呼应。

对于制造商而言，让人们避免不必要的消费是一项非常大胆的举措，特别是在"黑色星期五"这种人们购物欲望普遍高涨的背景下。但是，"共同计划"遵循了巴塔哥尼亚的长期环保计划和承诺。通过信守承诺，巴塔哥尼亚成功地实现了这个计划，并与其热爱自然、有环保意识的消费者产生了共鸣。据彭博社的凯尔·司徒克报道称："在2012年——其中包括大约九个月的'少买'营销——巴塔哥尼亚的销售额增加了近三分之一，达到5.43亿美元，同时新增了14家门店。2013年，收入又增加了6%，达到5.75亿美元。简言之，这场营销带来了价值1.58亿美元的销售。"尽管有些讽刺，但可以肯定的是，他们打败了那些不关注环境保护的竞争对手。

这并不是一场肤浅的企业社会责任活动，也不是为了通过玩世不恭来吸引公众眼球。巴塔哥尼亚正积极地引起社区变革，鼓励其客户（它称之为"选民"）减少不必要的消费，进行更加谨慎的消费，甚至还选出一些人在政府政策层面帮助实现这一目标，通过"为环境投票"的倡议帮助人们选出对环境有益的地方政策。四十多年来，通过多次业务调整，公司已经形成了一个强大的哲学核心，它希望成为一种变革力量。

巴塔哥尼亚找到了它的组织原则。一个核心信念和一个强大的观点胜过任何慈善捐款或者单一的宣传。这就是它存在的原因。

里奇韦说："每当人们谈到企业使命，眼中总是透着倦怠。巴塔哥尼亚则不同，因为使命引领着业务。它不断引导着我们做出短期和长期的决策，这正是公司成功的原因。"

巴塔哥尼亚的使命是什么？"制造最优秀的产品，避免带来不必要伤害，用商业来为环境危机带来启发和实际的解决方案。"

凭借这一组织原则，巴塔哥尼亚可以自信地在世界各地开展业务，并坚持自己的理念，而不会误入歧途。在过去的几年里，这个品牌：

• 启动了一项2,000万美元的投资基金，支持有社会责任心的、志同道合的初创企业，为环境带来积极的变化。

• 在其巴塔哥尼亚食品品牌下推出了一款由野生麦草（Kernza）酿造而成的啤酒。野生麦草是一种不需要杀虫剂的谷物，比小麦的需水量更少，而且据负责人比尔吉特·卡梅隆的描述，它能够像"海绵一样"吸收二氧化碳。

- 宣布顾客可以用旧的巴塔哥尼亚衣物兑换积分，这些衣物会（在环保的无水工艺中）被清洗，修补并以低价转售。

- 在犹他州政府呼吁联邦政府废除"熊耳朵国家纪念碑保护区"后，在所有户外服装公司里，率先退出在犹他州举行的利润丰厚的零售商的年度大会。

- 在美国总统特朗普宣布大幅消减85%的"熊耳朵国家纪念碑保护区"的面积后，发起了名为"总统偷走了你的土地"的运动，并宣布公司将起诉特朗普，并声明："保护公共土地是我们使命的核心原则。"

巴塔哥尼亚究竟是风投公司、啤酒厂、旧货店、说客还是抗议组织者？在某些方面，以上都是。尽管如此，它仍然是一个户外服装品牌。但因为品牌的组织原则在内部和外部都被透彻理解，这些举措并不会让人觉得不合时宜，反而觉得一切都有道理。

拥有强大理念（通常是道德）基础的公司能够提出大胆的创意，从而缩减竞争对手的销售收入。组织原则就是品牌的脊椎。

从"为什么"开始

当然，清晰理解你所做的事情以及原因并不是一个新的概念。或许你听过西蒙·斯涅克的TED演讲，他的那次以"从为什么开始"为题的演讲在TED历史上观看次数排名第三，又或许在他一系列发人深省的著作中，你读过那本关于"从为什么开始"的书。

"人们购买的不是你的产品，而是你生产产品的原因，"斯涅克说，"极少人或公司知道他们为什么工作。这里的'为什么'并不是指'赚钱'，赚钱只是一个结果。'为什么'的意思是：你的目的是什么？你的动机是什么？

你的信念是什么？你的组织为什么存在？你早上为什么起床？为什么别人要关注你所做的事情？显而易见，我们思考、行动和沟通的方式总是由外到内，我们的行事顺序总是从最清晰的事到最模糊的事。但优秀的领导者和组织，无论规模和行业，都习惯由内至外地思考、行动和沟通。"

这种由内至外的思维至关重要，特别是对于负责将品牌价值传达给消费者的营销人员，他们需要通过层层思考分析，了解品牌是什么和消费者想要什么，最终发现品牌存在的原因，以及消费者选择他们的原因。营销人员应该像一个好奇的孩子，一遍又一遍地问"为什么"，直到发现普世真理（或让他们的父母/老板发疯）。

问"为什么"，并深入追问根本原因，是得到品牌和客户洞察的关键。结合这些洞察，你将能够对品牌在人们生活中存在的原因有一个全面和初步的把握，继而深入到建立组织原则，从内到外地推动营销活动。从组织原则出发，你既可以策划具有社会影响力的活动（参见第31页的拜耳的HeroSmiths专栏），也能够成功地进行一场吸睛的特技表演。有了组织原则的核心，任何想法都能给员工、供应商、合作伙伴和客户以品牌值得信赖的理由。

组织原则会迫使你思考什么是优先项，确定立场，并立下鲜明的旗帜。正如广告业传奇人物、DDB的联合创始人比尔·伯恩巴赫总结的那样，"如果你有立场，就会永远有支持你和反对你的人。如果你没有立场，就不会有反对你的人，同时，也没有支持你的人。"

两个品牌的故事：优步（Uber）与来福车（Lyft）

最近的一个例子完美地体现了组织原则是如何成为差异元素的。Uber和Lyft是美国竞争激烈的网约车（共享乘车）行业中的佼佼者，Uber略微领先。在专业性和可靠性方面，这两个品牌几乎完全相同，并且都基于网络导航和支付技术在世界各地提供按需乘车服务。

但这两个品牌存在与行动背后的"为什么"是什么呢？让我们来看看他们的公司使命：

Uber：在任何地方，为任何人提供像流水一样的无处不在的交通服务。

Lyft：通过交通工具重新将人与人、社区与社区联系在一起。

有细微的差别，不是吗？尽管在本质上没有优劣之分，但不同的使命使这两个品牌在看待事件的视角和对待潜在客户的立场上各不相同。本质上，组织原则能让人们在相似的品牌中间做出判断，也赋予品牌快速做出决策的依据。

2017年1月，美国总统特朗普宣布了一项有明显种族动机的禁令，禁止七个国家的游客进入美国。抗议者们包围了纽约的肯尼迪国际机场，黄色出租车司机开始罢工。Uber和Lyft面临一个抉择。他们将手伸进身后的口袋，依照组织原则做出了不同的决定。Lyft停止了机场叫车服务。而Uber则关闭了溢价功能，并要求乘客在等待时间变长时保持耐心，这一举动被许多人视为是有碍于罢工的。

Uber很快遭遇了无情的抵制。社交媒体上，一个名为"删除Uber"（#deleteuber）的运动爆发，鼓励人们删除该应用程序。据报道，当时有20万人删除了应用程序，以惩罚该品牌偏差的使命。Lyft嗅到了为其使命双倍下注的机遇，发布了一封公开信，向美国公民自由联盟捐赠了100万美元。其创始人约翰·齐默尔和洛根·格林在公开信中写道："我们创立Lyft是想让它成为理想社区的典范：具有多样化、包容性和安全性。"

在抵制运动之后的一个月里，Lyft的用户增长了7%，主要是来自删除Uber的用户。这就是组织原则与用户产生共鸣的一个鲜明例子。

正如传播和营销机构爱德曼的业务与行业总裁本·博伊德所说，"先发优势和规模可以在一段时间内孕育大批用户，但最终信任会胜过便捷。"人们终会选择一个能与其组织原则产生共鸣的品牌。

当然，Uber没有因事件而关门，它仍然保持着相当大的领先优势，吸引了大量风险投资并得以继续增长。但同年晚些时候，它解雇了其创始人兼首席执行官，并努力恢复其作为一家公司的形象。也许这表明了Uber正在意识到组织原则的重要性，或者担心在下一次类似事件中会遭受更大的损失。

"组织原则"的益处

另一个善于发挥组织原则价值的品牌是沃尔沃。该品牌被视为成功营销的典范，因为它在消费者心目中就是"安全"的代名词。但沃尔沃的组织原则其实在保证人们安全的基础上更进了一步："以人为中心。"

对于汽车品牌来说，这是一个有趣的组织原则，它没有用到任何有关速度、奢华、风格、交通甚至汽车的词汇。相反，它提醒员工及客户，沃尔沃是一家致力于通过汽车来确保人身安全的公司。早在1927年成立时，这一承诺就成为品牌DNA的一部分。其联合创始人阿瑟·格布尔森和古斯塔夫·拉尔森写道："汽车是由人驾驶的，因此，我们在沃尔沃所做的一切，其背后的指导原则都应该是并且必须保证安全。"事实上，这二位创立公司，正是因为外国汽车不够安全，不适合瑞典的狭窄、崎岖和时常冰雪覆盖的道路。

当然，沃尔沃也曾短暂地偏离这个原则。例如，不恰当地将其2011款S60称为"顽皮的沃尔沃"（后来该品牌还是回归了更加沉稳的广告风格）。2013年，它重新将"员工为首，汽车其次"的原则放在了首位，凸显了沃尔沃在保障安全方面的角色。一则广告庄重地说道："有人说车的关键是速度，有人说是外观，他们都没错。但我们热衷的，是帮助司机和他们所爱的人延长寿命。"

尽管汽车仍然是沃尔沃的重点，但他们的组织原则使得品牌能够随着汽车产业的变化而转型。例如,它与瑞典初创公司Albedo 100合作开发了一款名为"生命涂料(LifePaint)"的产品,这种产品喷涂在物体表面无色透明但在光线照射下能反射出明亮的光。涂料最初用于帮助司机避开黑暗的北欧高速公路上的驯鹿,随后成为沃尔沃为自行车社区用户群体提供的产品,以最大限度地减少伦敦汽车和骑车者之间的意外。

3月的一个周末,通过推出一段在线视频,并在伦敦的六家自行车商店免费分发,"生命涂料"获得成功。参与该活动的葛瑞广告伦敦分公司创意总监霍利·牛顿告诉Contagious,"在第一个小时内,我们的网站就吸引了近100万的访问者。""每一罐'生命涂料'都在72小时内告罄。目前人们在只能eBay上买到它。"如今,葛瑞正致力于在包括美国、德国和南非在内的全球市场推广"生命涂料"。正是因为对品牌的目的及其在消费者生活中的作用有着如此强烈的认识,沃尔沃才能够在如何影响世界各地的人们的问题上发挥创意。

> 澳大利亚伏特加品牌"42纬之下"(42 Below)的自身定位是世界上最纯净的伏特加,这得益于它的水源:纯净、不含矿物盐的新西兰泉水。围绕这个理念,品牌找到了一种有趣的方式——在酒吧的洗手间,与消费者进行近距离沟通。这个百加得旗下的品牌与植物酿酒厂Botanical Distillery以及广告公司Colenso BBDO合作,收集了来自全国各地的马提尼(一种酒名)玻璃杯里的柠檬片,将它们做成液体肥皂,并巧妙地称为"回收柠檬环保肥皂",然后将液体肥皂装瓶并分发销售,还随酒赠送肥皂的袋装小样。
>
> 除此之外,"42纬之下"还发布了有趣的信息,解释了肥皂如何体现了该品牌的核心组织原则。以下是一则措辞丰富的广告:
>
> 如你所知,我们生活在太空中的一块小小的、独一无二的岩石上,因此它的生态是个很重要的问题,特别是对于"42纬之下"

> 的我们来说。为什么？因为我们制作这个星球上最纯净的伏特加酒。所以，如果有人用肮脏的排放物和污染物来玷污这座"小岛天堂"，我们的伏特加酒的味道可能会变糟，开始像杜松子酒。但我们不会让这种情况发生。因为从现在开始，除了制作超级美味的伏特加酒，我们也正在做一些拯救地球的嬉皮环保活动。我们从酒吧的饮料中回收所有剩余的柠檬，并用它们来制作"42纬之下回收鸡尾酒柠檬环保肥皂"，这意味着当你喝"42纬之下"的酒时，你不仅看起来很酷（你已经很酷了），闻起来也很酷，感觉也十分酷，以至于能够拯救地球和全人类。觉得夸张？做营销的时候我们可不说谎。"42纬之下"，致力于纯净的星球，纯净的伏特加。
>
> 据该机构称，有超过10,000公斤的柠檬被回收，并生产了21,000瓶肥皂。这项活动在全球范围覆盖了4,250万人，并为"42纬之下"增加了20%的酒吧销售额。

让组织原则发挥作用

我们最喜欢优秀组织原则的例子之一来自玛氏旗下的十亿美元宠物食品品牌"宝路"。

广告业传奇人物李·克劳，曾在苹果公司的广告中赢得了控制狂史蒂夫·乔布斯的信任，并因此闻名于世。他在TBWA\Chiat\Day广告公司工作时，曾与宝路合作，并为这一品牌确定了一个非常简单的组织原则："狗狗至上"。不是"宝路家的狗粮比其他家的都好"（毕竟狗粮是非常商品化的品类），也不是"你的狗狗喜爱我们宝路"。而是恰恰相反：我们爱狗狗，狗狗至上。

这一声明给宝路带来了巨大的改变，在那之前，公司甚至不允许员工带狗去工作。它让宝路不仅对传播方式，还对整个业务进行了重新思考。

宝路很快发布了一则广告，里面唱着："我们爱狗狗。有些人爱鲸鱼，有些人爱树木，而我们全心全意地爱狗狗，不管是成犬还是幼犬，看护犬还是宠物犬，纯种犬还是混种犬。我们爱与狗狗散步、跑步和嬉戏，我们爱看它们挖坑、挠痒、四处嗅探和巡回。我们爱狗狗公园、狗门和所有狗狗的节日。如果有一个国际犬日来纪念它们对地球生活质量的贡献，我们同样支持。因为我们全心全意地爱狗狗。"

自克劳在2005年带来的启发，宝路的组织原则略有改变，但核心理念始终如一。现在你会在它的官网上看到类似沃尔沃使命的声明，"我们做的一切都是因为我们爱狗狗。"宝路是所有与狗相关的事物的倡导者，这个理念让品牌的边界超越了宠物食品销售，延伸到流浪狗收养以及教孩子如何安全地与狗狗玩耍等领域。在宝路的世界里，拥有一个四条腿的朋友是一件非常幸运的事，而宝路将尽可能地帮助人们实现这一幸运。

这一核心理念使品牌自由发挥，进行了一系列看似与宠物食品销售无关的活动和举措。下面是我们最近很喜欢的一些活动：

- 开发一款名为"找回（Found）"的应用程序，用户可以在手机上使用地理定位广告，帮助丢失狗狗的主人与爱犬重聚。
- 建立一个名为Doggelganger的收养网站，将流浪狗与长相类似的人的照片放在一起，其灵感源于狗狗经常看起来像它们的主人。
- 成立K9FM，一个新西兰广播电台，为主人不在家的狗狗提供娱乐节目。
- 发起宝路领养推动计划，向流浪狗之家和救援组织捐赠了数百万美元。
- 在巴西的Tinder上开展活动，证明养狗的男性比不养狗的男性更具吸引力。
- 推出狗狗自拍杆SelfieStix，主人可以用它将狗零食夹在手机镜头上方，吸引狗狗的注意力，从而拍出更好的自拍照。
- "子女替换项目"，一个半开玩笑的活动，鼓励新西兰的父母在孩子上大学以后养一只狗来代替他们的位置。

与之前巴塔哥尼亚的例子一样，这些宣传活动在平台、内容、受众和执行方面都非常多样化。但因为这些宣传活动都与宝路的"狗狗至上"的组织原则相关，它们依然能够为用户提供持续的服务，不论形式如何。

找到传播途径

如果一个品牌信奉自己的组织原则，那么它就能够在同一市场中扮演不同的角色。正是因为有自己的组织原则，运动品牌并没有聒噪地宣称它们的运动鞋或短裤最好，而是耐克选择与知名运动员携手，阿迪达斯选择成为文化引领者，Rapha选择倾向自行车车迷。一旦组织原则没有被明确定义，品牌往往会面临身份危机。

以啤酒为例，还记得我们在引言中提到的广告套路吗？啤酒品牌每年在广告上花费重金，同时啤酒也是一个高度商品化的行业。曾负责过宝路的一些最疯狂的广告的Colenso BBDO，在与一家新西兰啤酒厂、喜力（Heineken）啤酒旗下的品牌DB Export合作时，也遇到了同样的情形。Colenso BBDO首席运营官保罗·考特尼说："DB Export并没有真正的品牌历史。在广告方面，他们也一直在做肤浅老套的广告，比如海滩、派对等。"

为了找到DB Export的品牌使命，考特尼和他的团队追溯到了啤酒厂的创始人、发明家莫顿·库茨。根据DB Export的说法，库茨在十二岁就自己建造了一台X光机，十三岁成为第一个在赤道上播放无线电信号的人。之后他转向了酿酒，库茨接管了家庭啤酒厂并发明了他所谓的连续发酵系统，在这个酿造系统中，一端添加原料，另一端萃取啤酒，原料在中间发酵。

"尽管很多时候品牌都在关注未来，但有时答案就藏在你的历史中。了解品牌的历史，这是品牌建设的基础。"考特尼说。借助库茨的遗产，

Colenso BBDO找到了DB Export的新定位：敢做的啤酒（Made By Doing）。"当你和几个朋友坐在一起聊天，说起'我们应该让这一切成为现实'或'我们可以改变世界'的时候，每个人是否都充满了热情？"考特尼问，"我们的品牌（DB Export）代表着那些能够真正付诸行动的人们。"

通过酿酒制造燃料

2015年5月，DB Export推出了第一个以"敢做的啤酒"为标语开展的广告活动：一款极具野心的啤酒，名为"发酵燃油（Brewtroleum）"。考特尼说："其中一个团队发现了美国的一家酿酒厂，他们非常天才地将啤酒废料转化为生物燃料。我们知道它已经有小范围的成功，但从未在更大的范围或在新西兰进行尝试，于是我们开始寻找实现这一目标的方法。"

DB Export与新西兰海鸥石油公司（Gull Petroleum）合作，利用酿造过程后留下的酵母乙醇制造了一种生物燃料。这种燃料碳排放量比传统石油少8%，性能相同，并可用于所有汽油发动机。经过数百次电话会议，Colenso BBDO得以完善考特尼所谓的"美丽供应链"，从啤酒厂到蒸馏厂，到燃料公司，再到汽车。

DB Export与合作伙伴一起制造了30万升的"发酵燃油"啤酒，并在新西兰北岛的60家海鸥加油站出售。酿酒商通过电视和数字广告，呼吁人们饮用DB Export的啤酒并"拯救世界"，以保持啤酒废料源源不断地流入美丽供应链。购买DB Export啤酒时，饮酒者能获得相应的燃料折扣。

在这样一个销售额不断下滑的品类中，DB Export凭借新的使命和明确的目标，以及实用的创新和创造力支持，带动了销售额增长高达10%。从那以后，该品牌采用了更加严肃和教育性质的广告，并在新西兰各地销售了成批的"发酵燃油"啤酒。

瓶子里的闪电

DB Export和Colenso BBDO感受到了"敢做的啤酒"这一组织原则带来的轰动效果,他们第二年在战略上更进了一步,开展了名为"啤酒瓶制沙机"的宣传活动。

要知道,建筑级用沙是备受追捧的资源,而沙滩黑手党正在世界各地的海滩和河床偷盗沙子。文斯·贝塞尔在《纽约时报》的一篇报道中曾写到,作为制作混凝土的原料,人们对沙子的贪得无厌正在造成全球范围的破坏:

在印度,河砂开采正在扰乱生态系统,造成无数鱼类和鸟类死亡。在印度尼西亚,自2005年,采砂造成二十多个小岛消失。在越南,矿工们已经摧毁了数百英亩的森林,以便获取下面的沙质土壤。沙矿工人对肯尼亚的珊瑚礁,以及利比里亚和尼日利亚的桥梁下的河床均造成了破坏。环保主义者认为旧金山湾的采砂活动与附近沙滩的侵蚀有直接联系。

人们对此现象一无所知,直到DB Export提起。

该酿酒厂再次与Colenso BBDO合作,发明了一种可以立即将空啤酒瓶变成沙子的替代品的机器。这听起来像是科幻小说:插入一个瓶子,激光就会触发一个微型钢锤轮,在短短五秒内将容器分解成微小的玻璃颗粒。然后,真空系统将二氧化硅粉尘和塑料标签去除,留下200克沙子的替代品。这些重量仅为300公斤、高2米的机器可以在酒吧和活动现场之间被轻松运输。

机器产生的沙子替代品均被运往新西兰最大的袋装混凝土生产商Drymix,该公司与新西兰最大的家居装修零售商签订了一项为期两年的协议,以出售DB Export品牌的"环保混凝土"。此外,啤酒瓶沙子还被供应给国家道路建设项目、商业和住宅建筑甚至高尔夫球场,从而减少了国家对沙滩采沙的依赖。

这项活动与DB Export的使命相吻合,即将不着边际的疯狂想法变为现实。它为品牌提供了制造啤酒和赚钱之外的组织原则。它让消费者有理由关注品牌,认同它的特点,并在货架上进行最终购买。

> 你知道吗?在美国有244万人以史密斯为姓。且在美国平均每四十二秒就有一人心脏病发作。拥有阿司匹林商标的制药公司拜耳将这两个看似无关的事实联系起来,发起了一个名为"英雄史密斯"的运动。
>
> 通过咀嚼阿司匹林可以减轻心脏病的影响,这一点已经被证实,手头常备该药可以拯救一个生命。因此,以"科学让生活更美好"为组织原则的拜耳决定瞄准这个国内最常见的姓氏,鼓励他们随时携带阿司匹林,好有机会在未来帮助某个心脏病发作的人。
>
> 在活动的第一阶段,来自阿肯色州史密斯堡镇(以史密斯为姓的概率和心脏病发作率都很高)的1,800名"史密斯"每人都获得了一个"英雄史密斯"套装(包含拜耳阿司匹林的优惠券和品牌便携包)。其他人,不论是否姓史密斯,都可以在网上申请携带阿司匹林并收到他们自己的套装作为回报。活动以一部鼓舞人心的短片开启。
>
> 策划该活动的Energy BBDO首席战略官拉里·吉斯表示,"我们的主要目标是扩大品牌的相关性,让人们了解阿司匹林的救命能力。如果它能预防心脏病发作或在发作时减轻影响,那么这显然会对生活带来巨大的便利。这个活动正是为了让阿司匹林更贴近生活,同时也让更多的人了解阿司匹林的作用。"

建立一个组织原则

每年我们Contagious都会进行一项名为"天才调研"的活动。活动构思很简单,我们找到欧洲、亚洲、非洲和美洲的顶级营销人员、商业专家、创始人和学者,向他们提出一个问题:未来12个月,企业面临的最大挑战是什么?这让我们能够一窥各自领域中的引领者们正在思考的问题。几乎每年这项调查都会发现，大多数企业，无论其行业、地理位置或规模，都面临着类似的挑战。

2017年，这个问题的答案十分明确：企业需要挽回消费者的信任。瑞秋·波茨曼是一位作家兼牛津大学赛德商学院的讲师，她撰写了大量关于协同消费和信任的文章。她强调，建立信任的方式已经发生了系统性的变化。她写道：

信任是我们生活和众多交易的重要基础，我们必须了解建立信任的机制已经发生改变。技术正在改写规则，并产生了我称之为的'分散式信任'，这种信任适用于庞大的人群、组织和智能机器的网络。例如，区块链技术允许那些可能彼此并不信任的人直接透明地转移大量资产，而不需要通过律师或银行等第三方机构。

或者以众筹、社交媒体、点对点借贷、慕课（MOOCs）以及绕过传统中间人的数十种个人协议为例。它们都表明了同样深刻的转变：我们已经不再信任机构，而开始信任陌生人。这意味着在品牌、领导者和整个系统中建立、管理、失去和修复信任的旧惯例正在转变。

我们将在第九条诫律中进一步研究建立和维护信任对品牌的重要性，在那里我们会谈及信任的神圣地位。但是，组织原则的构建方式也可能发生类似的转变，企业使命不仅由品牌自身决定，也受到消费者的驱动。显然，并非每个品牌都会依赖其客户群来告诉它应该相信什么，事实上，这对大多数品牌来说可能是不明智的。但对某些品牌而言，它可能具有启发性。

共享的原则

以爱彼迎（Airbnb）为例。在谈到声誉建设的转变时，波茨曼问道："为什么人们不再信任银行，却可以把自己的房子租给陌生人？"

首先，爱彼迎依靠大众，当然还有严格的审查和保障制度，来树立对品牌的信念。当人们环游世界时，在彼此的家中做客，不仅可以让他们建立关系，还能够分享建议并留下评论。这就产生了一个由用户自身、围绕一个品牌建立的牢固的社区。

基于在可口可乐公司成功担任首席营销官的经验和基础，乔纳森·米尔登霍尔在2014年担任爱彼迎首席营销官时就发现了这一点。他告诉我们，他曾问品牌联合创始人布莱恩·切斯基一个问题："你在世界上创造的价值是什么？"切斯基回答："我真切地相信，我每次去陌生人的家里都能结下一段友谊。因此无论我在哪里旅行，都会很有归属感。"

归属感的核心

归属感很快成为爱彼迎的组织原则，该品牌于2014年重新设计了标识，背后有四层含义，分别是心形、人、标记地理位置的符号、Airbnb中的首字母A。在设计工作室（DesignStudio）担任标识设计师的詹姆斯·格林菲尔德称其为"归属的普遍象征"。2016年，在一个第三方的调查发现了与其归属感相违背的固有偏见后，爱彼迎齐心协力改善平台的包容性，增加员工的多样性，并让员工意识到无意识偏见的存在。品牌要求所有成员签署社区承诺，承诺尊重其他所有人，不得有任何偏见。

对于品牌及其营销而言，这一调整带来了巨大的改变。2017年"超级碗"期间，一则引人注目的广告向全世界传达了这个使命。广告中人脸的特写照片上写着："我们相信，无论你是谁，不论你来自哪里，不论你爱什么或崇拜什么，都能在这里找到归属感。越是心怀宽广，世界就会越美丽。"

在许多品牌被迫为社会事件表明立场的时代，这则广告的情感流露很自然，因为这一使命本质上与产品的成功相关联。爱彼迎的执行创意总监托尼·霍格韦斯特表示，"很多品牌可以是以目的为导向的，但接纳和包容应是企业的核心原则。如果你关上大门，不接纳别人，业务就不会增长。"

为此，该品牌继续强调接纳、归属感和社区的理念。在2015年美国放宽对古巴的贸易禁令期间，爱彼迎让旅客免费享受一周的住宿，以表庆祝。还开始了一项名为"开放日（Open Homes）"的计划，帮助陷入危机或紧急状况的人们，允许房主向其免费提供住宿。当有色人种遭遇Airbnb房东种族歧视，在Twitter上发起一个叫#当黑人遇上爱彼迎的话题时，公司会利用相应的政策、新添功能和培训来做出反馈，以预防歧视的发生。随着公司通过旅行路线等产品扩展其核心业务，除了预订住宿之外，人们还可以预订当地的其他活动。爱彼迎依靠"归属感"的组织原则，让社区成员与旅行者产生联系。2017年6月，爱彼迎启动了一项500万欧元的社区旅游基金，通过非营利组织、慈善机构和社区团体保护当地的传统和地标。

"我有幸与很多非常受欢迎的品牌合作，但我从来没遇到过使命如此明确的公司，"爱彼迎内部创意团队的常务董事詹姆斯·古德在谈到这个原则对品牌内部的影响时说，"我理解这个使命，理解它与业务的关联，它与用户的关联以及它与房主社区的关联。它能够给我支持，指引我的日常工作。"

找到切入点

组织原则不一定直接来自品牌的核心产品。下面一个案例说明了确定组织原则的一种更加刻意的方法，尽管结果仍然模糊。奥兰德银行是波罗的海地区中心的一家小型银行，面临着与许多其他银行相似的问题：人们对银行并没有亲近感，甚至并不信任它。

银行的广告代理公司RBK传播的首席执行官马蒂亚斯·维克斯托2016年在与我们交谈时直言不讳地说："银行的各项品牌指标都处于历史最低点。"他还开玩笑地说，比起银行家，人们宁愿信任枪支走私者。

为了扭转局面，奥兰德和RBK写下了这样的创意简报：我们如何通过扎根于组织的活动、促进沟通、紧迫感与进步的能力与价值观来给我们的银行定位？更具体地说，该银行的首席行政官托维·埃里克斯伦德打电话给维克斯托，并给了他一个难题。

受到了巴塔哥尼亚著名的"黑色星期五"广告的启发，埃里克斯伦德说："我们没有夹克可卖。如果他们（巴塔哥尼亚）能够从环境角度承担责任，为什么银行不行呢？"在与瑞典和芬兰的世界自然基金会的合作下，奥兰德银行发现了市场机遇：65%的人会因为环保优势而选择另一家银行。

二十年来，奥兰德银行一直在通过一系列所谓的"环保"储蓄账户为环保项目提供资助。银行承诺将相当于0.2%的存款的自有资金捐赠用于环保措施。但并没有聚焦在本地，没有焦点区域。

"当客户找到我们的时候，我们知道这里潜力巨大，但我们需要把注意力集中在靠近奥兰德银行的地方。"维克斯托说。

距离优势

通过对客户的调研，银行注意到了人们对波罗的海的环境有较高的关注度。奥兰德银行希望找到目标市场关注的重要问题，抢占先机，同时为银行找到新的组织原则和使命。于是银行成立了波罗的海项目，为本地区优秀的变革方案提供资金支持，鼓励该地区小型项目中充满激情的变革者，并将品牌定位为合作伙伴。

"我们希望方便人们提出他们的想法，并给予他们资助。我们不想说'奥兰德银行在拯救波罗的海'，我们想说，'让我们一起拯救波罗的海'。"维克斯托说。除了简单地资助他人开展工作外（本章的灰色部分就是两个一次性目的营销的例子），奥兰德银行还在寻找将组织原则融入银行业务DNA中的方法。

"从品牌的角度来看，我们希望提高意识，将奥兰德银行打造成为环保行动者并将其定位为一个负责任的、个人的和睿智的品牌。我们想推出与这些价值相对应的服务,"维克斯托说,"从商业角度来看,它将帮助我们在市场中建立更强势的地位,并提升公司在客户心中的排名。"

为了强调对环境的关注,奥兰德银行推出了一种可生物降解的信用卡"波罗的海卡",来代替塑料芯片卡。维克斯托说:"我们希望人们都能参与到环保运动中,每次打开钱包支付的时候,都会想起用日常行为来为环境负责。"万事达卡与银行达成了合作,甚至为了凸显卡片正面的信息同意将商标放在背面。这款银行卡很受欢迎,银行很快就把它作为所有账户的标准银行卡。

结为同盟

最重要的是,奥兰德银行意识到它可以利用自身金融机构的独特地位,帮助客户做出更接近其价值观的决策。为此,奥兰德银行与毕马威的可持续发展咨询部门以及万事达卡联手,开发了奥兰德指数,这是一种将金融交易与环境影响联系在一起的报告,为每个信用卡用户计算碳排放。奥兰德客户每个月都会收到他们的碳足迹以及信用卡账单,鼓励他们改变消费和行为,或将等量的碳足迹捐赠给当地或全球环境组织,来抵消这种环境影响。

不仅如此,该品牌还开放了这一指数,以便其他银行使用。

维克斯托说:

你也可以说我们是为了自我保护。当你的规模远小于竞争对手时,保护创意的一种方法就是将它公开。将奥兰德指数公开是最好的保护措施。同时,这也符合广大客户的期望。如果我们要带来变革,就需要多方协作。

这次活动(和品牌的新组织原则)十分受欢迎,使得品牌知名度提升了186%,环保储蓄账户存款同比增长14.6%,并收到了来自联合国的分享邀请。奥兰德指数被瑞典金融市场及消费者事务部长定为斯德哥尔摩经济学院的必修案例。银行还吸引了不少企业的关注，并开始开发之前未涉足的商业账户领域。

敏捷长期主义

组织原则不仅能为公司和品牌提供指引，还能实现我们所谓的"敏捷长期主义"，即现代世界中获得成功所必需的思维模式和运营框架。敏捷长期主义意味着始终密切关注目标，同时在短期内具有适应性和灵活性。就好比把自己想象成汽车的驾驶员，你出发是为了到达某个目的地，但沿途你可能会在危险的情况下放慢速度，停下来加油，或者转弯以避免意外。最终目标永远不变，但你会以最佳的方式来随机应变。这就是敏捷长期主义。

保持长期专注在现代尤为困难。比如我们熟知的"棉花糖测试"，该测试在20世纪60年代后期由斯坦福的沃尔特·米歇尔最先发起。在实验中，一个孩子被独自留在房间，房间里有一个棉花糖，他可以选择立即吃掉这一个棉花糖，或等到实验者回来，那时他会得到第二个棉花糖。公司也经常面对这样的意志力考验：在当下的短期收益和潜在的更大的收益之间权衡。更糟糕的是，股东们经常扮演魔鬼的角色，坐在我们的肩膀上大肆强调短期优先。

这样的环境是有害的。美国国家经济研究局2004年的一项研究"企业财务报告的经济影响"发现，78%（也就是近五分之四）的高管承认，他们会牺牲长期价值来拉平盈利。尽管他们知道这会对公司的长远发展不利，但首席执行官和首席财务官们会削减研发和创新预算，在市场营销上敷衍了事，并且推迟启动新项目，来平息股东的异议。他们把手中的棉花糖喂给了一个拥有股票的陌生人。

精明的公司了解这个陷阱。早在2004年谷歌申请首次公开募股时，创始人拉里·佩奇和谢尔盖·布林就明确指出了长期/短期的紧张局势。他们写道："外界压力常常诱使公司牺牲长期机遇来满足季度市场预期。有时，这种压力导致公司操纵财务数据以'完成它们的季度业绩'。"用沃伦·巴菲特的话来说："我们不会'平滑'季度或年度收益：如果总部看到的收入数字是不稳定的，那么股东们看到的也是一样。"

不出预料，谷歌的母公司阿尔法特（Alphabet）成为世界上估值最高的公司之一。

"我们的商业环境变化很快，需要长期投资。"在同一封信中布林和佩奇写道。这是一种看似矛盾的观点。如果形势不断变化，长期规划显得几乎徒劳。但实际上，这是生存的唯一途径。就像制造能够适应道路颠簸，同时又直接驶向稳定的目的地的车辆。

在两个系统之间切换自如

在《思考，快与慢》一书中，行为经济学家丹尼尔·卡尼曼描述了大脑中的两个系统，并创造性地命名为系统一和系统二。系统一负责做出迅速、琐碎、条件反射般的本能决定。而系统二则负责有限的谨慎决定。这两个系统每天相互协作，帮助我们应对世界。

公司也应如此。系统二是你的组织原则，是经过深思熟虑和清晰定义的，无须定期重新审视和修改的使命。系统一则是你日常的决策大脑，可以快速、自信地应对可能出现的任何挑战。系统一受系统二的引导。正如卡尼曼在2011年的Edge大师班中所描述的那样，"系统二就像一位编辑，它可以快速检查来自系统一的文稿，然后将其发送到打印机。"

营销人员每天在长期品牌建设和短期销售目标之间进行拉锯战。但如果不将这两个目标看作竞争关系，而是看作相辅相成的关系，则是一种重要的心态转变。正如最近一家电子商务巨头的首席营销官在一次Contagious会议上所说的那样，一些营销人员仍抱有荒唐的念头，认为销售与他们毫不相关，并没有将它看作工作中不可或缺的一部分。

长远之计

定义组织原则是一回事，每天在公司的各个层面体现这些原则又是另一回事。Colenso BBDO的创意主席尼克·沃辛顿告诉Contagious："我们这些熟知公司价值观的领导者很容易假设其他人也都知道……所以必须不断强化这些价值观，把它们融进每天的工作中。"

领导者不仅要谈论公司价值观，将它们印成海报，还必须根据长期组织原则建立可衡量的目标。如果没有长期目标，营销人员通常会默认追求最近和最简单的指标，追逐那些闪闪发光的物体或短期的指针波动，而不是保持向目标稳步前进。

华通明略（Millward Brown）的首席全球分析师奈杰尔·霍利斯告诉Contagious："营销人员要非常清楚他们的活动想要达到什么目标，否则很容易陷入在短期利益中来推动销售。"

英国数字NHS公司的设计负责人马特·埃德加认为：长远目标是夜空中的月亮，而人们却容易被挡在月亮前的云（短期利益）分散注意力。虽然月亮与云看起来相对静止，但事实上月亮每小时移动超过2,000英里，而云却以相对较慢的速度飘移。同样地，我们被看似更紧迫和重要的短期利益分散注意力，而让它们模糊了我们更应看重的长期品牌建设。正如埃德加所说：

追逐短期利益是所有企业的一个大趋势，数字化思维带来了可以在瞬间实现所需一切的假象，这种现象在市场营销领域尤为突出。这只会带来短暂的销售增长，而不会推动可持续变革。我们最大的希望是，在当前人们转向数字化渠道和衡量指标的同时，能重新尊重传统渠道和衡量指标，因为它们是被证明能带来长期增长的。

长路漫漫，必有颠簸

长期，长期，长期，但也要兼顾短期。我们知道这自相矛盾。但是，企业离开短期的成功难以生存，因为企业必须对不断变化的环境做出反应。还记得制造汽车的比喻吗？当我们遇到道路封闭时，我们必须寻找新的路径，绕过原有路线，即使最终目的地保持不变。

这是一种适应性思维，詹姆斯·W.露西和美国陆军行为与社会科学研究所的同事将其定义为"执行军事行动计划的军官面临意外情况所作出的认知行为"。暂且不论军事思想，你面临的是一个相当普遍的商业挑战。我们制定计划，然而在过程中会出现意想不到的问题，迫使我们匆匆调整适应。

在一篇发表在《哈佛商业评论》的文章中，琳赛·麦格雷戈和尼尔·多希谈论了他们对适应性思维的研究。他们询问了2,823名美国人，问他们是否有能力在日常工作中找到新的工作方式，只有27%的人回答了"是"。

通过建立一套规则和最佳实践来指导公司的每一项决策，锁定一种绝对的思维方式和行为方式，从而巩固组织原则，这一想法确实很诱人。但实际上，你的组织原则要足够清晰，并且要能指导企业在挑战中快速做出适应性的决策。麦格雷戈和多希举了呼叫中心的例子，在那里，员工接受培训以按照模板来解决客户的问题和投诉。为了测试适应性思维的力量，他们从呼叫中心选出了一个实验小组，并实施了一系列新措施：每周召开解决问题的会议，与管理层共处，专注于技能的培养（而不是专注于挑错），以及定期的业绩反思。

"绩效的变化是可以观察到的。在四个月内,实验小组的问题解决率是其他团队的一倍以上。实验小组对他们的方法做了更多调整,成员们积极分享一些最佳的方法……保持长期良好的业绩需要组织强调适应性技能。"麦格雷戈和多希写道。

慢速飞行,快速调整

1976年,飞机制造先驱保罗·麦克格雷迪将目光投向了克雷默奖(Kremer Prize),该奖项为50,000英镑,奖励任何能够使用人力飞机完成超过一英里长的八字形航线的人。在他之前的竞争对手尝试过具有高度和速度优势的木制飞机,而麦克格雷迪采用了不同的方法。他和他的团队决定慢速、低空飞行,优先考虑方便拆装的轻质塑料材料。其他团队在飞行失败后,通常花费数月时间来重新设计和建造飞机,麦克格雷迪团队则可以快速迭代,重新尝试飞行。

1976年7月至1977年8月,麦克格雷迪的团队尝试了222次飞行。在第223次尝试中,飞行员布莱恩·艾伦驾驶"游丝神鹰号(Gossamer Condor)"塑料飞机成功完成了航线,赢得了奖项。

像麦克格雷迪和他的飞机一样,公司也必须拥有坚定不移的愿景,并为此积极探索创新和迭代的方法。不断地试验、失败、调整,然后再次尝试。慢速飞行,快速调整。

明确的组织原则体现在每一次行动和沟通中,能够释放潜力,带来清晰的决策,并赋予组织大胆的创造力。它为员工提供工作动力,为客户提供一个关注的理由,为品牌提供超越利润的使命。

找出你的公司存在的原因。并围绕这个原则开展工作。允许你的员工进行实验和迭代来支持该原则。这不是万能钥匙,而是长期品牌建设的必要步骤。有了组织原则，接下来的九条诫律将会简单易懂。不要让你的品牌成为一艘被风吹着走的无舵之船。

> **浓缩版**
>
> # 拥有一个组织原则
>
> 2011年，亚马逊创始人杰夫·贝索斯在股东大会上说："我们在大方向上毫不让步，对细节的处理则非常灵活。"这种思维方式正是组织原则的核心。公司必须首先了解存在的原因，建立长期愿景，并在这个基础上发展短期内的敏捷和适应能力。一个明确的组织原则（不论是印在T恤上还是潦草地写在明信片上）将作为一个常青指南，让公司在短期内做出快速决策，并在追求长期成功的过程中不断发挥创造力。
>
>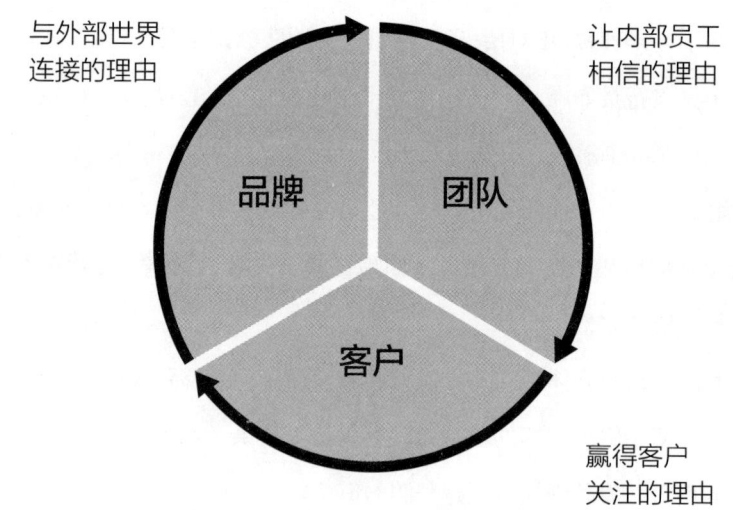
>
> 与外部世界连接的理由 — 品牌
> 让内部员工相信的理由 — 团队
> 赢得客户关注的理由 — 客户

在与Contagious的客户合作过程中，我们经常用到组织原则的三个要点：品牌、团队和客户。DB Export和爱彼迎从品牌自身和品牌历史中寻找它们的组织原则，从而与外部的潜在客户产生连接。宝路通过团队内部的反思，创建了一个组织原则，即让员工信赖品牌。奥兰德银行则通过客户群建立组织原则，从而赢得更多人的关注。

这三个视角可以为那些缺乏方向感、迷失在机遇的海洋里的品牌带来指引。除了盈利这种明显目的之外，品牌的信念是什么？品牌为什么存在？为什么员工相信公司的潜力？为什么客户在竞争对手中选择你？

这些都不能单独发挥作用，组织原则必须对品牌、员工和客户都有意义才能真正成功。你需要找出让品牌变得独特，又适用于所有利益相关者的方面。

在有了粗略的组织原则之后，可以看一下下面的问题清单：

- 公司是否将短期"目的"和长期原则混为一谈？
- 组织原则是否真实可信、独特且与人们相关？
- 在品牌为何存在和如何运作的问题上，公司是否对自己和消费者诚实透明？

如果你正确地回答了这些问题（答案：否，是，是），那么你就可以把组织原则印在T恤上了，它将作为整个"旅程"的指南。

最重要的是，拥有一个完整和清晰定义的组织原则将释放创造力，制造对话的机会。它为品牌提供勇气，并为短期和长期决策提供方向。

诫律二：要有实用性、相关性和趣味性

一旦确定了组织原则，就可以开始关注如何让品牌传递的信息变得具有实用性、相关性和趣味性了。森林里的树倒下的时候会发出声音，但如果没有人注意到，一切都没有意义。

可以这样想：在你读完这一页的短短30秒内，人们已经发送了800万条短信，在YouTube上观看了200万条视频，在谷歌上进行了250万次搜索。每天有海量的通知弹窗和信息振动声在抢夺我们的注意力。如果你想在这样的环境中分享一个想法，好的一面是：全球范围的画布向你敞开。但另一方面，你面临着一种选择困难：有太多讲述你故事的方法，也有太多忽略你故事的方式。人们为什么要花费心思来关注你的广告或消息？

当然，这是一种悲观的视角。乐观的人会这样说：如果你能吸引一小部分人的关注，你就是幸运的，你就离成功不远了。要怎样做呢？那就是让你的品牌传递的信息变得具有实用性、相关性和趣味性。如果三点兼具就更好了。

别拦截我啊，朋友

从广告的早期开始，无论是古希腊妓女们印有"跟我来"的凉鞋鞋底，还是中国竹笛吹出的短调，营销人员依赖的都是同一种商品：注意力。报纸通过有力的新闻报道吸引读者的注意，然后将人们的注意力卖给想要促销的品牌。电视节目通过娱乐和讲故事等吸引观众的注意，然后把注意力卖给那些想要促销的品牌。互联网网站通过游戏、社区和知识，猫咪和胸部等吸引受众的注意，然后把注意力卖给那些想要促销的品牌。以此类推。

在过去的十年中，人们的注意力已经发生了戏剧性的变化，这在很大程度上要归功于技术。平台和出版商不再独占自己的受众群体，而开始出租受众，并且通过帮助受众避免广告来迎合它们的受众。纽约大学斯特恩商学院市场营销学教授斯科特·加洛韦将广告描述为"穷人和技术文盲的税费"。根据PageFair的一份报告，2016年，在网络浏览器上使用广告拦截软件的设备数量飙升了30%。实际数字显示，截至2016年年底，有6.15亿台设备在屏蔽商业信息：这已经超过了美国、日本、德国和英国的人口总数。

屡获殊荣的广告公司Pereira & O'Dell的联合创始人兼首席创意官P. J. 佩雷拉说："大多数广告仍然基于这样的观念——我们可以购买消费者的时间，而这已经不再是牢不可破的真理了。"

2013年，Pereira & O'Dell帮助客户英特尔和东芝模糊了广告与娱乐之间的界限。他们没有试图打断人们欣赏节目的乐趣，而是让品牌自导自演了一部娱乐节目——《奇幻心旅》（*The Beauty Inside*），这是一部由德雷克·多雷穆斯执导的电影，分6集在Facebook和YouTube上播出。电影中，主人公亚历克斯每天早上都会以不同的相貌和身体醒来。尽管如此，无论外表如何，他的内在始终如一。他带着一本东芝Portégé超极本，与全世界分享了他的故事。不仅如此，各地的观众还可以扮演这些不同版本的亚历克斯，并上传自己的视频。被选中的人会成为故事的一部分，参与整个表演。

在短短八周半的时间里，《奇幻心旅》吸引了近7,000万次观看。接下来的几周内，东芝的销售增长了360%。该影片在广告界的年度盛典戛纳国际创意节上获得了电影、网络和品牌内容类别三大奖项。更重要的是，作为"杰出的创新日间剧集"，影片还赢得了艾美奖。

负责活动的佩雷拉说："内容越来越成为客户（企业）受众战略的重要部分。客户们可以看到它所带来的不同，不是用"推销"来打扰消费者，而是把消费者吸引到他们真正喜欢的、更轻松但更深刻的信息上。"真正有价值的，不单为吸引注意力的内容，人们不仅不会屏蔽，还会去主动搜索它。

一些网站已经针对人们对广告的厌恶推出了高级服务，将无广告内容置于付费专区，就连最先使用前置广告形式的YouTube，也开始提供付费版的YouTube Red无广告服务。Netflix上也很难再看到传统的广告，他们主要从订阅费和蹩脚的（有时相当明显的）产品植入中赚钱。

不过，对你的出色想法的悄然回避远远不止屏蔽广告那么简单。乔治·华盛顿大学媒体研究助理教授尼基·亚瑟·莱瑟告诉《纽约杂志》，"我们总是喜欢和想法一致的人在一起，并且寻求我们认同的信息，但这至少还有遇到意外新发现的机会。"

今天，越来越多的算法过滤系统在我们周围形成了泡泡，我们更有可能看到我们认同的事物或人工智能认为我们感兴趣的事物，而不是看到一个没有偏见的世界。打破我们的行为模式变得更加困难，而且在泡泡外面的行为我们是看不到的。从品牌的角度来看，如果人们还没有进入你的世界，那么他们将越来越不可能发现这个世界。

警告：对于人们喜欢的节目，付费观众对拙劣的品牌植入态度并不友善。2017年5月，澳大利亚《指定幸存者》的观众在Twitter上聚集抗议一段长达七秒的植入场景，称之为"尴尬""史上最糟"。剧中，FBI探员先是摆弄她手机上的福特应用，发动身旁闪闪发光的汽车，检查油量。随后镜头停在

> 了汽车仪表板上一个明显的福特标志上，剧情变得像是电视广告中的场景。2012年美国电视剧《天堂执法者》中的一段赛百味三明治的植入广告，因太过滑稽在YouTube上已经获得了150万次观看。

从"拉"到"推"

在过去十年间，我们的媒体文化已经由"拉"转向"推"。Contagious公司始于二十世纪较为成熟的媒体时代：每个人都在看相同的电视节目，阅读相同的报纸和杂志，并使用为数不多的被动式媒体。相比之下，今天的"推"文化打破了这样的传统。人们过去只能观看几个电视频道，而现在可以订阅数百万个YouTube频道。人们不再阅读当地报纸，而是选择关注小众的资讯和Facebook页面。媒体已经变得四分五裂。

这些消费者都想要以自己的方式获取内容。人们希望有价值的内容能够自动出现在眼前，而不是在不同频道上寻找那些具有实用性、相关性或趣味性的内容。正如新闻网站Quartz的执行编辑扎克·西沃德所说，"'拉'媒体很快被'推'媒体所取代。不论是状态更新、朋友照片，还是新闻文章，这些信息都会自动找到人们，出现在人们面前。"

为了获得这种关注，让人们同意你的推送，创意必须在某种程度上是具有实用性、相关性或趣味性的。有其一自然是好的，有两个更好。有时，可以拥有全部三个。也许，这样你可以将受众重新"拉"回来。

空中影院

在美国，航空公司的客户满意度调查得分一直很低。2014年，美国客户满意度指数显示，航空公司的公众喜爱度仅高于美国税务机关IRS。或者说，人们讨厌航空公司。想到超额预订的航班使用暴力驱赶无辜乘客（美联航），或者由于员工换班错误而造成数千个航班取消（瑞安航空），就不难理解为什么了。然而尽管存在这种倾向，一些有着相关性、实用性的创意依然为这个遭到漠视的领域带来了希望。

长途飞行中人们常会遇到一个小烦恼，若是没把握好电影的长度，就会错过结尾，因为飞机的娱乐系统必须在下降时关闭。2016年，为了庆祝与戛纳电影节合作三十六周年，法航启动了一项服务来解决这个问题，允许乘客在飞行结束后继续观看电影。"空中影院（Cinema to Go）"服务由巴黎的创意机构BETC策划，并在洛杉矶（好莱坞所在地）到巴黎戴高乐机场的航线开放。这意味着乘客在飞行结束后，可以在平板电脑、手机或电脑上观看历届戛纳电影节精选的获奖影片。

这项服务并不限于从加利福尼亚飞往法国的乘客，在整个电影节期间，所有法航长途航班上都能观看精选的获奖影片。通过在航班结束后继续提供有价值的服务，法航找到了一种让客户与其品牌互动的方法。而选择洛杉矶到巴黎的航线使得法航与戛纳电影节的合作关系得到了目标人群的关注。

这个创意不仅实用且相关，而且所选择的电影，也是有趣的。通常，乘客下飞机后与航空公司的互动就会结束。乘客旅程经常开始较早，包括在线办理登机手续，用餐选择，甚至是机上娱乐，但它很少会在着陆之后延伸，除非航空公司丢失了乘客的行李。通过提供服务解决客户旅程中特定痛点（比如错过了《速度与激情7》的最后十五分钟），法航给了客户一个很好的理由继续与其品牌保持良好的互动，且超越通常的旅程结束的时间。

情感包袱

2012年早些时候,美国达美航空利用另一个主要的客户痛点——行李丢失,来推广其移动应用程序,这一程序包括这样一个功能:乘客可以从办理登机手续开始跟踪行李的位置。

在推广该应用程序的在线视频中,达美航空公司将六个摄像头装入行李箱,然后放到从亚特兰大飞往纽约的航班上。沿途它经过一系列传送带,通过运输安全管理局扫描区域(其间不允许摄影),并在行李车和飞机之间运送。经过许多机场工作人员(小心地)处理,行李终于抵达提取处。这一视频在两周内,被观看了近850,000次。

乘客可以通过扫描行李标签,在行程中跟踪行李的状态。这一程序可以在飞行期间使用,并显示行李在目的地机场的位置。同时,程序还允许乘客查看航班和登机时间的更新,办理登机和接收二维码登机牌,查看/更改座位和重新预订之前取消的航班,以及查看关于出行和航空公司的信息。

达美航空的视频不仅实用,也很有趣。消费者现在习惯于追踪所有物品的交付状态,从亚马逊包裹到达美乐餐厅的比萨,而行李也拥有类似的时间数据。当然,这个特殊功能更多的是为了让乘客放心和满足乘客的好奇心,而不是提供实用的服务,因为一旦行李登上错误的航班,应用程序也做不了什么。但除了登机和更换座位的实际用途之外,乘客们还是十分愿意下载这个应用程序,尤其是飞行常客。

"作为企业,不断创新和满足客户需求是可持续竞争优势的唯一来源,"达美航空的营销高级副总裁蒂姆·梅普斯告诉Contagious,"与客户保持密切联系,并关注他们的需求如何不断变化,需要我们不断地挑战现状。"达美航空知道他们需要在每时每刻与客户密切关联,以便提供实际有用的服务。

对于旅游行业以外的品牌,达美航空的应用程序和视频也提供了一个重要的案例参考,说明了如何使用不同的媒介来吸引人们关注看不见的旅程,无论是产品的产地、制造流程还是幕后客户服务。如果你以前从未见过,传送带上的灰色行李箱的旅程看起来会十分刺激。关于看不见的过程如何建立客户亲和力,你将可以在"诫律九:信任至上"中读到更多内容。

虽然消费者会觉得机载电影具有娱乐性,传送带视频很新奇,接下来这个航空公司的创意则是只给男人的、纯粹的喜悦。

南非经济型航空公司库鲁拉航空希望将自己定位为当地航空业的价格领导者。由于处于劣势地位,其试图利用2010年南非世界杯的宣传热度,同时嘲笑国际足联在比赛期间管理广告和营销的严格规则和条例。库鲁拉航空不是官方赞助商,因此不被允许在官方宣传中将自己与世界杯联系起来。

相反,该航空公司开展了一项全国性的价格营销,通过新闻、广播和横幅广告宣传其"非官方赞助航空公司"身份。国际足联表示不满并提起了诉讼,但公众支持该品牌。在愚人节当天,库鲁拉航空向媒体发布了一份假的法律文件,宣布其注册了天空的商标并列出了一系列与之相关的规则和潜在的侵权行为。最后,当比赛开始时,它发布了一则新闻广告,称会向任何名叫赛普·布拉特(当时国际足联的主席)的人提供免费航班,然后兑现了这一承诺——载着一只名为约瑟夫("朱塞佩")·布拉特的波士顿梗犬进行全国飞行,并在他们的博客和社交媒体上发布了这只狗的旅程。

因从政府交易中获取大笔报酬,以及坚持修建全新的体育场(在一些贫富差异悬殊的国家,大多数体育场在活动结束后因使用不足造成浪费),国际足联已经遭到了大众的反对。因此当一个充满个性的当地航空公司将矛头指向这一全球巨头时,消息立即传遍世界,并带来了超过300万兰特(160,000英镑/220,000美元)的免费宣传。在仅用了150万兰特的情况下,这一活动使得库鲁拉的机票销售额增长了33%。

服务即营销

娱乐一直是广告的代名词。如果让英国街头的行人说出他们最喜欢的圣诞节广告，或让美国大街上的任何一个人说出最喜欢的"超级碗"的广告，无疑，他们能够滔滔不绝地说出一些逗趣的或温情的例子。但内容是否实用就是另外一回事了。

然而，近年来，我们可以看到，品牌宣传有能力，而且需要做到对人们的生活是有用的。我们将其称为服务营销，在这里，品牌既是价值的提供者，又是信息的传递者。

以日产的一项营销活动为例，该汽车品牌与英国可再生能源供应商Ovo合作，为日常生活带来了便利。情况是这样的：当英国家庭用太阳能发电时产生的能量超过使用量，剩余部分可以卖给国家电网。而晚上电力需求增加，却没有太阳为电池供电时，这些家庭不得不从电网中回购能源。聪明的太阳能爱好者已经找到了问题的解决方案，即利用家用电池平衡供需缺口。

为了帮助加速英国家用电池的普及，日产与Ovo合作开展了"车辆到电网（V2G）"的服务，结合了Ovo的太阳能存储系统（家用电池和软件）和日产的家庭储电系统，让日产聆风汽车成为额外的供电源。2018年1月之后，购买日产聆风新车的Ovo用户能够在电力便宜的低需求时段连接到电网充电，并在电价较高的时段在家中使用储备的电量，或者在用电高峰时段将电卖回电网，售价大约是他们购买的四倍。

这项合作意味着能源供应商能够在价格低廉的时段自动为汽车充电，Ovo预估，V2G服务每年平均可为消费者节省590英镑。这成为消费者购买日产聆风的理由，虽然听起来像营销，但确实是一项实用的服务，既可以帮客户省钱，又方便他们进行能源管理。

作为礼宾员的品牌

另一个汽车品牌沃尔沃通过礼宾服务将品牌实用性创意融入生活,利用专属的应用程序直接向客户提供服务。当沃尔沃车主想要加油、洗车或维修车辆时,沃尔沃的礼宾应用程序能自动联系专业人士上门或在指定地点服务。应用程序为服务提供商提供一次性的数字密钥,这意味着车主甚至不需要将钥匙交给维修或清洁人员。(沃尔沃也曾采用类似的方式方便送货商为车主服务,节省车主在家等待的时间。)

沃尔沃汽车美国公司总裁兼首席执行官莱克斯·科斯迈科斯在新闻发布会上表示:"沃尔沃礼宾服务意味着在雨天,人们不必出车门就可以加油。在沃尔沃,我们的使命是让生活变得更简单,而这就是车载技术如何用于实现这一目标的一个很好的例子。"

为了加速向服务的转变,2017年9月,沃尔沃收购了汽车代驾和礼宾的初创公司Luxe,使得这一家汽车制造商(沃尔沃)进一步进军硅谷。沃尔沃的首席数字官阿蒂夫·拉菲克也附和了莱克斯·科斯迈科斯的观点:

我们的愿景是通过技术让未来的生活更加便利,让你不必亲自去加油、洗车或者进行其他的汽车服务。收购Luxe让我们离实现这一目标又近了一步……Luxe背后的技术为我们提供了线路、物流规划和到达时间预测的先进算法……随着汽车的智能化,数字服务的便捷程度成为选择新车的关键要素。简化这一体验,并将控制权直接置于消费者手中,是当今技术的发展方向,也是我们在数字领域的愿景。

Uber也已推出类似的服务来推动其业务。2015年创立之初,该公司宣布与亚洲最受欢迎的医疗搜索引擎Practo建立合作伙伴关系。在新加坡、印度、印度尼西亚和菲律宾,首次通过Practo预约的用户可以获得两次免费乘车的代码,接送他们与医生赴约。后来还推出了乘车提醒功能:在预约前一小时给患者发送通知，以确保他们准时赴约。由于大部分Uber用户都是即时使用用车服务，因此这是一种让人们知道Uber车辆可以提前预订的聪明的方式。而对于Practo来说，这是一种为患者着想的品牌定位，不仅照顾到了患者的医疗需求，还考虑到了整个看病的体验。

> 一个兼具实用性、相关性和趣味性三者的品牌案例，是Lyft和墨西哥食品连锁品牌塔可钟在2017年的合作。这一合作体现了出租车服务对客户的即时需要的满足。为了方便饥肠辘辘的狂欢者在夜晚填饱肚子，Lyft的乘客在晚上9点到凌晨2点之间可以选择"墨西哥卷模式"，让他们的司机绕到塔可钟车道（购买食品）。塔可钟还提供车内菜单，并将其品牌整合到Lyft的应用程序和车辆当中。锦上添花的是，乘客在点餐时还可获得一个免费的墨西哥卷。实用性、相关性和趣味性，紧紧包裹在松脆的玉米饼皮中。

扩展关系

然而，仅凭实用性并不能让品牌脱颖而出。无论你提供多么有价值的服务，客户总会提出更多的要求。先发优势可能会让你暂时领先，但竞争对手总会迎头赶上。在这个时候，娱乐性和创造力将能给你带来额外的优势。

倡导涂鸦合法化的街头艺术家班克斯曾邀请人们想象："一个可以任意涂鸦的城市，城市街道的墙上画满了密密麻麻的色彩和短小的词句，在公交车站等车将不再无聊。整个城市就像一个派对，人人都受到邀请。"如果我们把这个城市想象成品牌世界（诚然有点讽刺，因为班克斯憎恨广告），很容易想象为什么有娱乐性的品牌更容易吸引人的注意力。

多年来，天气预报一直像一个无聊的公交车站，实用但缺乏娱乐性。大多数气象报告都来自相同的数据和预测模型，以相同的风格和形式呈现。人们通过应用程序或搜索网站获得天气预报，然后继续他们的生活。

直到天气猫"雨衣"（Poncho）的出现。"雨衣"是个有个性的聊天机器人，最初以邮件和和短信服务的形式推出，不仅可以预报天气，还能送比萨、发表情。"雨衣"使用与其他天气预报相同的数据，但用班克斯的话说，还融合了"密密麻麻的色彩和短小的词句"，将晨间的天气预报变成一个人人参与的聚会。随着即时聊天工具Kik、Facebook Messenger和Slack这样的平台越来越受欢迎，人们习惯与机器人互动，"雨衣"很快找到了新的娱乐方式，凭借背后的文案团队，"雨衣"向用户提供的信息都是简洁的、有趣的和富有实用性的。

"大多数聊天机器人没有考虑到，人们为获得想要的信息，通常会问更多的问题。除此之外，他们还忽视了人们与机器人交谈的初衷：无聊。"天气预报服务资深编辑艾希礼·达西在博客平台Medium上写道：

"雨衣"的妙处在于它可以跟你畅聊，并最后回到天气的主题上。它是一个很会聊天的机器人，充满个性……"雨衣"就像你的朋友一样。

虽然天气预报并不能赚大钱，但相关性可以。2018年，"雨衣"被社交媒体、电商和饮料公司Dirty Lemon收购，从而"建立一个流畅的会话平台"并"推动人机对话界面的未来发展"。

在实用性的基础之上，娱乐性让品牌有能力涉足新的领域，自然地吸引人们的注意力，并在原本的服务之外继续与消费者进行交流。也许最重要的是，娱乐性让人们有理由在竞争对手之中选择你的品牌。

情境相关性

那么，相关性原则呢？如果一样东西具有实用性，它必然是与人们相关的，对吧？是的，没错。但是，在Contagious，我们谈论的相关性已经超出实用性，包含了更重要的东西：情境。

麻省理工学院计算机科学家艾伦·凯曾说:"情境能让人的智商提升80点。"实际上,这不是他的原话(他认为"视角"或"观点"带来了智商的提升),但他坚信,若将一个好的创意或聪明的学生置于恰当的情境中,就可以获得非凡的成就。我们相信广告也是如此。

那么情境是什么?简言之,情境就是一切,一切皆情境。

有一个案例能完美地诠释情境,《千斤顶》是2017年由DDB芝加哥为国家农场保险制作的广告。广告中两个人在看到一辆车时说出了同样的话:"这是我的车?真的吗?!太难以置信了!不可能吧!"场景一,是一个十多岁的女孩在车道上看到她的第一辆车。场景二,则是一位商人的汽车轮胎被盗了,停在路边。情境,也就是对话之外发生的一切,才是故事的关键。

从品牌的视角,"情境就是一切"听起来有些让人无所适从。你可以将它看作特定时刻一系列让消费者与品牌产生互动的内部和外部因素的集合。消费者的内在背景,如他们的个性、意图、习惯和过往经历等,构成了等式的一边。等式的另一边是外部因素:天气、地点、时间、时事等。任何设计过数字化体验的人都知道,数字化情境——用户使用什么设备,是否登陆账号等——都需要被考虑在内。

2012年,危地马拉鞋店Meat Pack运用相关性原则,直接从竞争的零售商店抢夺客户。品牌与代理商盛世长城合作,推出了Meat Pack应用程序的一项新功能"打劫"。这项新功能能够发现任何与Meat Pack销售相同品牌的商店,并使用GPS定位。人们只要走进竞争对手商店,应用程序就会弹出提醒,显示最近的Meat Pack的折扣信息。折扣率从99%开始倒数,每秒下降1%,这让客户直接跑出竞争对手商店,直奔Meat Pack。

代理商盛世长城称,在短短一周内有600名顾客"测试"了他们的短跑速度,其中包括一位客户佩德罗·罗德里格兹,他在11秒内完成了从竞

> 争对手商店的疯狂冲刺，获得了89%的折扣。我们打赌，在人们听说这项活动之后，不少人和佩德罗一样，进入非Meat Pack鞋店时打开应用程序，同时准备好冲刺。这样的画面实在是充满娱乐感。

相关性零售

美国和欧洲的自动售货机一直在销售零食和饮料，但最近出现了一种新型机器，尤其是在机场。你一定看到过，这些新型自动售货亭为旅客提供旅途中忘记带的小东西：充气旅行枕头、手机充电器、耳机，甚至化妆品。

2017年，服装零售商优衣库在美国的10个机场和购物中心安装了"旅途优衣库"售货机，为旅客提供各种服装，包括男士和女士的保暖上衣和羽绒服。如果人们忘记了目的地的寒冷天气，或者落下了一些关键用品，这种售货机恰好为人们提供了便利。

这就是相关性零售。自动售货机占地面积较小，可以在任何地方为特定场景的客户提供服务，这就意味着他们的产品更有可能吸引路人。自Contagious成立以来，我们见过自动售货机的各种形式，都在利用这种相关性进行营销。以下仅仅是少数例子：

• 美汁源旗下的柠檬水品牌Limon Y Nada在西班牙各地的水上乐园和主题公园设置自动售货机，室外的温度越高，饮料的售价越低，相关性的上升使饮料更具吸引力。

• 咖啡品牌Douwe Egbert在南非O. R. 坦博国际机场放置了一台咖啡机，为打着哈欠倒时差的旅客们提供免费咖啡。

• 欧莱雅在纽约市地铁安装了一台互动式自动售货机，传感器可检测出乘客服装上的主色调，并推荐搭配的眼妆、唇妆和美甲产品，可以立即购买。

- 自动售货机特技的忠实拥护者可口可乐设计了一台3.5米高的售货机，人们要爬上朋友的肩膀才能够着，但可以用一罐的价格买两罐可乐。

- 运动装备巨头耐克则用"汗水"作为数字货币，在纽约市安装了一台装满了袜子、T恤和帽子的自动售货机，不收现金，只接受带着耐克健身腕带运动所获得的积分。

对于曾到日本旅行的人来说，自动售货机的普及早已不是新鲜事。自动售货机是日本零售组合中不可或缺的一部分。日本各地共有500多万台自动售货机，平均每23个市民就有一台。根据日本自动售货机制造商协会的数据，日本是世界上自动售货机密度最高的国家。

我们在近十五年来遇到的最疯狂的情境营销案例之一就来自日本。在这个自动售货机的国度，消费者十分习惯和喜欢与这些机器互动。可口可乐的即饮咖啡品牌格鲁吉亚希望加强忠实粉丝和自动售货机之间的互动，来影响他们的购买习惯，增加购买的可能性。

于是，格鲁吉亚（可口可乐旗下的二十一个品牌之一，销售额超过10亿美元）与位于东京的代理商电通合作，推出了一款手机应用程序，提供像咖啡店一样的购买体验。

顾客可以在他们经常使用的自动售货机上注册，并从六个虚拟"咖啡店长"中选择一个。每次使用机器时，咖啡店长会与顾客打招呼，并且根据购买历史发送个性化消息。比如，如果顾客一天内买了第二杯咖啡，他会表示感谢，并评论说今天天气不错，如果天气预报会下雨，还会建议顾客带雨伞。

电通的报告称，应用程序的下载次数超过46万次，68.5%的用户感到与品牌关系更加密切。此外，41%使用过该应用程序的人会更经常访问附近的其他自动售货机。该应用程序在日本的谷歌 Play娱乐应用程序排行榜中一度名列前茅，并成为最受欢迎的免费iTunes应用程序。

下一波趋势

随着支付技术、移动技术以及供应链管理技术的提升，自动售货机/相关性零售界正在发生一系列的变化。美国初创公司Bodega于2017年成立，他们的目标是在城市街头安装零售柜，使用电脑视觉识别和电子支付技术代替人工，最终代替街角小店。联合创始人保罗·麦克唐纳告诉《快公司》杂志说："在未来，我们将不再需要集中式的购物场所，因为将有10万个零售柜遍布城市各处，不出一百英尺就能找到一个。"也许是因为他们的名字太常见，这家初创公司遭到了人们的嘲笑。

然而在中国，自动化小规模零售革命已经全面展开。例如初创公司缤果盒子，提供移动方便的小型便利店，不需要员工，全天候开放。作为进入这一市场的第一人，这款无人便利连锁店采用了"启动并学习"的方式，由微信提供支持。外观类似配有轮子的集装箱，方便运输，并提供从饮料、小吃到面条的各种日用品和食品。用户只需通过微信打开缤果盒子店门，就可以从800多种产品中选择商品，并用微信或支付宝进行支付。计算机视觉技术确保顾客不会顺手牵羊，并且可以提供全天候的远程客户服务。

这家公司成立于2017年2月，8个月内在中国开设了158个门店，到2018年年底，将开设5,000家门店（到2020年将达到10万家！）。这些商店的成本只有普通实体零售店的四分之一，只需四个人就可以经营四十家商店，并且可以随时转移到需求量大的地区。

意识到无人零售和相关产品结合的潜力，许多企业也开始在这个领域竞争，尤其是在中国。初创公司威利斯（Wheelys）正在设计自动驾驶的快闪店，可以根据客户需求移动位置，库存量则取决于给定地点的需求。法国零售巨头欧尚是缤果盒子的早期合作伙伴，已经推出了自己的品牌小商店，名为"欧尚迷你"。欧尚零售中国执行主席卢多维奇·霍利尼尔表示："我们正在为高度连接的中国消费者提供与其购买习惯相符的解决方案。"中国最大的饮料制造商杭州娃哈哈集团已签署合同，在未来十年内推出100万台自动化无人智能商店。

自动售货机曾经只是休息室和保龄球馆的专属，现在已经来到零售战争的前线，因为品牌需要与消费者建立更加密切的联系。

与个人兴趣的相关性

若是在网上评论说"某些东西与我的兴趣相关"听起来会有些滑稽。但那些正中要点（通常还兼具实用且有趣）的品牌确实成功塑造了消费习惯。

以声田（Spotify）的"每周发现"播放列表功能为例，这项功能分析人们对音乐的喜好，并与有相似品位的其他用户进行比较，推荐可能没有听过的相似歌曲。通过向用户呈现新的音乐，声田提供了实用的服务。通过把握用户品位，它确保播放列表是与用户相关的。通过对具有相似品位的用户进行交叉比较，声田确保了推荐的娱乐性。2015年该功能问世的十周内，"每周发现"在线播放了超过10亿首歌曲，并迅速成为声田持续生成更多个性化的和相关的播放列表的基础。

声田经济主管威尔·佩琪在2016年联合会议上说道："一段时间之后，很明显我们的用户已经养成了一种习惯、一种仪式。它是随机的（你不知道将听到什么），定期的（每周一）和不断强化的（让你在周一振作起来）。"

相关性和个性化这两个词时常能够互换，而且对于营销领域的任何人来说，个性化需求的增长并不应是新鲜事。正如管理咨询公司德勤的消费者业务研究负责人本·铂金斯在2015年的一份报告中提到："随着客户个性化需求的日益增长，无法提供个性化服务的企业可能会失去长期收入和客户忠诚度。"市场研究机构弗雷斯特发现，77%的消费者会选择、推荐或继续购买提供个性化服务或体验的品牌。此外，这也是一个常识：更接近我们个人兴趣的产品与我们更相关，因此更具吸引力。

生物的相关性

最近，一大批初创企业将相关性理念更进一步，深入到DNA相关性领域。技术发展已经让部分基因组测序成本降低，使其在消费者层面成为可能。预料之中，发现"超级相关性"机遇的健康和保健行业已经出现井喷。

以加州的一家初创公司Habit为例，该公司利用客户的DNA来定制饮食计划。用户只需提供他们的唾液和血液样本，公司进行分析并创建个人营养资料，然后量身定制营养计划，规定了人体最佳运作所需的碳水化合物、蛋白质和脂肪的确切摄入量。另一家初创公司Vinome通过个人DNA分析，匹配精心挑选的葡萄酒来满足不同人的口味。"基因影响你的味觉和嗅觉，进而影响你的葡萄酒喜好。为什么不让你的基因帮你发现喜欢的葡萄酒呢？"这家初创公司问道。

双螺旋（Helix）是旧金山的一家初创公司（加利福尼亚似乎是这个领域的温床），希望成为这种基因品牌相关性的"应用商店"。与其竞争对手一样，该公司为个人提供基因组测序。但它同时也可以存储这些数据，并在用户的要求下与其他品牌共享。（请记住：强大的数据也带来很大的责任，我们会在第九条诫律中进一步说明。）这个想法是，通过双螺旋这家公司，任何品牌都可以提供量身定制的DNA产品和服务，而无须自己进行DNA检测。该公司的第一次合作是与国家地理共享基因组数据，后者随后向人们提供了有关家族历史的信息。

该公司联合创始人兼高级副总裁贾斯汀·高说："我们希望通过一个开放的平台来鼓励创新，允许任何合作伙伴或开发者使用软件将DNA融入到他们的产品中。我们正在建立这个领域的第一个开放平台，类似于苹果和谷歌为手机提供的平台。"

> 相关性不仅仅关于情境，也让品牌与周边世界保持一致。2016年，麦当劳意识到开心乐园餐对瑞典的儿童不再有吸引力，因为孩子们对那些玩具没有了兴趣。曾在DDB斯德哥尔摩担任区域策划师的埃里克·罗内尔说道："我们发现：开心乐园餐的相关性不再取决于竞争对手，而是基于玩乐的文化，但玩乐文化已经发生了变化。我们为自己设定的任务，是让开心乐园餐跟上流行文化，将其转变为新型的游戏体验。"麦当劳的解决方案是从开心乐园餐的包装上下功夫——客户可以沿着标记拆开包装并折叠成类似谷歌再生纸盒的眼镜，然后用这款"开心眼镜"来玩一款VR滑雪游戏。

让人无法拒绝的诀窍

本章开头，我们通过一个残酷的事实开始这条诫律：在这个大千世界中，没有人关心你的想法。但我们也想留下一丝希望。每个人都有自己关心的事物，我们都有最喜欢的书、电影或歌曲，甚至都有喜欢的品牌和广告，多数人都能哼几首广告歌曲。无论我们是否承认，我们每天都在用品牌服务来改善我们的生活。如果没有谷歌地图，我们真的会迷路。

因此，如果每个人都有一些关心的想法，那么诀窍就是确保他们所关心的恰好是你的想法。该怎么做呢？和我们一起重复：实用性、相关性、趣味性。人们会使用效果很好的产品，会关注与他们相关的信息，会收听让他们发笑或充满悬念的内容。毕竟，我们是相当自私的生物。

> 浓缩版

要有实用性、相关性和趣味性

　　这条诫律应该成为常识。毕竟在广告界，人们的注意力就等于金钱。当看到不够有吸引力的广告，我们都会换台或发呆。如果市场营销无法提供情感联系，没有提供价值，与我们的利益无关，很快就会被埋没在时间之中。

　　用英国电视营销机构Thinkbox的话来说，我们就像猫鼬一样左顾右盼，目光在不断转换频道或者从一个屏幕转到另一个屏幕，寻找最有可能产生共鸣的东西。更糟糕的是，媒体的碎片化导致广告门槛降低，新的竞争对手不断涌入，猫鼬们关注的东西比以往更多了。

　　所以我们必须讲究实用性，必须讲究相关性，必须要有趣味性。

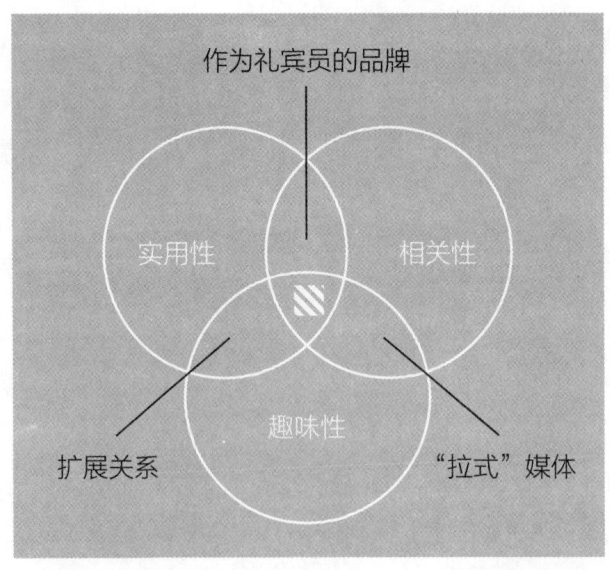

我们不是说创意总监或首席营销官提出的简报是无用的、无关紧要的和无聊的。尽管广告机构花费数千小时打磨、微调和执行这些创意，但也只是仅此而已。除非在整个过程中有一个清晰的目标，否则这些创意往往会被丢弃，因为只有保守的客户才会为无聊的作品买单，让广告成为陈词滥调的白噪声。

在Contagious，我们将实用性、相关性和趣味性看作三个相互重叠的圆圈，它们相辅相成。能符合一个圈的营销是好的，符合重叠区域的营销更好，这三点是产生市场营销效应的基础。当品牌传递的信息实用且相关时，可能会起到礼宾服务的作用：例如，代替司机加油的服务，或给人们提供所需商品的移动商店。富有相关性和趣味性的营销，如个性化的播放列表，会产生自然的"拉"力——吸引人们自然而然地向品牌靠拢，而不用依靠"推"人们来进行消费。为实用的服务增加娱乐功能，可以将交易转化为更深层次的关系，筑起针对竞争对手的护城河，甚至可以让客户在某个下雨天微笑。

三个圈中间的区域是Contagious的标志。实用、相关，并且有趣的营销是战无不胜的。它能够吸引人们的注意力，甚至超出了人们的预期，并建立了品牌亲和力。它确实具有疯传的可能性。

在整个营销活动过程中，甚至仅仅是在撰写一份营销材料的时候，请问自己：

- 需要解决的问题是什么？
- 在特定的时间点，这对观众有怎样的重要性？
- 如果这不是广告，它本身是否具有娱乐性？

如果你不能自信地回答其中两个问题，那就需要考虑改变你的

> 创意或执行，直到你可以。如果你一直发现答案不尽如人意，那就试试一个更简单的方法：在你的创意简报上写下"实用性、相关性、趣味性"三行字。我们相信它会带来你想要的结果。

THE THIRD COMMANDMENT

诫律三：提出异端的问题

俗话说，所有问题都是好问题。但实际上，我们很少会在董事会或者电话会议上谈论与主题无关的见解，或一些直击业务痛点的问题。

但是有时，这些荒谬、尴尬甚至异端的问题却能带来优秀的创意，因此它们是无法避免的。那些高传播度的创意往往在不经意间出现，来自我们一度认为愚蠢或太冒险，甚至是禁忌的想法。但一旦发现这些创意，你在这个领域就是独一无二的。

在第一条诫律中，我们鼓励你了解做事情的原因。一旦你确定了这一点并确立了核心目标，就应该用更具挑衅性的和不可预测的问题来挑战自己。

有没有一些疯狂或极端的问题，一旦在你同事面前提起，就有可能威胁到你的职业生涯，或者遭到团队的无休止嘲笑？这些问题或许有关客户选择我们产品的真实原因，或者有关公司的一个组织原则是否已经过时，公司是否需要进入跨度很大的品类市场，或许只是想知道火星上是不是真的可以种植马铃薯（见第76-77页的补充内容）。我们的建议是：抓住这些想法，提出这些问题。为了所有人的利益，你应该说服你的同事冷静下来和你一起思考这些问题。

在一个内容和数据都在不断膨胀的世界，媒体研究学者马歇尔·麦克卢汉谈到了问题的重要性。他说："在全球信息环境中，旧教育模式对于寻找答案是无济于事的,我们被百万个飞快速度移动和变化的答案所包围,生存和控制将取决于在适当的时机,以适当的方式进行探究和质疑的能力。"

提出异端的问题是获得高传播度的创意的关键步骤。

问题的价值

在我们孩童时期,当我们背下课程表、世界首都城市和勾股定理的时候,提问的冲动就被抹杀了。奇怪的是,在日常工作中,我们并不常用到微积分或地理知识,但仍需要用提问的方式来得到一个好的想法。

加州大学教授罗纳德·D. 戴尔在2013年的《细胞分子生物学》杂志中提到了提问的重要性。"发现一个好问题并做出很好的阐述不只是高中生的家庭作业,也是一位成功科学家的关键技能。有时一个优秀的提案得分不高,原因不是实验不佳,而是因为提出的问题不够有趣,或没有进行清晰阐明。"简言之:好的问题带来好的结果。

麻省理工学院领导力中心执行主任哈尔·格雷格森经常提到提问的价值,以及如何将过时的、明显的解决方案变得更具创造力(他称之为催化提问)。他提出了一个名为"问题头脑风暴"的练习,要求试图解决问题的人至少要提出五十个相关问题。格雷格森告诉《快公司》杂志,人们经常在中途失去动力,"人们会说:'我实在想不出任何问题了。'这时候要继续思考,因为保持前进有时可以触及更重要的问题。"

格雷格森是"4-24项目"的主创,这个项目鼓励领导者每24小时留出4分钟来提出更好的问题,并去理解他们当天面临的问题。他写道:"这样做不仅有助于创新思维,也有助于我们反思。"

提出艰难的问题

提出异端的问题不仅是为了探究明显问题的深层意义，或者提不同寻常的问题来另辟蹊径。有时，最异端的问题让人们不得不面对残酷的事实，带来不适甚至痛苦的感受。

世界上一些最大和最成功的公司之所以蓬勃发展，是因为它们将应对尴尬挑衅的能力融入其企业文化中。Facebook承认并公开面对挑衅。"如果我们不为自己制造威胁，那么其他人就会。"Facebook的一本内部手册《小红书》中的一个标题这样写道。这本手册向新员工介绍公司的使命、历史和文化，并限量出版。2012年年底，这个社交媒体巨头的用户数量突破了10亿。"拥抱变革是不够的"，书中写道，"变革必须成为我们身上与生俱来的一部分，甚至不需要谈论它。互联网并不是一个友好的地方，若是跟不上节奏，可能会消失得不留痕迹。"

在我们与来自世界各地的客户合作的十多年里，Contagious接触过规模各异、来自各个领域和地区的品牌。在面对品牌发展制约的问题上，有相当一部分客户存在着明显的盲点。有运动服装制造商拒绝在办公室大声说出竞争对手的名字，有全球快速消费品公司避免以任何形式使用竞争对手的颜色，也有传统品牌拒绝相信创业公司会对它们造成真正的威胁。

令人兴奋的是，也有客户愿意承认自己的弱点并进行真诚的交谈。他们仍然认为自己的品牌充满活力，对自己长期赢得市场的能力充满信心。但是他们也明白，忽视问题并不是最好的解决方法。

火灾警报

1968年，哥伦比亚大学研究员比布·拉坦和纽约大学研究员约翰·达利做了一项实验，并发表了一篇题为《紧急状况下的旁观者干预与群体抑制》的论文，现在俗称为烟雾实验。在实验中，哥伦比亚大学的学生被要求填一份关于城市大学校园生活的调查问卷。有些人单独填表，有的以三人一组的形式填表，有的则被安排与两名假扮的演员（学生并不知道）一起填表。填表过程中，他们所在的房间开始烟雾弥漫，到实验结束时，房间里的浓烟已经模糊了人们的视线。

研究的结果很有启发性。独自留在房间里的参与者往往好奇烟雾来自哪里，75%的人离开了房间，告诉管理员房间有烟雾。三人一组的房间中，38%的情况下有至少一个人报告了烟雾，反应时间是单独参与者的近乎两倍。而最后一组房间中，两位演员按照指示告诉参与者忽视烟雾，因此只有10%的人报告了烟雾。

拉坦和达利在论文中写下了这些发现，并指出那些不报告烟雾的人们通常会试图解释烟雾出现的原因，有人说是蒸汽、空调水汽，甚至（有两个人说）是"吐真气"。研究人员引用了一种明显而强大的"旁观者效应"，后来在《反应迟钝的旁观者：他为什么袖手旁观？》一书中进行了深入探讨。当有更多的人在场时（特别是那些没有意识到发生什么或漠不关心的人），人们更加不会倾向于采取行动帮助受害者。但有趣的是，该研究似乎证明了，即使旁观者是受害者，旁观者效应仍然适用。

回到我们的异端问题。很有可能在你工作的品牌当中，正在慢慢充满销售下滑、品牌资产流失或竞争加剧的烟雾。而坐在你周围的人们有可能并不关心烟雾，也不愿意费尽周折去找出原因。异端的问题就像是火灾警报。只有通过询问你身边的人："你看到了吗？这难道对我们没有威胁吗？"才能让你和同事们行动起来，起身，跑出房间，然后用灭火器灭火。

"我们的比萨为什么遭到差评？"

2007年，达美乐比萨（Domino's Pizza）就处于一个浓烟弥漫的房间里。不过，烟雾并不来自意大利餐馆的厨房，而是来自挑剔的客户和评论家们。该比萨由于没有受到人们的青睐，销售直线下滑。有了在线评论功能后，人们越来越抗拒低标准和平庸的产品了。

品牌内部的人深吸了一口气，冷静下来，然后拉响了火警。我们的比萨为什么遭到差评？我们该如何解决？

2009年4月，一夜之间，该公司陷入了社交媒体时代的第一起重大食品安全丑闻。网上视频中，来自北卡罗来纳州一家分店的两名员工一边糟蹋食物，一边说笑。这条视频，短短三天内，被超过一百万人观看，验证了人们对快餐店最深切的恐惧。

最臭名昭著的一句话，来自三十一岁的克里斯蒂·哈姆斯（后来被公司解雇和起诉）："大约五分钟后这些食物会被送上餐桌……顾客不会知道这些奶酪上有鼻涕，萨拉米香肠上有致命气体。这就是我们达美乐的食物。"

随着丑闻的发酵，评论家们感到这两名底层员工可能会让大型品牌多年的努力白费。但是达美乐的行动很迅速。"消费者们都已经了解到，事件由两个人，或者说两个白痴造成。我们已经坦然面对这一事件，并决定向前看，"那时担任达美乐首席营销官八个月的罗素·韦纳告诉Contagious，"公众们也意识到了这两人并不能代表其他数千名达美乐员工。"

比萨的转机

2009年10月，达美乐带着改良的比萨找到了创意代理商Crispin Porter + Bogusky。为了进行推广，CP + B使用经过其实践检验的方式来创造大众能共鸣的创意：广告简报的开头像是庆祝努力获得成功的新闻标题。以下是他们的简报：

- 达美乐比萨推出全新改良版比萨。

- 冲突：人们对达美乐毫无特色的快餐式比萨没有期待。

- 怎样才能以意想不到的方式推出达美乐比萨，来证明我们的口味，重新建立达美乐的标志性地位？

品牌对视频丑闻的真诚回应起到了积极的作用。"我们的情绪和态度很坦诚，我认为人们可以感觉到。"达美乐的传播副总裁蒂姆·麦金太尔告诉《华尔街日报》。因此，达美乐对他们的比萨也采用了同样的方法——将大象放在房间中央的聚光灯下。

由简报衍生了一个名为"比萨的转机"的传奇宣传活动，活动推出了一个长达4分钟的视频，显示员工正在观看焦点小组评论达美乐比萨的视频，视频并没有回避尴尬的事实。一位参与者说："对我而言，达美乐的比萨饼就像硬纸壳一样。"一条网络评论称达美乐比萨是"量产的、平淡无奇的比萨"。一份投诉中称其"酱汁味道像番茄酱"。

"负面评论可以带来打击，但也可以激起兴趣和斗志做出更好的比萨。我们选择了后者。"当时的品牌总裁帕特里克·多伊尔表示。

接着出现了转机。事件的语气从沉重的"我们的过失"变为重振店内消费，员工们唱着歌（"我们是谁？达美乐的PIZZA！"），厨房也是一片忙碌的景象。那外卖呢？"我们进行了彻底的改良更新，现在味道更好了。"

消费者尝试了新的比萨，并在Facebook和Twitter上与品牌互动，口味是大家关注的焦点，有正面也有负面评论。达美乐非常重视与客户的互动，向他们解释了自由搭配的选项，询问有关送货时间和食品质量的反馈，而且态度谦和，充满关切。

活动引起了大众媒体的关注：在400多个地方电视台上播出，公司的Facebook粉丝增加了8万人（这在2009年是一个相当大的数字）。在活动的巅峰时期，一家分店墙上的销售记录的收入曲线超出了图表一直到达天花板。

一些非官方的数据也显示了惊人的增长：2010年5月，达美乐宣布第一季度同店销售额同比增长14.3%，而必胜客增长5%，棒约翰比萨减少0.4%。如果你在2009年12月21日，"比萨的转机"视频在YouTube上播出的那一天购买了100美元的达美乐股票，8年后它的价值将超过2,500美元。通过直面问题，公司思考了本来容易被忽视的问题，让品牌重振了其核心产品和信息。我们的比萨很糟糕？我们该如何解决？如何向人们展示我们的改变？这些问题带来了新的比萨配方，催生了标志性的广告活动，为达美乐品牌的未来奠定了基础。

> 投入两年的时间和资源来扭转一个传统老牌自然无可非议。但如果人们只想用低成本来为产品注入一点活力呢？Shreddies麦片就是如此。这个拥有67年历史的品牌主要销售一种起源于加拿大的格纹麦片。该品牌与多伦多的奥美（Ogilvy）合作，说服了加拿大的消费者从全新视角来看待品牌。这里的视角既有字面意义，也有比喻的含义。Shreddies是一种正方形的麦片，他们没有改变产品本身，只是简单改变了麦片的视觉，将正方形Shreddies的照片转动45度，变成菱形，并改名为"钻石形Shreddies"，同时重新设计了包装。
>
> 预热之后，该活动又举行了一场比赛，找到包装侧面独特代码的10位客户可以赢得钻石形Shreddies。随后在电视、平面广告、海报和一系列线上广告中宣称"钻石形麦片"更脆更可口。当一位顾客开玩笑地抱怨他买了一包"钻石形麦片"，却失望地发现只有一半是菱形，而其余只是正方形，品牌于是在加拿大推出了"混合包装"（66%菱形麦片，33%方形麦片）。结果证明，看似很傻的营销工具发挥了实际作用，"突破性"的新品带来了18%的销售额增长。

"在一年中最繁忙的那天关闭所有门店，会产生什么效果？"

许多家长会用"不必跟随主流"这样的名言教育孩子，正是想与烟雾实验做抗争，即使其他人都留在烟雾缭绕的房间里，你仍然可以选择跑出去。

户外装备和服装零售商REI最近就面临这样的情况。"黑色星期五"，也就是感恩节后的第二天，是美国一年中最大的购物节。商店一般天亮就开放，消费者在沃尔玛中穿梭奔跑，像成群的蝗虫在田间剥采庄稼一样抢购。但REI和竞争对手巴塔哥尼亚一样，宣扬的是环保而不是消费，我们在第一条诫律中介绍过"不要买这件夹克"的"黑色星期五"活动。事实上，REI是一个合作社形式的公司，由员工和成员共同所有，而不是由股东掌控。那么为什么REI会参与这个零售狂欢呢？他们认为利润比信仰更重要吗？

该品牌用#走进户外的大型活动回答了这个问题。REI在"黑色星期五"当天关闭所有门店并停止接受在线订单，鼓励人们走到户外，此活动大获成功。

事情是这样的：2015年10月，REI宣布无法容忍节日抢购的人潮。并鼓励人们远离购物狂潮，走到户外。在"黑色星期五"当天，他们为12,000名员工提供带薪假期，关闭其线上商店，并将主页访问者转移到活动网站。在那里，人们输入所在地，就可以查看附近国家公园参观或徒步的建议。

该网站的访问者可以通过选择一组风景照片（或上传他们自己的照片）来分享他们的决定，并完成句子"这个'黑色星期五'我将会……"。为了鼓励意见领袖的参与并引发讨论，REI甚至为那些忙着远足而没机会享用大餐的人们分发冷冻干燥的感恩节食物。

活动被刊登在了《福布斯》杂志上，公司高级副总裁兼首席创意官本·斯迪尔说：

"在节日头脑风暴会议期间，我们零售团队的负责人说：'虽然听起来不太可能，但如果我们在"黑色星期五"关店会怎么样？'显然，从表面看，它似乎很疯狂,但这完全是为了给员工一天假期并邀请其他人加入我们。这项工作的一部分是关于讲故事,但是当你可以用行动而不仅仅是语言来证明时,效果将十分强大。"

"我不得不承认这个想法令人震惊,但我们越想越兴奋,"首席执行官杰里·斯特兹科告诉哥伦比亚广播公司,"首先,我们的同事会很高兴;其次,作为一个合作社公司,我们有500万热爱户外活动的会员,我们相信他们也会参与活动。"

走进户外

消费者的反应十分热烈,有140万人(其中70%在35岁以下)在"黑色星期五"选择使用REI的话题#走进户外。该活动获得了3,400次媒体的报道,并在Instagram被热议了两天,Twitter上持续了三天。此外,作为最有趣的品牌资产建设晴雨表,公司2015年第四季度的入职申请增加了92%,而且连续第二年实现两位数增长。

更有趣的是,REI掀起了一场浪潮,有近200家零售商加入队伍并在"黑色星期五"当天关店。这促使该品牌在2016年和2017年的战略上更加努力让其他人参与进来:275家企业和品牌在2016年与REI合作,其中包括斯巴鲁在纽约的一项计划,他们捐赠汽车来鼓励居民带爱犬(或流浪狗)来到户外。2017年,该品牌升级了搜索引擎,让人们更加容易找到户外活动方式。斯特兹科称前两年有超过800万人参与了活动,并宣布了第三次启动活动。

总的来说,催生这项活动的问题似乎更具异端性:REI的购物者通常不是沉迷于"黑色星期五"狂欢的类型;并且有一些证据表明,尽管感恩节和"黑色星期五"商店关闭,他们会在其他日子进行购物。

但更重要的是,REI的目的是提出问题。通过找到一种意想不到的方式激活该组织原则,并完美执行,REI增加了品牌资产,并从竞争中脱颖而出。

提出愚蠢和显而易见的问题

除了那些困难和异端的问题，一些看似愚蠢的问题，或者乍一看近乎天真的问题有时也十分有价值。

关于问题的价值，最精彩的论述来自教育领域的思想家（或许是因为他们强烈的好奇心）。无论如何，在2000年全国小学校长协会出版物《领导指南针》中，教育家吉姆·福斯谈到了愚蠢问题的价值："孩子们会问一些成年人不会问的愚蠢问题，完全出于好奇心，而不是某种期望，"他写道，"这些问题源自想象力，目的是让人们思考。愚蠢的问题是简单却显而易见的，同时能够挑战和引发我们的思考。"

加州大学河滨分校教授大卫·C. 芬德博士对这一思路表示赞同。在《心理学观点》第四卷题目为《天真和显而易见的问题》的文章中，他写道："现在的研究往往构思巧妙，结构紧凑，衡量某些条件下的一两种行为，来验证某种假设。"这些特定的研究往往由于资源有限，得出的结论很详尽却十分无趣。

可以说广告也是如此，我们常常将创造力聚焦在特定平台上。你上一次尝试从35,000英尺之外来审视你的工作是什么时候？你最近质疑过你营销的基本原则吗？

"对于有抱负的研究人员来说，这个故事的寓意是：永远不要认为某项研究或发现过于明显，认为别人肯定已经完成或已经发现它，"芬德写道，"一些最有趣和重要的研究都藏在我们的眼皮底下。"

"试试卖难看的蔬果会怎么样？"

食物浪费（被种植、饲养或烹饪的食物却未被食用造成的浪费）占了全球碳排放量的8%左右。《缩减：迄今为止提出的逆转全球变暖最全面的计划》（这本书和项目包含了一百个具体的、有先后顺序的和被衡量过的步骤，来帮助人们扭转气候变化的过程）的编辑保罗·霍肯说：

人们养殖或烹制的食物中有三分之一没有被端上餐桌，这些未被食用的食物造成大量资源浪费：种子、水、能源、土地、肥料、劳作时间、金钱等，而且在处理过程中会产生温室气体，包括有机物被处理时产生的甲烷……

在收入较高的地区，刻意的食物浪费占据主导地位。零售商和消费者拒绝那些被磕碰的，有瘀伤的和变色的食物，或者纯粹是过度需求、购买或供应而造成的消费。

法国超市Intermarché亲眼目睹了这一切。创意机构巴黎马塞尔的前策划师吉劳姆·勒戈雷克在与超市进行合作时，解释道：

我们习惯购买标准化水果和蔬菜，因此那些不符合标准的蔬果会滞销。这是人类的一种本能：当你面前有两种产品，一种形状怪异，一种外观完美，你肯定会选择看起来很漂亮的产品。在我们头脑中有这样一种关联：好看的食物更好吃，所以这就是我们想要解决的问题。当你看到一个丑陋的胡萝卜时（相信我，我见过一些非常难看的胡萝卜），你会本能地抗拒它们，尽管你并不知道为什么会这样。

为了杜绝这种普遍的食物浪费——这常常发生，即便在产品到达终端消费者之前——Intermarché进行了一项名为"不光彩的蔬果"的实验。这个倡议让整个供应链感到震撼，并使得货物箱里放满了丑陋和畸形的水果。然后零售商将这些弃儿们卖给消费者，价格比看起来漂亮的同类商品便宜30%。

这个实验得到了大胆的广告宣传支持，赞美这些独特的蔬果的优点。"每天一个丑陋的苹果也会让医生远离我。"在一张扭曲的苹果的照片旁边写着这样一句话。"一个丑陋的橙子也可以制作美味的果汁。"另一个广告说道，上面还有一张特别粗糙的脐橙的照片。

"Intermarché希望通过减少食物浪费来降低生活成本。我们考虑过如何利用这项活动来改变消费者行为。我们想用一些轻松愉快的方式,因为食物浪费不是大家的错,"勒戈雷克说,"这是一种文化的产物。"

Intermarché认为人们仍然会以折扣价购买这些产品,于是这项活动先从一家店开始试验,然后扩大到十家店,二十家店,最后全国所有商店都参与其中。广告宣传从纸媒、广播和公关等低成本媒体渠道开始。(该品牌将一篮子丑陋的水果和蔬菜送到记者手中,并配有制作汤和冰沙的食谱。)随着活动影响力的扩大,Intermarché甚至发布了电视广告。

"新闻宣传活动在意识方面有所帮助,但一旦商店开始行动,它就变成了现实;人们可以实际触摸这些商品,所以它不仅仅是一个宣传活动。宣传和店内活动的结合起了作用:你必须要用行动来证明,而不是仅仅谈论食物浪费。"勒戈雷克说。

在上架的两天内,平均每个商店出售了1.2吨畸形水果和蔬菜,通常在补货之前就已抢购一空。在创意活动的推动下,店内流量增长了24%,Intermarché的农产品总销售额增长10%。最后,该活动通过社交媒体和赢媒体(即不依赖付费广告的品牌信息传播)的报道在法国覆盖了1,300多万人。也许成功的最佳标志是,竞争对手Monoprix、欧尚和Leclerc都在自己的商店采用了类似的做法。

"我们真的为此感到高兴,"勒戈雷克在评价其中一个效仿者时说,"如果Intermarché能够在这个品类带来改变,它就是完美的。"

你能让马铃薯成名吗?这是迪拜奥美互动区域执行创意总监威尔·拉斯特收到的简报,来自总部位于秘鲁的国际马铃薯中心。拉斯特用自己提出的一些问题进行了回应,他告诉Contagious:

"我当时和秘鲁农业科学家的焦点小组在一起,我问了他们一堆

> 问题：如果面对一个5岁的孩子，我们如何解释你所做的事？当你离开时，你想如何被铭记？我们可以在从未尝试的地方种植马铃薯吗？我们可以在另一个星球上种植马铃薯吗？……当我问到我们是否可以在火星上种植马铃薯时，他们说：'是的，有这样的可能。'"
>
> 奥美互动与来自农学、植物育种学、天体生物学、医学和物理学的跨学科专家团队合作，为该项目设计了一个方案。国际马铃薯中心5,000多种强壮变种中最强壮的一种叫做"超级马铃薯"。在美国国家航空航天局的指导下，他们建造了一个密封舱"CubeSat"来模拟火星上的环境，包括气压、二氧化碳水平、光照、辐射以及来自秘鲁Pampas de la Joya沙漠的干旱土壤。最重要的是，团队做好了最坏的打算。"做科学项目就是这样，他们已经为永久性的失败做好了准备。"拉斯特说。
>
> 于是超级马铃薯被种植在密封舱内，内置的摄像头将实况发送到活动网站，全世界的人都可以观看。有超过1亿人收听和观看了这个频道。拉斯特说："这个消息传到了约400个国际新闻网站上。而刚开始一周的时间，摄像机故障，马铃薯也没有发芽。那是我一生中压力最大的日子。"
>
> 值得庆幸的是，这个实验让马特·达蒙在《火星救援》中描绘的场景成为现实，也让超级马铃薯成为宇宙中最著名的马铃薯。这款名为"独一无二"的新型耐气候型马铃薯，已在孟加拉国气候出现危机的地区被大量种植，并将成为美国国家航空航天局计划在21世纪30年代实施的火星任务的一部分。而这一切都始于一个很傻的问题。

从"集思广益"到"非同凡想"

《福布斯》网站的撰稿人罗杰·迪恩·邓肯用"集思广益性问题"来描述激发创造力的问题。这些问题不能用简单直接的一两个词语来回答，而是敦促人们思考一个实际的解决方案。回想这些问题时经常会发现，这些解决方案往往是杰出且显而易见的。比如人们当然乐意用更少的钱，来购买味道相同的食物。

邓肯引用了发明家埃德温·兰德与他的小女儿一起散步和拍照的例子。"为什么我们不能立即看到照片?"女孩问道,这也许就是今天的父母经常被孩子问到的"为什么这不是触摸屏?"问题的前辈。这个问题激发了兰德进行思考,找出一种方法将图像直接从相机镜头传输到感光纸上。1948年,兰德相机由宝丽来公司生产,并成为标志产品,这一产品使得数百万人晃动一种特殊的相纸,只为更快地看到他们的即时照片。

史蒂夫·乔布斯在《花花公子》1985年的一次采访中表达了对兰德的钦佩。"埃德温·兰德是国宝。我不明白为什么这样的人没有被视为偶像,最令人惊叹的不是成为宇航员、足球运动员,而是成为像他那样的人。"

为什么我们不能立即看到照片?1948年,这个问题让宝丽来相机问世。几十年后,这样的问题可能激发兰德发明数码相机。再过几十年,它可能会催生将摄影记忆直接植入我们的大脑的技术。但如果没有这样的问题,找到答案就更困难了。

"如果房间没有被订满,为什么我不能继续住在酒店?"

也许你曾遇到过这种情况,上午11点55分,你疯狂地收拾行李,要赶在中午12点前退房,并因前台不能延迟退房而感到不满:为什么我必须要在正午离开? 大厅里并没有一群人在吵着入住! 而且今天是星期二,今晚甚至可能没有人入住这个房间!

澳大利亚墨尔本的艺术系列酒店(Art Series Hotel)注意到了客人的这一痛苦。该品牌向客人承诺,当酒店正好处于淡季时,如果他们在上午8点到11点之间通知前台,他们就能延迟退房。而且,如果当天没有其他人入住他们所住的房间,酒店还会让他们免费多住一晚。

诫律三：提出异端的问题

"如果酒店没有满员，为什么不能让客人再待几个小时，或者多住一个晚上？"正因这一问题，墨尔本创意代理商Naked的联合创始人亚当·费里尔提出了名为"延迟退房"的活动：

我们向客户提出了一个改变他们商业模式的想法，并且可以灵活实施，他们也很感兴趣……运用行为经济学的原理，将其现有资产（空房间）变成幸运消费者可以享受的服务，这增加了人们对酒店和入住的兴趣，还解决了酒店多余库存的问题。

这一活动大受欢迎。活动的最初目标是在目标入住率之外售出额外的1,000间客房，但最后在短短四周内售出了1,550套。当然，其中的许多房间并没有带来额外的收入，因为是免费的。但通过活动，酒店增加了37,214美元的客房服务订单。毕竟即使免费入住，也会产生客房服务或消费。总体而言，在8万美元的预算下，该活动的投资回报率达到了359%，并产生了价值150万美元的全球媒体报道。真的挺不错。

"我们喜欢这个活动，因为它是'纯粹的'营销：在现有资产中创造额外价值。人们额外入住的夜晚数将近一周左右，并且在其他酒店服务上进行了更多消费。"费里尔告诉Contagious。

正如艺术系列酒店认识到未被预订的酒店房间可以作为客人福利，冰岛航空公司将无聊的转机等候时间变成旅程的亮点。1960年以来，冰岛航空就已允许跨大西洋航线的乘客在冰岛停留七天的时间，没有任何额外费用。在转机之前，旅客不用挤在塑料椅子上睡觉，或是漫无目的地游走在免税店里，而是可以利用这个时间探索雷克雅未克或游览蓝色泻湖。

2016年，冰岛航空与伦敦创意机构布鲁克林兄弟（Brooklyn Brothers）和雷克雅未克的伊斯兰斯卡（Islenska）办公室合作，通过"转机旅伴服务"增加了当地导游服务，获得了更多中转停留客流。享受这项服务的旅客可以

> 在线注册，与冰岛航空公司的员工（包括空乘人员、飞行员，甚至首席执行官）配对，获得一些充分利用转机时间的建议。例如，乘务员玛格丽特向客人展示了最热的（双关语）地热温泉，而她的同事因加则教客人烹制传统的冰岛鱼类菜肴，首席执行官比尔克还带着游客去滑雪。
>
> 旅游数据追踪公司Sojern称，该活动在前两周内使搜索量增长35%，并在五个月内持续增长18%。在活动取得成功后，2017年冰岛航空又推出了中途停留通行证，让游客有机会体验冰岛的戏剧和音乐。

找到一片蓝海

敢于针对品牌、业务或行业的基本方面提出刁钻和异端问题，可以帮助企业发现尚未开发且竞争较小的机会。欧洲工商管理学院W.钱·金教授和勒妮·莫博涅称这个领域是无可挑剔的"蓝海"。

他们在《蓝海战略》一书中曾指出，在蓝色海洋中，竞争无关紧要，因为游戏规则尚未确定。"你不用专注打败竞争对手，而是专注于通过让买家和公司实现价值增值，让竞争变得无关紧要，从而开辟一个新的、无人匹敌的市场空间。"

"有两种方法可以开创蓝海，"W.钱·金和莫博涅在2004年的《哈佛商业评论》中写道，"其中一个是开创全新的行业，就像eBay在线拍卖所做的那样。不过，当公司扩大现有行业的界限，在红海中创建蓝海则更为常见……蓝海战略可以创造持续数十年的品牌资产。"

"为什么不能在超市购买机票？"

2015年，法航荷航集团旗下的廉价航空公司荷兰泛航回答了一个看似愚蠢的问题："为什么不能在超市购买机票？"，并因此找到了一片蓝海。

"我们需要从众多航空公司中脱颖而出，"当时荷兰泛航的广告商高卢（Les Gaulois）的首席创意官马可·文丘里告诉Contagious，"如果你在网上搜索航空公司，你会被各式广告淹没，因此我们想开辟一个新的领地。"

为了在竞争激烈的市场中提升品牌认知度，高卢考虑了荷兰泛航的挑战和机遇。先是推出了一个活动：人们可以在eBay上用闲置的物品兑换机票，这已经说明，通过新奇有趣的方式突出价格低廉可以让品牌出众，但这个方式的覆盖范围不够广泛。

文丘里说："机票价格十分低廉，人人都能负担得起，但最重要的不是卖票，而是让人们发现，跟其他东西比起来机票是多么便宜。"

行为经济学家称其为价格锚定，将机票与廉价的物品联系在一起，让机票在潜在消费者眼中看起来更平易近人。因此，寻找日常生活中的廉价物品并转换成机票就是个潜在的金矿。"荷兰泛航零食假期（Transavia Snack Holiday）"就此诞生了。

出行新选择

荷兰泛航的妙招是将零食包装变成廉价机票：花35欧元买一包薯片就能得到从法国飞往巴塞罗那的单程票，一袋40欧元的小熊软糖将带你去里斯本，一包40欧元的谷物棒可以带你去都柏林。人们只需走进当地的家乐福超市购买零食，然后输入包装内的代码即可兑换机票和选择航班。这些零食包也在巴黎的Selecta自动售货机和MK2电影院出售。

想法非常出色，然而物流是个噩梦。"我们提出这个想法后，每个人都很赞同，然而我们不得不试图了解与我们毫无关联的超市世界。"文丘里说。

原因有很多。荷兰泛航要弄清如何生产这些零食，公司一般不愿销售其他品牌的食物，因为他们必须购买保险，以防发生食物中毒，还要找到愿意为这些非常规产品投资时间与空间的零售商。

然后是规模的问题。荷兰泛航一共推出了3,000张活动用的机票，这对航空公司来说是一个很大的数目，但对于薯片的生产来说却微不足道。"所有厂家的最小订单数目都远超于我们所需的量。"文丘里承认，公司用了几个月才吃完那些多出的薯片。

尽管困难重重，荷兰泛航和广告代理商还是坚持进行了活动，一边卖早餐麦片和面包，一边卖机票。活动赢得了媒体的关注，在短短一周内提升了品牌知名度。

在此基础上，该团队于2017年炮制了一个类似的创意。在一周的时间内，在里昂、南特和巴黎，荷兰泛航与Uber合作，为城市居民们新增了一个新的交通选项："Uber出逃计划"。人们只需通过应用程序，就可找到距离最近的机场的低价航班，并通过荷兰泛航预订，机票的价格将和去往机场的Uber车费一起结算。据广告商高卢称，机票每天都会在几小时内一抢而空。

如何不受"客观排除因素"影响

在《苹果，洞察与发明家：现代营销的娱乐性分析》一书中，WPP传播集团前主管杰里米·布尔莫尔写到了所谓的"吉隆坡之问"。他描述了在一个比稿过程中，客户如何在五个广告代理商之间进行选择：

在第五个精彩的演示期间，潜在客户问道："你们在吉隆坡有办公室吗？"或许吉隆坡的办公室确实对这个客户来说至关重要。然而，更有可能的是，客户正在绝望地寻找一个理由来做排除法。无论理由是多么的微不足道，他都需要一个"客观排除因素"。

人们经常用"客观排除因素"来找拒绝的借口，这对广告行业造成了很大的危害。人们用一些客观的理由来否定创意，在面对异端问题的时候更是如此。我们能在一年中最繁忙的时候关店吗？不能，因为这样会亏损。我们可以承认我们的比萨质量不高吗？不能，因为会丢掉订单。我们能让人们免费住酒店吗？不能，因为还需要清洁开支。

设计公司IDEO提出了一个想法，并迅速获得各行各业的欢迎，这也是Contagious在向许多客户提供咨询服务时推荐的方法："我们怎样可以（How Might We）"（编者注：How，开动脑筋；Might，只要有可能性的想法都可以提出；We，这是我们共同的项目。）。这三个魔法般的词汇能够预见前方的客观排除因素，并小心地绕开障碍。当然，可能存在说不的理由。但如果没有，我们要如何把想法变成现实？在这条路上走得越远，就越有可能产生真正卓越的能够疯传的市场营销创意。

要让异端问题发挥作用，你必须能够克服"不"。

"与劲敌联手如何？"

2015年在国际和平日之前，汉堡王做了一件出人意料的事：它在《纽约时报》和《芝加哥论坛报》上刊登了整版广告，标题为《汉堡王给麦当劳的公开信》。这则广告提出了两个竞争品牌共同执行一项条约，时长仅为一天。以下是信的节选：

早上好麦当劳，

我们怀着善意写下这封信。事实上，我们为和平而来。我们知道我们之间存在着微不足道的差异，但何不暂停我们之间所谓的汉堡战争？我们有个想法——麦皇堡（McWhopper）。将你们最美味的巨无霸和我们的皇堡结合在一起，产生美味又热爱和平的新款汉堡。我们共同开发，共同烹制，并仅限一个地点，一天供应：2015年9月21日和平日。期待与你们的合作。

汉堡王

信中包含了麦皇堡的网站链接，上面有完整的方案，包括完整版的信，国际和平日的介绍，汉堡王的合作伙伴非营利组织"和平一日（Peace One Day）"的介绍，以及合并的汉堡可能的样子。汉堡王提议在亚特兰大进行这项活动，位于两个品牌总部芝加哥和迈阿密的中间位置。网站甚至还模拟了产品包装、快闪餐厅、员工制服和汉堡本身（两个品牌的原料各占一半）的设计。

汉堡王还建议，顾客可以在印有"#今天我将和……和解"的托盘垫纸空白处填上自己的内容，并因此免费获得一个麦皇堡。

"我们方案的每一个细节都可以商量，从汉堡的命名到包装。唯一不能修改的是日期。期待与你们共同商讨。"网站上写道。

最重要的是，汉堡王在麦当劳附近买了一些广告牌，上面是汉堡王标志性吉祥物的手在放飞一只白鸽，举着和平标志，并伸出橄榄枝。

遭到拒绝

这并不是一个全新的创意，扬·罗必凯（Young & Rubicam）新西兰的创意总监汤姆·潘恩在四年前就提出过这样的想法，但并没有实际的成效。扬·罗必凯新西兰的策划约诺·基描述了当时的情况：

每个人都喜欢这个创意，也从来没有人反对过它。但是，每当我们向别人呈现这个想法，他们都会说，"我们上面的人会拒绝。"我们要建立一点信任才能进入下一阶段，但每次我们进入下一阶段，他们总是说，"我们很喜欢这个想法，但是，我上面的人会拒绝。"

最后，基、潘恩和扬·罗必凯新西兰的首席执行官乔什·摩尔将这个想法推到了汉堡王的迈阿密全球总部。摩尔将提案发给了汉堡王即将上任的首席营销官费尔南多·马查多（他当时是汉堡王全球营销高级副总裁）。收到马查多回应后，摩尔将他的信息转发给了团队。下面是潘恩的叙述：

乔什后来给我们发电子邮件说,"很遗憾,我觉得费尔南多对这个想法不太感兴趣。"约诺的反应和我差不多,他很沮丧。我心里说,"去你的"。我继续向下阅读费尔南多的反馈,结果他写道"我太喜欢这个想法了",原来乔什只是在开玩笑。去他的!费尔南多的原话是:"我太喜欢这个想法了"。

在扬·罗必凯内部进行了四年的发酵之后,这个想法在汉堡王取得了突破。但接着它遭到了又一次否决。毫无疑问经过内部讨论后,麦当劳拒绝合作。在Facebook的一条消息中,麦当劳首席执行官史蒂夫·伊斯特布鲁克写道:"出发点是好的……也是很好的想法。我们喜欢这个意图,但我们认为两个品牌可以做一些更大的事情来发挥作用。"

"计划A是麦当劳同意我们的提案,这原本可以成为非常棒的活动,"扬·罗必凯的策划约诺·基告诉Contagious,"我们在亚特兰大选择的快闪餐厅的位置是精挑细选的,因为汉堡王对面正好有一家麦当劳。我们试图扫除种种障碍,希望麦当劳能同意我们的想法。我们只在一个地点,只推出一款汉堡,让两家餐厅共同制作1,500个汉堡。就差麦当劳点头了。"

计划B

在麦当劳拒绝合作的提议后,汉堡王还是选择继续推进。快餐连锁店Denny's、南方连锁店Krystal、康涅狄格州汉堡连锁店Wayback汉堡以及巴西品牌Giraffas都回应了汉堡王,表示愿意参与其中。在另一封公开信中,汉堡王提议推出和平日汉堡,让每个餐厅都贡献出招牌三明治中的关键原材料。

"这个提议得到了支持,因此麦当劳的回应变得没那么重要,无论他们的回应是愿意、不愿意还是有可能。如果我们能让一群人一起制作麦皇堡,那就是成功的。我们希望人们能够谈论这个汉堡,一起分享和制作这个汉堡。"潘恩说。

约诺·基说：

麦皇堡只是一个报纸广告、一个网站和几个广告牌。剩余的99%的声音，都是人们对这个想法的解读。活动的一个重要部分是让人们发挥想象力。最后我们看似做了很多，但其实没做什么。我们给每个人提供了灵感、做法和工具，剩下的就交给消费者了。

他们做到了。超过一万人分享了他们自制麦皇堡的视频。其中，一个名为"愤怒的爷爷试做麦皇堡"的视频的观看次数超过了200万次。与此同时在亚特兰大，和平日的快闪活动汇集了每个参与品牌的厨师和食材，在和平日旗帜下共同协作，收益和捐款都捐赠给了慈善机构"和平一日"。

根据舆观（YouGov）调查网的品牌指数报告，在美国考虑购买汉堡王的人数增加了25%。品牌的正面舆论增加了75%，而人们推荐该品牌的可能性增加了48%。

扬·罗必凯的报告称，活动获得了价值1.38亿美元的媒体报道，并产生了89亿次媒体印象。活动在美国、加拿大、巴西、墨西哥、阿根廷、英国、意大利、西班牙和土耳其的Twitter和Facebook登上了热门话题。锦上添花（或给汉堡增添酸黄瓜泡菜）的是，管理咨询公司麦肯锡发现全球对和平日的意识增加了16%。

对约诺·基来说，活动的成功可以直接归功于大胆的发问。"麦皇堡能够如此成功的原因之一，就是它提出了一系列的问题。这款汉堡应该是什么味道？麦当劳会同意吗？如果他们不同意，我们该怎么做？"

让人人能够发问

在电影《侏罗纪公园》中，伊恩·马尔科姆博士（由杰夫·高布伦饰演）劝告公园创建人约翰·哈蒙德说："你的科学家们如此专注于是否可以实现一件事，而没有停下来思考是否应该这样做。"我们认为，在理想的公司里，科学家们应该提出这两类问题，以及更多问题。是的，我们认为，异端问题可以让你的品牌免受食人迅猛龙的猎杀。或者至少，能帮你在激烈的竞争中站稳脚跟。

为了使这些异端问题真正强大，每个人都要能够发问。这不是在高管层开会时进行的一次性演习，它必须是来自公司各级人员的持续努力。之所以存在如此多的失败营销，是因为组织内的人们没有机会反馈，质疑说"这是达到目的的最佳方式吗？"而且能够带来变革的想法被忽略（至少，在被竞争对手掌握之前是被忽视的），因为基层员工没有权力说出他们的真实想法，并质疑事情的完成方式。

提问是通过不同的视角看待世界的工具，为了探索其他可能性，为了揭露隐藏的真相或发现以前未曾考虑过的机会。汉堡王在对答案一无所知的情况下提出了一个问题，结果是一场令人印象深刻且充满创意的活动，使其在它的直接竞争对手中占了上风。荷兰泛航发现了前景广阔的销售方式，并且没有任何其他航空公司可以匹敌。达美乐比萨对销售下滑问题直面不讳，并积极解决问题。

提出异端的问题，并授权公司的其他人也这么做，会让你的品牌更加强大。

浓缩版

提出异端的问题

2006年，当时的谷歌首席执行官埃里克·施密特在接受《时代》杂志采访时说，他相信提问可以作为一种工具：

我们通过问题来管理公司，而不是通过答案……你提出问题，不是要找一个简单的答案，而是要引起讨论和对话。讨论中出现创新。创新不是有一天醒来说"我想要创新"。我想如果你把它作为一个问题来对待，你会培养更好的创新文化。

我们同意这个观点。

然而，除了那些显而易见的问题，我们相信那些艰难、尴尬和异端的问题能够带来突破和创造力，能够让你发现和利用先机，或者先人一步面对弱点。

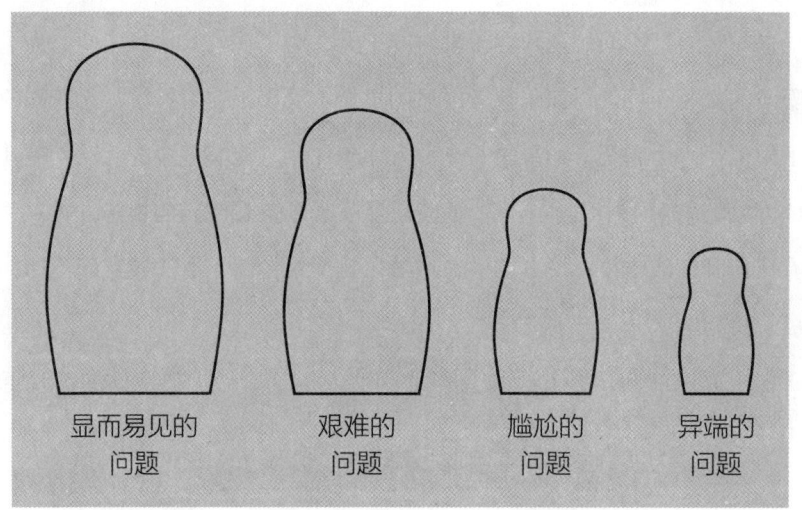

显而易见的问题　　艰难的问题　　尴尬的问题　　异端的问题

将问题想象为俄罗斯套娃。显而易见的问题是最外层、最大的那个。不少人都能够更深一步，他们耗费脑力思考那些艰难的问题，然后就停了下来。然而在艰难问题之下，还有更加难以启齿的问题。不少人直接避开尴尬的问题，因为他们知道可能会带来不适甚至冒犯感。更鲜有人会去触碰最深层的异端的问题，因为它们质疑公司赖以生存的基石。这些异端问题可能导致分裂，它们并不总能带来有趣的对话。但它们是能真正转变你的产品的提问，为公司的业务提供保障，并给营销带来实际效果。

尝试问下面这些问题：

- 有哪些事情正在破坏我们的价值主张？
- 如果我们是自己的竞争对手，我们怎么会让自己破产？
- 每个人都知道，但没有人会谈起的公司秘密是什么？
- 哪里有机会需要我们大胆行动，但我们没有这么做？我们要如何行动呢？
- 我们真的鼓励组织各级人员提出异端问题吗？

最佳的防盗措施是把钥匙扔掉，然后用全新的视角审视房子的薄弱之处。丢掉公司的钥匙，并问自己如何重新进入公司。正如Facebook在其《小红书》中写的那样："如果我们不为自己制造威胁，那么其他人就会。"（毫不奇怪，他们花了数十亿美元收购初创公司，就是为了做到这一点。）

当然，仅仅提问是不够的。我们都不喜欢只发现问题却从不提供解决方案的同事。一旦你提出了异端问题，就该开始解决这个问题了。但有一句格言是"结论就是你疲于思考的地方"。提出异端的问题将帮助你的大脑继续思考，得出更深刻、更有意义的结论。

诫律四：与受众行为保持一致

2015年，英国旅游局（VisitBritain）在寻找能吸引更多游客的方法时，偶然发现了一个令人烦恼的事。尽管越来越多的中国游客选择前往海外度假，但英国并不受欢迎。其中一个原因是，对于母语非英语的人来说，许多英国景点的中文名称让人十分困惑。

"当我们在社交媒体上收集建议时，发现中国人喜欢给所有东西起绰号，这一做法不仅带来乐趣，还能让人们有一点所有者的感觉，并且让他们对这些东西感觉更熟悉。我们发现有人已经开始为英国和英国的一些地方起绰号了，"英国Social@Ogilvy全国总监杰瑞米·韦伯告诉Contagious，"英国的地名、人名和其他事物的名字的中文版本听起来都很拗口，所以我们想'如果我们邀请中国人来为这些地方、人物、食物以及其他事物命名，效果会怎么样？'"

于是就有了名为"为大不列颠起中文名"的比赛和活动，邀请了中国游客重新为101个英国名胜来命名。人们可以在比赛中提交名字，获得点赞数量最多的将被添加到谷歌地图、维基百科和中国搜索引擎百度中。于是，罗宾汉的故乡舍伍德森林被改为"侠盗林"；伦敦裁缝街萨维尔街成了"首翁定制街"；高地运动会更名为"吼乐巅王"。活动网站收到了超过13,000个命名建议，并得到了国际媒体的关注。此外，该计划在执行期间，飞往英国的航班数量同比增加了27%。

提出新颖的想法并吸引人们的关注是一回事，而意识到人们已经关注某件事，并去了解如何迎合他们则是另一回事。

任何想要构思有创造力、高传播度想法的人，都需要向消费者的行为习惯靠拢。也就是说，了解人们的天生文化差异，了解人们如何关注特定的地点或事物，并试图顺应趋势，而不是逆向而行。可以称之为消费者驱动的创新，也可以称之为客户导向。它真正的含义是关注人们如何与周围的世界互动，然后找到你的位置。

营销领域成功的关键是聆听。营销人员需要知道这个领域的人们在做些什么，谈论什么，并朝着那个方向靠近，而不是期待人们改变往常的习惯来与广告互动。

不要另辟蹊径

有一个老套却完美的例子：在电影《梦幻之地》中，年轻的主人公雷（凯文·科斯特纳饰演）在玉米地里听到一个声音对他说："如果你修建一个棒球场，他就会来。"于是雷决定将农田改造成棒球场。虽然这次改造是一次成功的投资，让已经去世多年的老棒球运动员重回棒球场，也让雷与已故的父亲重逢。然而，玉米地里的声音却是最糟糕的营销建议之一。

让我们清楚而明确地说明这一点：作为营销人，如果你试图创造一样东西，人们可能不会被吸引。如果你成立一个频道，人们不一定会观看。如果你设计一款应用程序，人们不一定会下载。如果你办一场新的活动，人们不一定会参加。

当然也有例外。有些品牌能够成功，并凭空创造新的消费者行为。你会在后文的灰框中读到这些故事。但我们认为，这些例外纯属异类（是赢家写下的历史），这条路上充斥着人们试图另辟蹊径的失败尝试。

你可能遇到过类似的失败经历：你的代理商提出了一个很棒的应用程序的创意，花了几周甚至几个月的时间来打造它，用了最吸引人的色彩，模仿了一些优秀的应用程序，并几经测试，确保人们会喜欢它。也许是一款很棒的游戏，你总觉得它会走红，数以百万计的人们会下载它，接着你再也不用花费营销预算中的一分钱。

然而不出意外，这个项目最终以浪费时间和金钱告终。从客户的角度来思考：你上一次下载一个品牌应用程序是什么时候？你上一次下载不提供服务的品牌应用程序是什么时候，这里的服务是指获得登机牌或者更便捷支付咖啡费用？如果你很久以前下载了一个，那么你最后一次打开它是什么时候？

无论质量好坏，很少有人会下载品牌应用程序。事实上，无论应用程序是不是品牌应用程序，人们都很少下载。不同的数据源显示，普通智能手机用户每月下载0到2个应用程序。2011年，德勤发现80%的应用程序下载次数少于1,000次。2016年，设计师资源网站Muz.li发现72%的人每天仅用到6个以下的应用程序，并且在下载新应用程序的30天内，只有3%的人仍在使用。不要相信雷听到的声音。如果你创建一样东西，根本没有人会来。

在智能手机时代的早期，人们被误导，争先恐后地开发独立的应用程序——"有专属的应用程序！"——同时也错过了几个关键想法，其中最重要的是，应用程序之间很快就会互相吞并。在今天的中国，微信已经完全吞噬了其他服务，成为手机操作系统中的一种操作系统，人们通过微信界面进行大量的线上活动。Facebook也有类似的设计，尝试在一个应用程序下提供无数的服务，使用熟悉和已知的交互模式来吸引和留存用户。

如果我们是赌徒，我们敢打赌这个伟大的合并将继续下去。人们很懒。我们都希望用最少的努力来完成最多的任务。品牌也需要加入到这一行列。

相反，要去发现现有行为

那么品牌该怎么办呢？面对这种没有人愿意伸出一根手指去做任何事情，人们拒绝偏离主流的惨淡情景，要如何让他们关注你的产品和服务？如果你留意到本章诫律的标题，就可能猜到我们的建议：与受众行为保持一致。尽可能找出人们已经在做的事，并想方设法将你的品牌整合到这些惯例和流程中。

宝洁公司的洗发护发品牌潘婷在2014年就发现了这一点。他们注意到女性经常根据当天天气来决定发型，于是品牌与总部位于芝加哥的广告公司Arc合作开发了"发型"功能，建议女性如何根据特定区域的天气来打理头发。然而，潘婷并没有构建一个独立的应用程序，而是与天气预报频道合作，将这些内容直接放进天气预报频道的应用程序中，以便在现有行为的背景下提供信息，而不是试图强迫形成新的习惯（以及额外的搜索）。美国最大的连锁药店沃尔格林（Walgreens）推出2美元的优惠券，让这款应用程序的用户从线上观看到线下购买，使得潘婷的销售额增长了28%。

直击痛点

与受众行为保持一致并不意味着仅靠已有的惯例来获得成功。如果那是我们设置的低标准，那么在电视上投放广告就符合要求，因为很多人会看电视，可以算作与大众行为一致。它在技术上符合标准，虽然并不新颖。真正让我们佩服的品牌，能够发现现有行为模式，并用产品或服务来改进和增强它们。

以电信公司沃达丰（Vodafone）在埃及的分公司为例，他们注意到了2013年埃及商业中普遍存在的现象。在埃及零售业中占主导地位的小型独立商店，在与客户进行交易时，往往会用廉价商品代替零钱。顾客不会在结账后拿到一把零钱，而是会收到一些口香糖或糖果，甚至洋葱，来代替找零。

只是发现这一点并不能满足消费者的需求，沃达丰决定推出方便这种行为的产品。于是就有了"法卡（Fakka）"。法卡在阿拉伯语中意为"零钱"，是手机用户的微型充值卡，可以用于替换廉价物品。购物者可以获得价值一分钱的流量或通话时长，而不是硬糖，因为前者更具普遍价值。由于沃达丰在埃及的客户群主要是低收入的预付客户（他们也常在这类型的零售商店购物），因此该产品直接与文化行为和客户需求保持一致。这个名称不仅能让目标人群直接理解其含义，还为沃达丰带来了先发优势，在竞争激烈的产品类别中得到了该概念（名称）的所有权。

"这个想法是基于这样一种观察，即在埃及的小商店、货店、售货亭或药店，店家经常用一些廉价商品来代替为顾客找零，"沃达丰消费者市场主管莫塔兹·阿布德尔·贾利勒向Contagious解释道，"沃达丰的法卡可以在这些商店使用，为客户提供了一种有利的替代方案，可以不用将零钱浪费在他们不需要的物品上。"

沃达丰和该活动的代理商智威汤逊（JWT）称，法卡的收入超过了原定目标510%，使沃达丰用户人均贡献的收益增加了7%。通过推出法卡，沃达丰扩大了业务范围，成为埃及分布最广泛的电信公司，拥有超过46,000个非传统销售网点。

2017年的另一项活动，位于印度，也是基于类似的现象。在印度，96%的交易仍然用现金进行，但是店主通常没有足够的找零，于是就用糖果代替。支付程序Paytm注意到了这个普遍的痛点，并与位于孟买的麦肯世界集团印度分公司合作，通过自有品牌的糖果来解决这个问题，这些糖果可以兑换成钱。他们将"Paytm零钱糖"以四种面值分发给店主，满足他们找零的需要。然后，顾客可以通过下载Paytm应用程序，并输入糖果包装上的促销代码来获取现金。顾客不仅可以得到找零，还可以吃掉它们，一举两得。据该机构称，应用程序在活动期间获得了超过100万次下载，并将Paytm的客户获取成本降低了五倍。

带来好运的巧克力

我们最喜爱的案例之一，也是广告界的传奇故事，是雀巢奇巧（Kit Kat）和日本邮政服务合作的故事。听起来很奇怪，但雀巢奇巧发现了日本文化中的一种独特现象，而自己的产品无意间迎合了这一文化场景。

日本学生每年二月参加大学入学考试时，朋友和家人都向他们说"kitto katsu"表示祝福，这是一个日语短语，意思是"必胜"。在过去，许多父母在考试前一天的晚上会准备猪扒饭（katsudon）或者炸猪排（tonkatsu），因为它们的发音与胜利相似。

聪明的读者，你一定已经发现kitto katsu听起来很像另一种食品Kit Kat，它在日本被称为Kitto Katto。这个巧合解释了为什么Kit Kat每年在考试期间都会出现意想不到的销售激增。

"我们发现父母在考试时会为孩子买奇巧，但也有一些有决心的学生会为自己买，暗示自己将会在考试中发挥出最佳水平。"雀巢日本的发言人岩崎裕子在2005年告诉《每日电讯报》。

凭借这个巧合，雀巢与代理商智威汤逊合作，于2009年推出了一项活动，将其产品置于这个现象的中心位置。与私有化的国家邮政服务——日本邮政合作，雀巢奇巧为其标志性的巧克力棒设计了一款包装，包装上留有写祝福语的空间，人们可以将其邮寄给那些准备应对考试的学生们。

还记得在第三章中提到的蓝海吗？除了设计新包装，雀巢奇巧还创建了一个全新的销售渠道，在22,000个日本邮政的分支网点销售他们的巧克力棒，远离任何竞争产品。更重要的是，该品牌与日本邮政局达成了一项协议，通过装饰邮局来突出幸运巧克力棒。

活动的反响热烈，据称，活动得到了价值1,100万美元的媒体报道，同时带来了数十万美元的销售额。巨大的成功让这种伙伴关系得以持续，直到今天，雀巢奇巧还在与日本邮政合作类似的促销活动，包括年度定制的"压岁钱（otoshidama）"活动，考试的幸运小物和新年礼物，都通过日本邮政来销售。2016年，奇巧的邮政活动又推出了新花样，与智威汤逊合作创建了全息版本。这些特别版巧克力包装中包含预先裁切的透明塑料图案，可以组装成金字塔结构倒置在智能手机上。当手机上播放某个YouTube视频时，日本男孩乐队Dish的全息图像会出现在金字塔的墙壁上，用歌舞来鼓舞人心。这种特别版奇巧巧克力在日本邮政一抢而空。

"奇巧邮件"之所以有效，是因为雀巢没有创造全新的行为，也没有开展营销活动来宣扬奇巧能带来幸运。相反，该品牌注意到特定文化中新生的消费者行为，然后通过创造与其价值观一致的包装来鼓励这种行为。

自"奇巧邮件"取得成功后，该品牌又找到了一些其他创造性方法，来与现有消费者行为保持一致，以传递品牌价值。2012年，在2011年日本北部的地震和随后而来的海啸造成的巨大破坏之后，雀巢了解到人们正在为铁路改造团队提供奇巧巧克力棒，作为一种鼓励。这成为雀巢公司一项计划的灵感：每售出一根巧克力棒，就捐赠20日元用于铁路重建工作。雀巢注意到旅行者在登上火车前习惯购买巧克力棒，并且利用Kitto和日语"车票（kippu）"发音的相似性，在2014年推出了一款带有特别标记的巧克力棒，旅客可以用它们来代替日本北部三陆铁路的火车票。

> 2013年，法国运动服饰品牌动悦适（Domyos）希望扩大在中国市场的份额，于是融合东西方文化，创造出一种名为"太极嘻哈（Tai-Chip-Hop）"的全新健身活动。动悦适与上海佛海佛瑞（Fred＆Farid）创意公司

合作,将中国最受欢迎的运动形式——太极拳和嘻哈舞融合在一起。融合两项运动的启动视频获得了超过1亿次观看。

正如佛海佛瑞的联合创始人兼执行创意总监弗雷德里克·雷拉向Contagious解释的那样,

> 你不能只是启动一场活动,因为这需要花费太多的钱。借用已有的趋势来有效营销更便宜,更省时。这就是我们为动悦适做的内容:我们需要将现有的力量进行连接,而不是制造关于西方和东方的新力量。这也就是为什么我们在两种文化中选出了不同的运动:中国的太极拳和西方国家的嘻哈。

该品牌邀请团队编排自己的舞蹈参赛,其中有五个学校参加了"太极嘻哈大赛",吸引了15,000人观看,并在全国电视频道播出。根据佛海佛瑞的数据,在人民币67万元(8.5万英镑/ 11.5万美元)的媒体和数字媒体预算,以及350万元(30万英镑/ 41万美元)的生产预算下,活动使动悦适在中国的销售额同比增长了80%,带来了新产品的构思,并让太极嘻哈课程进入了中国的健身房。

从身边开始寻找行为趋势

就像我们的第二条诫律中恳求品牌在传播中重视相关性,与受众行为保持一致也是在提醒营销人员抬起头关注周围世界及其变化。新行为往往随着新技术产生,由此为品牌带来深入人心的新机会。

在过去十年中,如果你参加过任何营销会议、业务会议、技术会议或是任何其他会议,无疑会听到有人在舞台上宣称"移动时代"的到来。虽然听起来老套,但的确如此。移动设备带来的连接从根本上改变了人们的行为,并带来了机遇。

在肯尼亚,移动行为的变化比世界上更发达的地区(在这些地区,已有的基础设施的惯性使得人们接受起来更慢，并且那种迅速、遍及全民的改变更少）发生得更早，影响更深远。虽然笔记本电脑的拥有数量仍然很低，但到2012年，有54%的肯尼亚人拥有至少一部手机。此时，一家电信品牌想出了如何与当地用户的行为保持一致的策略，从供应商中脱颖而出。

M-PRESSIVE

2007年，肯尼亚电信公司Safaricom认识到，许多用户受到贫困或纯地理因素影响，无法使用传统银行系统（2009年世界银行的一项研究发现，70%的非洲人没有银行账户或不常使用银行业务）。于是Safaricom推出了M-PESA，一种用手机账户代替银行账户的移动汇款系统，不需要信用卡或借记卡。以下是它的原理：Safaricom用户可以通过全国55,000个M-PESA代售点购买和转移电子资金，然后从附近的代售点取现。每笔交易中，用户可以提取、存储或转移50至70,000肯尼亚先令（KES）（0.40英镑/0.60美元～560英镑/800美元）。

账户中的钱可以由用户自由支配，转给朋友和亲戚，甚至用于支付账单。2013年，M-PESA占Safaricom利润的近三分之一，活跃用户超过1,520万（肯尼亚人口为4,100万）。用户每月的转账额达到了惊人的800亿肯尼亚先令（6.5亿英镑/9.2亿美元），相当于肯尼亚国内生产总值的30%以上。M-PESA取得了巨大的成功，现已扩展到埃及、印度、莱索托、莫桑比克、坦桑尼亚、南非、阿富汗和罗马尼亚。

除了M-PESA服务之外，Safaricom还将基础设施与客户的其他需求相结合。例如，它与移动技术公司M-KOPA合作开发了由M-PESA支持的即付即用的太阳能服务。对于有70%至80%的人无法使用电网的国家，这是一项实用的发明。此外，为了向用户提供更好的医疗建议，Safaricom与医疗热线合作创建了Daktari 1525（daktari是斯瓦希里语的"医生"）。客户可以在他们的移动设备上拨1525，以优惠的价格与医生通话。在前四个月，该服务接到8万个电话，相当于每天有703次通话。在一个每1万多位患者只有一位医生，但超过70%的人拥有手机的国家，这是一项非常宝贵的服务。

肯尼亚电信另一项名为M-Shwari的服务甚至让用户可以用他们的手机申请贷款。该服务由肯尼亚电信与非洲商业银行合作推出，在前三个月就累积了100万注册用户和近10亿肯尼亚先令的存款。

"Safaricom是推动非洲基层变革的催化剂，"WPP集团旗下的Scangroup总经理高拉夫·辛格告诉Contagious，"尽管它起初是一家电信公司，但它的服务覆盖了各个领域。"

那他们是如何找到这种机会的呢？Safaricom首席执行官鲍勃·科利莫尔将公司对客户的理解归功于能与受众行为保持一致，并提供相应服务。"我们的工作人员（约2,660人）几乎100%是肯尼亚人，因此我们了解肯尼亚人的思维和行为，以及什么能够激励他们。"科利莫尔说，他本人是圭亚那人。他将自身品牌与Safaricom的竞争对手Orange（前身为法国电信）及两家印度公司Airtel和Essar Telecom进行了对比，说："他们的做法是试图将其他市场成功的方法带到非洲来。"

我们认为这还不够。Safaricom取得了很大的成功，因为它愿意提供超越移动电话公司的服务，以便与客户群中的现有行为保持一致。他们将非典型行为视为新机遇，并创造服务和盈利的方式，为品牌带来了收益可观的成功。

锦上添花

当然，创意不必与金融系统和邮政服务等社会基础设施相关联。大多数时候，品牌应该关注的行为只是在现有的基础上前进一小步。

2014年，美国视频游戏公司艺电（EA）在推广其标志性游戏"疯狂橄榄球"(Madden NFL)时,在美国橄榄球迷中发现了这样一种现象。

"一场一小时的比赛在电视直播上要花三个半小时,而其中橄榄球的镜头只有十一分钟。因此可以推断,观众和粉丝们在看比赛时会玩手机或做其他的事情,"2014年,广告机构Heat的数字创意主管马特斯·塔福德说,"在广告期间,人们在Twitter上谈论的内容无非是他们所支持球队的精彩表现,或者输得多么惨。我们想利用这一点。"

因此,艺电与旧金山的创意机构Heat、弗吉尼亚的Grow以及谷歌的Art Copy & Code团队合作,推出了"疯狂的GIF",一个基于疯狂橄榄球游戏的表情生成器(GIF是图像交换格式的首字母缩写,一种用于在网络上发送图像和动画的计算机文件)。在美国国家橄榄球联盟赛季,粉丝可以从"疯狂的GIF"的图库中选择图片,添加自己的文本,并直接分享在社交网络上。艺电的广告与设计副总裁达娜·马里内奥告诉Contagious:

我们只是在想,"如果疯狂橄榄球游戏能成为比赛的一部分该多好?"看比赛是人们已有的一种行为,我们可以让它变得更好。我们可以用我们游戏的图像、背景、玩家(让它变得更好),现在,游戏已经成了一个热议点。

"疯狂的GIF"的目标人群正是年青一代的粉丝,因为他们是GIF动画和双屏模式的惯用者,时常边玩游戏边和朋友们聊天。这就是疯狂橄榄球的文化,也是橄榄球和社交媒体的文化。这就是他们现在与朋友交流的方式。这些年轻的球迷和游戏玩家就是我们的目标群体,我们希望他们可以用游戏的元素来谈论整个赛季。

关键是,团队首先对这个现象进行了周密考量,然后才从这个角度来设计活动。"在启动前一天晚上,我们内部一致认为'这些动画表情很有趣'。"Grow的首席执行官德鲁·昂格瓦斯基说,"无论我是否关心广告本身,我都会喜欢上这些表情。第一天的第一场比赛,人们就以每秒超过一个的速度在Twitter上分享这些表情。这很快就成了流行文化。"

通过活动网站生成的GIF总数超过了50万个,包括创意用户生成的组件,如《圣经》经文动图、音乐视频和模拟运动员动作的小动画。用户在GIF生成器上平均花费9分钟的时间。而游戏的销售额(虽然可能与这个单一活动没有直接关系)比上一年增长了14%。

更重要的是,"疯狂的GIF"产生很多曝光活动。活动团队将赛况更新制成GIF动画,在社交媒体上扩散传播,相当于为这款游戏实时打广告。

谷歌创意合作伙伴的品牌主管麦克·格拉瑟与Contagious讨论了这个活动:

我们常说起的一个理念是"给人们陪伴,而不是广告"。如何利用观看比赛中间休息的时间?谁都不希望看广告,但如果你能提供内容——在这个案例中是一个带有诙谐的标题、现场比分和时钟的有趣的GIF表情——你已经是在提供信息了,这对很多人来说是一个巨大的好处,然后他们可以点击并制作自己的动画。

视觉文化

GIF生成器建立在一个现代营销人员不可否认的现象的基础之上:视觉文化的兴起。今天,我们每个人的口袋里都有一台功能强大的电脑,比黑白电视时期用于执行月球任务的大型超级计算机具有更强的处理能力,而我们也习惯用这些奇迹般的设备在社交媒体上分享自己的照片。

过去闻所未闻的行为现在已成为习惯。你能想象看过朋友写下的感想后,用一张图片表达你的感受吗?十年前你不会这样做,但对现在的你来说是轻车熟路。

正如早期的互联网视频先驱泽·弗兰克所说,"在当今社会,媒介的目的已经由消费转变为沟通。"

照片和视频在主导着对话。3M公司在2001年发现，人类大脑处理图像的速度比处理文本快6,000倍。Instagram建立了数十亿美元的业务，只是简单地帮助人们拍摄更好的照片并更轻松地分享，这引发了一系列即时连接和自我意识，并将作秀般的照片置于聚光灯下。这些视觉通信平台的兴起对品牌生态产生了深远的影响。零售信息平台Retail Dive的一项研究发现，72%的Instagram用户根据他们看到的内容进行消费。

视觉文化的兴起催生了完全取决于照片效果的潮流和现象，举几个例子：

• 独角兽星冰乐（The Unicorn Frappuccino）。于2017年4月限量发售，这种紫、粉、蓝混合色的星巴克饮料在社交媒体上掀起了狂潮，产生了无数照片。跨国投资银行瑞银（UBS）表示，一周之内就有超过18万张照片被发布到Instagram上。星巴克发言人告诉《卫报》，"饮料的外观是产品开发的重要部分。"

• 彩虹百吉饼。与独角兽星冰乐相似，这些色彩斑斓的百吉饼让布鲁克林威廉斯堡街区的百吉饼店外排起长队。虽然这家商店近二十年来一直在销售这种多色的百吉饼，但由于2016年初在YouTube上发布的"如何制作彩虹百吉饼"视频的走红，以及随后涌现的大量Instagram的帖子和媒体报道，这种多色百吉饼在网络上变得大受欢迎。

• 可拍照的博物馆。冰淇淋博物馆（The Museum of Ice Cream）是2016年在纽约推出的一场快闪展览，其目的是"设计能够聚集人群，并激发想象力的环境"。换句话说，是一个自拍的天堂。"Instagram女王"碧昂丝也自荐般地为展览代言，母亲节期间，她和她的孩子以及有名的丈夫一起参观了洛杉矶的一个临时展。博物馆的环境十分适合拍照：彩色的纸屑池，色彩艳丽的巨型冰棒，悬挂着香蕉的房间，看起来像安迪·沃霍尔的迷幻之旅。这个没有任何文物或工艺品的博物馆，似乎就是为了拍照和分享而设计的。在旧金山，为期六个月的巡回展览的门票在开售的一个半小时内便售罄。

在其他城市，视觉艺术展，如兰登国际（Random International）的"雨屋"（*Rain Room*），詹姆斯·特瑞尔的灯光实验，以及伦威克美术馆（Smithsonian Renwick Gallery）的"奇迹"展览，都产生了类似的轰动效应。

- 白色圣诞树。家居电商Wayfair发现，假期前白色圣诞树的销售额比上一年增加了四倍。发言人朱莉·卡瑟蒂娜向《华尔街日报》解释，原因是这些白色圣诞树十分上镜。"今天，每个人都想方设法用智能手机的镜头捕捉生活的精彩瞬间，做节庆装饰的时候更是如此。"

- 粉红墙。凭借着视觉文化的流行，男装零售商保罗·史密斯（Paul Smith）位于洛杉矶梅尔罗斯大街的旗舰店因为明亮的粉色墙壁而成为拍照胜地。墙壁在2005年粉刷，最近成为热门，有数万张照片被发布在社交网络上，迫使商店雇用了保安来管理拍照的人群。商店还设立了一个带有照片规则的标识，上面有首选话题标签、地理位置标签和品牌的Instagram账号。保罗·史密斯甚至与Instagram合作，在2017年6月为了庆祝"同性恋骄傲月"而将其中一面墙绘制成了彩虹墙。

这个清单还在继续，而它们有着一个共同点——艳丽的色彩。

最上镜的啤酒

当视觉文化开始兴起时，天博广告（TBWA \ Hakuhodo）注意到人们给食物和饮料拍照的新现象，并开始开发迎合消费者行为的产品——麒麟酒。这款酒被称为"上镜的啤酒"，巧妙地利用了年轻人对社会分享的无法抑制的渴望。

"上镜的啤酒"利用特殊机器，在每杯啤酒上制造出超厚的冰淇淋状泡沫，提供完美的拍照机会。这些机器被放在了麒麟牌啤酒花园中，该机构（天博广告）报告说，活动并没有做大量的宣传，而是依靠赢媒体报道和实际呈现来提高认知度、客流量和购买量。

"我们成功地创造了一种良性循环的体验，目标受众在社交媒体上了解到这款啤酒，产生兴趣，前来体验产品，然后将经历分享给他人。"天博广告的策划人员藤本真子告诉Contagious。

2012年麒麟仅推出了少量的机器作为试运营，在两年内有2,200台机器遍布日本和其他七个国家。麒麟还举办了一场比赛，邀请人们在家中自制这款泡沫啤酒，参赛者购买96罐麒麟啤酒即可获赠一台制作泡沫啤酒的机器。天博广告称，报名人数达到惊人的33万人。冰淇淋状泡沫现已成为麒麟品牌的一大标志。而且最重要的是，这场活动带来了超过200万美元的媒体报道，并使该品牌的销售额同比增长了5%。

认识到自身品牌的主要消费群体不常使用社交媒体，因此，积木品牌乐高（LEGO）找到了一种安全可靠的方式，将社交媒体行为带给十三岁以下的儿童。2017年，该品牌推出了LEGO Life，这是一个让孩子们可以完全匿名浏览、分享和评论乐高作品的平台。它的原理是：孩子们在注册时会得到一个随机的，无法追踪到特定人的三字用户名。一旦进入网络，孩子们就可以发布他们作品的照片，但照片不能包含任何人像。平台上的评论功能仅限于自定义乐高表情符号，这意味着平台完全不受侮辱性语言的影响。

"从某种意义上说，每一个社交媒体都是一个小的游戏。"LEGO Life高级主管罗布·洛告诉Contagious，"因此在这个平台上我们鼓励孩子创造更多的作品，获得更多的奖励和解锁更多的小奖品。"

该平台备受渴望社交媒体的孩子们的青睐，到2017年年底，在该平台推出不到一年的时间里，用户已超过300万。洛在2017年11月告诉Contagious，LEGO Life每月新增近百万用户。

效仿用户行为

随着视觉文化的兴起，即时消息应用也在改变人们的沟通习惯。随着这些新行为的出现和发展，那些快速调整自己的品牌在竞争中占据了先机。我们称之为"效仿用户行为"。

道理很简单：手机就是传递信息。eMarketer的一项研究报告显示，87%的青少年称即时通讯是他们在智能手机或平板电脑上进行的主要活动。消息应用程序在下载后的一年内有高达62%的留存率，而非消息应用程序的留存率仅为11%。2017年，WhatsApp的每日活跃用户数达10亿，平均每24小时发送550亿条消息。

一些品牌已经在利用即时通讯平台与客户建立更好的互动，举几个例子：

- 2011年，在Line（当时在日本、泰国和中国台湾流行的消息应用程序）推出表情贴纸之后，肯德基、雀巢奇巧和博柏利等品牌迅速加入进来，设计了自己的分享表情包。

- 2014年，洛杉矶县立美术馆将现代用语和古典艺术作品结合（比如带有碧昂丝文字说明的罗丹雕塑），制成照片分享在Snapchat平台上。美术馆的社交媒体经理马里扎·约斯告诉文化网站Hyperallergic，"Snapchat不仅是触及年轻观众的渠道，也为我们提供了展示的平台。"

- 2015年3月，英国鞋履品牌其乐（Clarks）推出了一个交互式纪录片，用人们熟悉的界面来吸引读者。片中三个不同的人用WhatsApp互发消息、照片和视频，讲述一个个相互关联的故事。

- 2017年，南非金融服务集团Sanlam在WhatsApp上发布了一部肥皂剧，来推广葬礼保险服务。这一肥皂剧的名称为Uk'shona Kwelanga（既译为日落，又译为郎拉之死），是开普敦机构King James的心血作品，吸引了超过9,000名订阅者和3,000万媒体印象。而且这一肥皂剧是用来推广丧葬保险的！

当然，信息传递不是一种新现象。德勤的电信研究负责人保罗·李表示，"（即时消息）已经存在了几十年，从网吧开始，到家庭电脑，然后转移到笔记本电脑，现在到了手机上。这种行为只是在设备间跳跃，但它代表的是同样的行为、同样的需求。"

社交叙事

我们最根本的愿望或许不会改变——总是在搜寻信息，与他人沟通和表达自己——但实现这些愿望的方式正在经历一场深刻的变革，从单一的信息源获得完整故事的时代已经一去不复返了。相反，我们可能会在某份报纸的网站上看到一则新闻，在Twitter上关注最新的动态，在YouTube上观看视频，在Facebook上与我们的朋友讨论。这种多平台的交互是一种深刻的行为改变，然而仍有许多营销人员陷在渠道优先，而不是故事优先的思维中。

2013年，彻宁集团（Chernin Group）跳出了这种过时的线性思维，与BBDO合作，为美国电话电报公司（AT&T）制作了一档青少年真人秀节目，名为"@暑期"（@SummerBreak）。节目跟拍了一群加州青少年在上大学前的最后一个暑假。但是，节目不是以22分钟的剧集加插播广告的形式播放，而是在YouTube视频、Tumblr帖子、Instagram相册和Twitter更新中呈现。

联合制作人比利·帕克斯向Contagious解释：

年轻人将这些社交平台作为一种相互交流的方式，这是他们日常娱乐和分享的一部分。要想吸引青少年的注意力，无论是电视，Netflix（美国在线影视租赁商），YouTube，Instagram，Twitter还是Tumblr，所有平台我们都要关注。我们希望带来一种娱乐体验，以独特的方式融入到所有这些社交平台的讨论中。

制作人采用了故事优先的方法，对于不同的平台，制作有针对性的内容，采取了模仿这些平台既定规则的行为。帕克斯说：

我们认为这个节目在每个平台上都各有特色。每个平台都有自己的核心竞争力和一套规则，每个平台都有自己的使用方式。所以我们与每个平台的叙述方式都保持一致。我们没有将它用作营销工具，将所有内容从一个平台搬到另一个平台。

如果你要讲述一个男孩和一个女孩约会的故事，并想在每个平台展示，你必须尊重每个平台上的观众喜好，并调整呈现这些信息的方式。这并不意味着故事是不同的，只是意味着你将其置于这个平台的方式是不同的。我们在认真聆听。我们发现了人们喜欢的方式，然后运用这些方式。一路上不断更新和调整，我们所做的一切都是为了敏捷。

节目的反响超出了预期，第一季播出就收获了1,500万次YouTube观看和1,000万次社交互动。美国电话电报公司的互动营销总监利兹·尼克森告诉Contagious：

我们认为这是营销人员与移动一代建立联系和互动的崭新机会。这就是他们的生活方式，他们如何与同龄人互动的方式。我们被接下来发生的事情震惊到了，视频观看和参与的数量非常惊人。超级粉丝带来的价值十分可观，他们推动了参与度。在这样的节目中，他们不仅是观众，更是参与者。

自那年之后，美国电话电报公司继续制作@暑期节目，并根据观众的反应和喜好对节目进行改进。到2015年，节目的视频已经积累了1.43亿次观看，其中第三季整体内容产生了11亿次媒体印象。内容渠道也不断发展，2017年的第五季@暑期节目已在YouTube、Instagram、Snapchat、Facebook、Tumblr、Twitter、Vine、Periscope、We Heart It、Giphy和Musical.ly等平台上发布。

行为导向 = 客户导向 = 去平台化

精明的读者会注意到,上述平台中至少有一个已经不复存在(Vine已永久关闭,Musical.ly被收购)。这也许指向了与大众行为保持一致的最重要方面:它可以让你在很大程度上跳出平台的限制,去适应受众。一些平台的昙花一现进一步支持了这一点——应与大众行为保持一致,而不是试图创造新的行为。

我们正处于界面革命之中,消费者正在从计算机转移到移动设备,现在已超越屏幕,到了诸如亚马逊Alexa和谷歌Home这样的声控设备上。从平台导向的视角思考如同在流沙上建造房屋,足以让营销人员疯狂。但是,通过行为导向的角度思考,则更容易理解和适应这些变化。与大众行为保持一致可以让品牌在面对消费者时保持敏捷,而不至于在一个平台付出大量投入却失败后,让品牌承担不利后果。

在2017年Contagious的一次活动中,来自代理商埃德尔曼·拉科鲁尼亚的安德斯·哈伦和马蒂亚斯·荣格谈到广告代理公司需要"文化第一,客户第二"。"旧的方法已经不再适用。"荣格说,"因此要保持好奇心,每天收集有趣的文化见闻,说不定哪天就会派上用场。"他们建议道。

这些"有趣的文化见闻"往往就是一些品牌与大众行为保持一致的机会。找出这些有趣和独特的行为,并开发相应的产品、服务和营销活动。消费者不会开辟一条路来到你的面前,相反,你的产品要与大多数人走的路相吻合。

由于"客户导向"已经成为营销行业的流行语,它已经失去了它的意义。我们都说我们以客户为中心。当然,我们所做的是在满足客户的需求!但实际上,传统的基础设施和公司内部的工作方式往往会阻碍真正的客户至上思维。幸运的是,用行为导向思维来解决问题恰好是客户导向的一条捷径。这是一种真正满足客户需求的方法。这种方法可以避免将精力浪费在让顾客形成新行为上，况且，顾客也不会形成你所希望的新行为。

> **浓缩版**
>
> # 与受众行为保持一致
>
> 毫无疑问，人们希望自己的品牌与文化相关，这个词汇在营销界已经被过度使用。当然，每个品牌都希望与文化相关！没有人希望自己是无关紧要的。
>
> 但是存在一个问题："文化"是一个非常难理解的词。有时意味着特定社会的模式，有时指的是音乐或艺术。换一个语境，"文化"又成了培养皿中生长的细菌（culture有"培养菌"的意思）。
>
> 这就是为什么在Contagious，我们尝试避免过多谈论文化。（我们最喜欢的幻灯片中有一张塞缪尔·杰克逊在电影《低俗小说》中的剧照，上面写着"再说一次文化，我对你不客气"。）相反，我们谈论的是行为，即人们与周围世界互动方式中的文化表现。通过与大众行为保持一致，品牌可以在消费者的世界中找到切入点，掌握新兴趋势，并保持以客户为导向（并因此而去平台化）。
>
> 光是理解"行为"这个词包含的所有内容，并找到一个切入点，就是个挑战。因此，为了帮助我们的客户处理这个难题，我们有一个工具，这个工具将行为（以及相应的文化）分解为行动、价值观和兴趣。
>
> 图片中列出了品牌向客户行为靠拢的切入点。亚马逊通过与客户的行动保持一致开始了品牌历程；巴塔哥尼亚选择与客户价值观

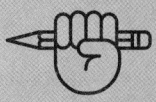		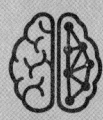
行动	**价值观**	**兴趣**
我们的客户在做什么?他们接下来会做什么?	我们的客户关心什么?我们希望他们关心什么?	我们的客户对什么感兴趣?
我们应该如何让品牌与这些行为保持一致?	我们如何通过品牌给这些价值观赋能?	我们如何帮助他们激发、发现和发展这些兴趣?

保持一致;红牛将其品牌建立在客户兴趣的基础之上。选择与你的品牌最相关的一列,然后从那里开始。

你会注意到上述问题主要关注两件事:客户在做什么,以及品牌如何帮助他们。最重要的是,与受众行为保持一致就是关注你的受众,将客户放在你的使命和信息传递的中心。不要尝试另辟蹊径,而要去推动已有的趋势。

诫律五：要有慷慨的思维与行动

任何拥有银行账户的品牌都可以做到慷慨。金融服务公司高盛（Goldman Sachs）——曾在《滚石》（Rolling Stone）杂志中被描述为"带着人类面具的吸血乌贼，无情地将其触手伸向任何闻起来像钱的东西"——通过"高盛捐赠计划"已向世界各地的非营利组织捐赠超过10亿美元。高盛的慈善事业值得认可，但我们在这里并不是要称赞这类公司，我们感兴趣的是金钱以外的馈赠。

要想在市场营销中表现得慷慨很简单："不要问你能得到什么，要问别人能得到什么。"很多时候，营销人员会以错误的方式处理战略简报和传播计划。他们的关注点在内部，他们关注如何制作完美的标语，如何以创造性的方式宣传产品属性或竞争差异，然后纳闷为什么他们的单向沟通努力在进入公共领域后却遭到漠视。可能会让营销人员感到吃惊的是，有时最好的广告恰好不是广告，而是关乎人类学。有时，最好和最持久的解决方案来自以消费者为中心，能通过研究人类社会来解决人们的痛点或让人们的生活更加快乐。

在现实中，这意味着慷慨的思维和行动。品牌应把钱花在解决世界上真实问题的实在方案上。我们认为，品牌不仅要向非营利组织捐款，还应在一些相关领域发挥类似非政府组织的作用，帮助社会解决一些重大挑战。他们应该利用自己的影响力，如创造性沟通能力、媒体实力、运营知识和组织资产，以带来积极的变化或创造本来无法获得的价值。他们应该给予，而不期望回馈。

当然，在有回馈的时候也应欣然接受（毕竟，我们也不傻）。慷慨可以是一项非常好的业务。

我们想起了2002年发表在《应用社会心理学杂志》上的一项研究，题为《甜点加小费》。研究人员测试了餐厅在提供账单时附送巧克力的效果。他们的发现与"互惠原则"是一致的。也就是说，即使没有被要求慷慨，我们也倾向于回报善意。在用餐后收到巧克力的食客会比没有收到巧克力的食客给的小费更多，收到两块巧克力的食客更是如此。也许最有趣的是，那些先收到一块巧克力，然后再收到一块巧克力（表现服务员额外的慷慨）的食客给的小费最多。

我们给予的任何东西，以及给予的方式，似乎都会得到回报，而且连本带利。

慷慨思维

你可能还记得引言中墨西哥部落的故事，他们认为分娩的痛苦应该由男女共同分担，于是让正在分娩的准母亲手握一根绳子，绳子另一端系在准父亲的睾丸上。虽然这听起来可能令人震惊，甚至有些报复性质，但它实际上被认为是一种慷慨的行为，因为它能与男性分享分娩的精神层面，这种行为本质上是建立共情。

虽然我们不建议营销人员去自愿体验这种身体疼痛，但建议营销人员在顾客的痛点周围，找方法，慷慨解囊。或者说，去到分娩现场，但不必用上绳子。如果你理解他们是谁，关心如何让他们的生活更美好，并毫无期望地给予，你将获得巨大的回报。慷慨能够产生对话和成功的公关活动。慷慨能带来快乐和敬业的员工。慷慨能建立更好的品牌声誉。而且，最重要的是，它可以带来一个更美好的世界。

字典对慷慨的定义有两个方面：善意和理解，以及规模和价值。在这两种情况下，它都意味着超出预期的给予。从营销行业的角度来看，这相当于目的、创造力方面的慷慨。当然，你不能给予一切，不必做一些徒劳无功甚至有损业务的给予。相反，一个慷慨的、客户至上的心态会催生出创造性的实用工具、共享的资源或意外的收获，并为你带来回馈和品牌的声誉。

如果这种商业上的因果报应听起来故弄玄虚，那么我们来细想一下价值6万亿美元的投资公司贝莱德（BlackRock）的创始人兼首席执行官劳伦斯·芬克在2018年2月的一封公开信。在这封被《纽约时报》称为一场"风暴"，以及"华尔街的分水岭"的公开信中，他提醒世界上最大公司的领导人们：未来贝莱德将只投资那些认真履行社会责任的公司。"为了实现持续发展，每个公司不仅要实现财务业绩，还要为社会做出积极的贡献。"现在的人们确实一直关注这一点。

事实：慷慨可以提升幸福感

有可靠的消息表明，耶稣曾说过："施比受更为有福。"两千年后，瑞士苏黎世大学的科学家们证明了耶稣的这一说法。2017年7月，他们在开放获取期刊《自然通讯》（Nature Communications）上发表了一项神经学研究，题为《慷慨与幸福感之间的神经联系》。该研究证实了大脑会在慷慨和快乐之间建立联系，证明了利他主义会改变人们的大脑活动，以及随之而来的幸福感会激发出更多的慷慨行为。

实验要求50名成年人参与关于自身当前情绪的问卷调查，并在之后的一个月内每周给他们25瑞士法郎。其中一半的人被要求将钱花在自己身上，而另外二十五人则要花在他人身上。接下来，志愿者要接受核磁共振成像（MRI）机器的扫描，他们面前的屏幕上将显示假设情景，涉及将钱花在其他人身上。他们的大脑活动会被记录下来，以追踪他们在评估对别人的好处和对自己的经济损失时的反应。

这项研究显示，实验组的参与者，也就是被要求将钱花费在其他人身上的人，在完成MRI机器内的独立任务时做出了更为慷慨的决定。更重要的是，他们对幸福感的自我评估比对照组更强。负责利他主义和奖赏相关功能的大脑区域似乎是相互联系的。

该研究的作者写道："即使在MRI扫描仪这样严格控制的实验室环境中，承诺也会带来慷慨和幸福感的增加。"通过承诺未来的慷慨举动，实验者也增加了履行承诺并获得快乐的可能性。他们很难对慷慨行为说"不"。

幸福感与发展业务有什么关系？还的确有关系。公关公司万博宣伟（Weber Shandwick）的一份关于员工能动性的报告发现，每五名员工中就有一名是"员工影响者"，他们对于雇主有着相当高的敬业度。万博宣伟的《员工崛起》报告表明，这些拥护者可以对公司的业绩产生明显的影响，他们捍卫公司利益，充当线上和线下的影响者，并帮助培养积极的和合乎道德的工作环境。如果公司的慷慨可以提高员工的幸福感，那么它可能会对公司的利润产生重大影响。

正如万博宣伟全球业务主席米切奥在报告中所说："在当今所有公司都缺乏信任的环境中，员工越来越成为品牌建立信誉和信任的关键。调动他们的积极性就成了提升企业人性化和统一企业声音的最佳方式，这是当前环境中的战略要求。"

一个慷慨无私的品牌会拥有快乐的员工，快乐的员工会带来快乐的财务总监们。是的，这听起来可能有些肤浅，但这是一个常被忽视的潜在哲学真理。

> 2016年底，高端巧克力品牌歌帝梵（Godiva）推出了一款特殊的礼盒，以鼓励人们在节日期间慷慨分享。它看起来像一盒普通的巧克力，然而打开后却是一系列的盒中盒。每一层都有一对盒子，一个标着"自留"，另一个则标着"赠送他人"，标着"赠送他人"的盒子里面同样包含了两个礼盒，以此类推，直到最后一对夹心巧克力。
>
> 这款由麦肯纽约（McCann New York）设计的"可以不断送人的礼盒"被赠送给全美二十家商店的一百名幸运顾客。为了启动这个活动，歌帝梵在纽约的著名的洛克菲勒中心圣诞树亮灯仪式期间举办了一场公关活动。
>
> 歌帝梵的特殊礼物旨在让消费者享受产品的同时，能慷慨地与别人分享。正如加拿大研究心理学家和幸福专家伊丽莎白·邓恩在一系列实验中证明的那样，慷慨的行为和回报社会的善举对健康有明显益处。参与实验的志愿者在为别人买礼物时，会比给自己买东西在生理上感到更多的愉悦。

"咖啡对帮派"

试想一下，你深信品牌要做到慷慨，并且一心想要看到成果，以至于你愿意抛弃公司的标准流程，忍受数百次会议来实现它。你是否能忍受成为同事的笑柄，甚至冒着丢掉工作的风险来做这一切？

这正是艾玛·纳迪姆和他的同事们所做的。纳迪姆是Kenco的品牌经理，Kenco是全球零食巨头亿滋国际（Mondelez）旗下的咖啡品牌。在2014年伦敦最具感染力品牌大会（the Most Contagious conference）上，纳迪姆分享了他的故事，那是Kenco在亿滋的苏黎世总部的一次品牌战略会议：

我感到房间里的氛围不太一样，在场的人们所做的一切都在反映他们自己的价值观，并且他们希望通过品牌来表达这些价值观。当你考虑到这已是百年老品牌，这一现象让人觉得有点违反直觉。它很强大，让我们有了一个非常好的起点。

由于员工可以用个人价值观来塑造企业的策略，他们明确表达了对品牌的理解和对未来的共同愿景："一个为世界公平而奋斗的品牌"。

这是一个宏大的、有温度且大胆的目标。但这群人为此感到无比兴奋和释放。他们没有使用公司的简报模板，而是讲述了一个关于他们是如何践行"公平"这个新使命的故事。他们希望，这种慷慨大度足以感染和激励公司的所有人，以及当时他们的代理机构伦敦智威汤逊。

捍卫公平的决心最终促成了2014年的一项名为"咖啡对帮派（Coffee vs Gangs）"的计划。作为亿滋国际的"咖啡带来快乐"项目（一个承诺为小农场供应商提供2亿美元，帮助他们建立可持续性和企业家精神的项目）的一部分，该计划为洪都拉斯的青年提供更好的接受教育的机会，以帮助他们避免沦为黑帮成员。具体而言，就是在在咖啡农场里实现这一目标。

这个为期11个月的试点项目以60秒的电视广告拉开帷幕，让20名无助的洪都拉斯青年（由社区领袖协商选出）从犯罪猖獗的地区转移到偏远城镇Yoro的一个咖啡园，学习咖啡种植、收割、销售以及数学和识字等基础科目。项目的目标是让参与者获得咖啡生产资格证书（洪都拉斯是世界第六大咖啡出口国），并在品牌资助的导师的帮助下制定自己的商业计划。Kenco与两个组织合作，这两个组织负责管理项目并收集信息：一个是名为Fundes的当地非政府组织，另一个是负责"咖啡对帮派"相关培训的咖啡出口商Sogimex。

Kenco发布了视频和图片等广告鼓励其他国家/地区的受众群体在线关注该计划，并介绍了该计划的参与者，呼吁人们全程关注进展。项目总监布兰卡·梅加（品牌因保护她的隐私而提供的假名）说："这是一项巨大的挑战，并不容易。但没有什么事是不可能实现的。如果你有实力、决心和热情，你就可以做成任何事情。"

利用教育给人们赋能是公司相当普遍的策略。美国电话电报公司与斯坦福大学教授塞巴斯蒂安·特龙一起开设了纳米学位（Nanodegrees），为人们提供公司软件工作的入门课程。美国银行与可汗学院合作设计了金融基础知识课程。许多其他公司也在消费者教育方面进行投资，作为一种扩张策略。但对于Kenco来说，教育早在消费者出现之前就已经发生了，而且与销售没有什么关联。该团队并没有将咖啡种植和帮派之间的紧张关系视为一种营销机会，而是将其视为投资资源和实现变革的机会。

对于一个日常消费品牌来说，这是一个勇敢的举措。幸运的是，这个试点项目取得了成功。Kenco的慷慨得到了消费者的认可，2014年第四季度的价值份额同比上升了15%。与此同时，竞争对手雀巢咖啡同期下降了2%，尽管该公司在媒体方面的支出是Kenco的四倍。亿滋国际的调查发现，将Kenco视作"道德的品牌"的人数翻了一番。Kenco帮助了一个深受暴力影响的地区，培养了员工为他人着想的思维，还提高了销售业绩，所有这一切都归功于该品牌能够跳出传统的营销思维。

品牌与非营利组织

纳迪姆告诉Contagious，咖啡品牌普遍宣称的可持续性认证，如减少包装材料和雨林联盟认证的绿色徽章等，让人感觉非常"产业化"，而Kenco希望能够更进一步。"我们有机会来突破界限，让人们了解他们的食物来自哪里，因为我们的产地存在着许多社会问题。我们希望让人们意识到这些问题，并能尽其所能。"

"咖啡对帮派"活动恰好体现了Contagious在杂志和咨询服务的早期发现的趋势，即品牌作为非政府组织，可以填补一些政府和机构因缺乏资金或资源而无法解决的社会空白。纳迪姆说：

我们总是在寻找机会将消费者与品牌使命，即促进世界的公平联系起来。如果你关心那些种植咖啡豆的人，那么你就能产生很大的不同（或是带来很大的影响）。在全球范围内，人们普遍对政府和企业存在着很多不信任和不确定因素，而像Kenco这样的品牌正在努力说服消费者花一微秒的时间思考他们所选择的品牌以及他们所做的选择，以期引发一种顿悟，这样的品牌才更有可能胜出。

快进到2018年，"咖啡对帮派"活动中的学员在品牌的帮助下建立了自己的企业。从"慷慨"的角度来看，纳迪姆称"这个项目最重要的绩效指标就是参与者的成功"。

就像苏黎世大学的实验证明的那样，对慷慨的承诺会激发人们的奉献行为，Kenco团队的"为世界公平而奋斗"的承诺将他们带进了未知的领域，远远超出了营销工作的范围。"咖啡对帮派"的想法不仅给品牌带来了重大转变，还充满了法律上的复杂性和后勤上的麻烦，并且可能对销售构成了短期威胁。

纳迪姆承认这让他们"极度紧张"，毕竟，洪都拉斯确实是一个非常危险的国家。但是，他告诉我们：

那时候，我们已经投入了许多精力，想要有所作为并决心落地这个想法。复杂性激发了我们对项目的热情。它成了我们每个人关心的事情。在召开数百次利益相关者会议之后，我们仍然兴致满满……这个想法已经酝酿了一年半之久，甚至已经成为公司内部的玩笑。销售人员嘲笑我们不断地延误计划，甚至我们的高管也取笑我们，这些想法能否从幻灯片变为现实。

这种深切的个人投入和改变世界的愿望让Kenco营销团队成为一股强大的力量。尽管为保障项目顺利实施经过了大量的测试和计划，但在活动即将上线的前三天，纳迪姆还是接到了"公司重要人物"的电话，询问是否可以延迟启动。纳迪姆本能的反应是要保护这个活动。"这听起来像是怯场，但这是不行的，"他在最具感染力品牌大会上说，"所以我们冒了很大的个人风险，迈出了大胆的一步，回答说：'要不我们周一再讨论这个问题？'而周一就是电视广告上线的时间。"

"咖啡对帮派"活动让Kenco得以履行社会责任，在一个商品化的品类中脱颖而出，跳出了推广香味和价格等传统利益的宣传重心。该品牌的慷慨心态提供了一个真正的差异点，这也是一个重要因素。联合利华2017年的一项国际调研显示，33%的消费者偏向选择对社会或环境有益的品牌，这相当于为那些已明确自己道德标准的品牌提供了9,660亿欧元的机会。

尽品牌所能

Kenco的项目之所以有效，是因为它十分贴近品牌的核心，对于一家瑞士的瓶装水品牌来说，同样的活动就很难让人信服。但亿滋国际在Kenco的品牌世界和消费者世界之间找到了交集，使得整个计划真诚而动人，提升了员工的幸福感和品牌的客户亲和力。

我们一次又一次地看到相似的案例，公司尽其所能向前迈出慷慨的一步，就能创造营销资产。你的品牌有哪些特别之处能与世界分享呢？

一个典型的例子来自日本汽车制造商丰田。丰田重视创新和不断进化，"持续改善（Kaizen）"一词就是该品牌的十二大支柱之一。在"持续改善"的方法之中，与丰田生产系统相关的所有团队成员都可以提出改进的建议。在该公司位于欧洲的物料运输地点，每年约有3,000个提出的调整方案得到执行。丰田网站上写道，这种积极主动的行为"赋予每个员工对于流程的成功的责任感，提高了员工的士气和工作质量"。

认识到持续改善法的价值和效应，丰田的美国分公司于1992年在肯塔基州设立了丰田生产系统支持中心，其核心使命是"为社会做贡献"，与其他制造商、非营利性和社区组织分享公司的这一持续改善的做法。这种"丰田效应"背后的思想是，分享提升效率的理念有助于公司的合作伙伴和供应商保持竞争力，保留住工作，并为有需要的人提供帮助。支持中心曾与一系列公司和项目合作，包括医院、学校和救济站，帮助他们提高生产力和改善客户体验。

凭借着与外部世界慷慨分享丰田的技能和知识，公司还向世界证明了自身的高效，传播了公司理念，也让员工变得更加慷慨。在公司外分享流程改善的经验时，员工们成了品牌推广者，在出现紧急社会需求时，慷慨地花时间将专业知识提供给更广泛的社区。

以桑迪飓风为例。在风暴袭击纽约的8个月后，洛克威地区在重建过程中仍然存在食物短缺的问题。丰田员工被安排与救援机构"地铁食物供应社"合作，每周向洛克威的家庭提供食品盒。然而，除了慷慨地贡献员工的时间之外，丰田还贡献了其持续改善的理念，分享了丰田生产系统的秘诀——为了产生更大的整体影响，对流程进行了许多小的改进——并将这些改进应用于地铁食物供应社面临的挑战。

丰田员工建议缩小盒子的尺寸，以尽量减少每个盒子中的未填充空间。这一小小的变化导致每辆卡车运输的食品数量增加了45%。丰田志愿者还对包装线进行了大幅的改善，使用连续生产流程将每个盒子的装配时间从3分钟缩短到仅仅11秒。结果如何？仅用原来一半的时间就能为额外400个家庭提供食物。

同样，爱彼迎也曾在灾害期间发挥积极作用，将使命排在了利润之前，并慷慨地分享了品牌资产。在2017年飓风哈维和艾尔玛袭击美国之后，爱彼迎启动了救灾计划，利用其住房网络为流离失所的人们提供免费住宿。

在接受《纽约时报》采访时，爱彼迎的联合创始人兼首席执行官布莱恩·切斯基说：

灾害发生时，我们就在思考我们有哪些资产能够帮助世界，而我们碰巧有400万个房源。这些房主通常是善良和慷慨的。我们这个计划开始于飓风桑迪期间,当时有一位房主联系我们并表示她愿意(免费)收留受风暴影响的人。时至今日,我们的社区已为流离失所的人们免费提供了11,000晚的住宿。

2012年至2017年间,爱彼迎的救援计划帮助应对了全球90起自然灾害。

看到大品牌能超越冷酷的金钱或象征性姿态,为解决社会问题贡献价值,令人耳目一新。这很好地体现了"要有慷慨的思维与行动"诫律。丰田的员工和爱彼迎房主成了品牌大使,在更广阔的世界中分享慷慨的善举。

但品牌资助的慷慨举动并不总是必须要适用于环境灾难和社会摩擦。

2014年,作为家电品牌惠而浦的"关爱每一天"计划的一部分,来自芝加哥市场营销和技术机构乐必扬(DigitasLBi)的研究人员在研究洗衣、烹饪和清洁等日常琐事时,偶然发现了一个惊人的事实:缺少干净衣物的学生更有可能逃课甚至辍学。"我们在新闻报道中发现了这样一小句话,"乐必扬的策划副总裁布莱恩·谢韦尔告诉Contagious,"所以我们开始深入挖掘,发现有关讲述缺少干净衣物是如何导致学生缺课现象的文章可以一直追溯到1917年。这是一个在我们国家已经存在至少一百年的问题,却没有人真正谈论它。"

受到这个与品牌产品紧密联系的问题的启发,惠而浦开始采取行动,与凯旋公关公司(Ketchum)合作,开展了有关该问题的首次全国调查。在接受调查的600名美国教师中,超过90%的教师强调缺乏干净衣物是他们课堂上的一个问题。更重要的是,学校管理者们开始与一些品牌联系,希望他们能够捐赠洗衣机和烘干机。

惠而浦通过推出"关爱洗衣(Care Counts)"项目来回应这些呼吁:向需求量高的学校捐赠洗衣机。从2014年的试点活动开始,惠而浦帮助17所不同的学校清洗了2300多件衣物。在这些学校里,在被追踪的学生中,90%以上的学生的出勤率与上一年相比有所增加,一些学生的上课时间甚至增加了两周。教师们也看到89%的被追踪学生的课堂参与度增加。自那以后，品牌每年都在不断扩大该计划。

更重要的是，惠而浦与布朗大学和理查德·伦德博士合作，在整个项目中精准记录数据，并将数据用于慈善活动之外的学术研究。"关爱洗衣"项目的目的是带来长期的积极影响，而不是一次性的社会责任活动。这家公司总部位于密歇根州，以慷慨为核心理念，不仅给员工赋能，还给其传播代理机构等合作伙伴赋能，他们可以深入挖掘更广泛的社会问题，并帮助品牌承担一些机构忽视的社会责任。

"我们想证明的是，一个简单的关爱行动能为生活带来真正的意义，"谢韦尔说，"这就是我们品牌惠而浦过去一百年来一直在做的事情。人们都选择对理念有认同感的品牌，我们用行动说明，日常护理和改善人们的生活就是我们的使命。"

帮助新晋父母

人们似乎从来不会将粪便与屡获殊荣的体验联系在一起，但对于宝洁公司的帮宝适纸尿裤来说就不一样了。

2016年，WPP集团下的咨询公司Group XP将帮宝适列为体验指数全球领先的品牌。很容易看到背后的原因，以及其中体现的慷慨思维。关于帮宝适，Group XP表示："一些品牌超越了预期，为消费者生活的一系列时刻增添价值。他们认识到，只有不断努力改善和提升人们的体验，才能产生和积累自己的价值。"

帮宝适避开了产品优先路线，因为强调产品性能优势的营销方式很难与消费者产生共鸣。1997年，该品牌发展还缓慢且萎靡不振。然而到2012年，帮宝适已经成为宝洁最畅销的品牌，也是第一个产生100亿美元年收入的品牌。正如Group XP报告所指出的那样，帮宝适的增长得益于成为新手妈妈值得信赖的顾问,她们有着最重大的使命:养育一个快乐、健康的孩子……帮宝适能为她们提供雪中送炭般的帮助。

帮宝适是一个教科书式的范例,他们在不断思考:"购买我们产品的人们能得到什么?"它承认新任父母需要的不仅仅是干净的纸尿裤,他们还渴望建议、保障和一些同理心。因此,帮宝适就像一个支持网络,为"旅程"的每个阶段扫清障碍,增添色彩。该品牌的使命是让生活变得更轻松、更快乐或更有趣,并通过教育内容、实用工具、便捷的移动应用程序和社区活动实现这一目标,为全世界数百万的家长提供值得信赖的顾问服务。

帮宝适的消费者认识到,一点点的互惠会引发品牌大量慷慨的回报。我们建议你去帮宝适官网www.pampers.com亲眼看看。与竞争对手采取的硬性销售方法形成鲜明对比,帮宝适提供了覆盖育儿的各个领域的百科全书式的信息和实用技巧,不管是关于婴儿、幼儿阶段还是父母,从健康和保健信息到实用工具和医疗建议,应有尽有。服务包括了症状指标,宣布怀孕的创意,婴儿沐浴,分娩注意事项,婴儿睡眠、喂养、长牙和便盆训练的建议,运动计划,营养搭配技巧,冥想,游戏和活动,兄弟姐妹的心理,常备药,以及来自新晋父母的一系列真实故事。

我们最喜欢的一些服务包括:

预产期计时器/在顾客的第一次购买之前,帮宝适就开始了建立上游关系。早在潜在的父母进行任何消费之前,计时器会跟踪月经周期并发送个性化的更新和建议。

婴儿起名器/从A到Z,准父母可以花上数小时时间,愉快地考虑出生证明上写什么名字,而且是免费的。

可靠的专业知识/帮宝适育儿小组从一系列儿童教育者那里获得最新知识,并向所有人开放。

倾听耳/宝洁公司每年采访约1万名妈妈,了解她们的想法和她们生活中缺少的东西，以及帮宝适可以做得更好的地方。倾听习惯实现了对帮宝适核心客户群的深入了解，使品牌能够保持诚实，有创造力，并更好地面向未来。

Group XP发现，平均而言，像帮宝适这样的"高客户体验"品牌的表现要比美国标准普尔500指数公司高出50%以上。

无条件地给予

在这个时代做一名营销人员十分不易。不久之前，品牌进行广告宣传的工具是电视、广播和印刷品，还有一些优惠券和直邮广告。然而，当我们以闪电般的速度来到二十一世纪时，品牌营销人员的装备从"罗宾汉"升级成为"复仇者"。大众媒体渠道仍然是其中的一部分，但现代营销人员需要在360度战场上展开竞争，其中包括移动、社交、影响力、沉浸式零售、电子商务、人工智能、自动化、数据拦截、广告拦截、短暂的注意力、个性化、程序化媒体、跨界等，而且是不间断的。

鉴于资源如此匮乏，如果一个品牌需要投入最优秀的员工和昂贵的代理机构的时间和精力，在单一平台上为240人提供为期六周的服务，听起来十分疯狂。但这正是耐克在2016年名为"耐克定制（Nike on Demand）"的实验，针对阿迪达斯用户集中的奥地利、德国和瑞士的千禧一代。耐克看到，在没有昂贵的私人教练的情况下，人们往往因动机不足而难以坚持运动习惯，于是耐克通过专门的WhatsApp聊天工具为240人提供了健身定制服务。每天，运动者将他们的目标发送给耐克团队，就能获得量身定制的健身计划。

在自动化和大规模个性化的时代，这种人性化的方式令人赞赏。该服务由伦敦的数字代理商R/GA策划，不仅制定了专业训练计划和建议，还设置了叫醒电话，提醒用户早起晨跑，并根据用户的位置规划路线。通过WhatsApp聊天工具，用户还能享有播放列表、APP挑战任务、辅导小建议以及产品试用和VIP预订。

在为期六周的测试中，平台发出了22,000条消息，相当于每人91.7条。耐克的相关数据显示，有83%的人会向朋友推荐该服务，81%的人会再次使用。

追求个性化

从广告的角度来看，这是一项覆盖范围有限且费钱费工夫的活动。然而从慷慨思维的角度来看，这是品牌投资于边缘市场同时又是主流市场，以便发现、学习和发展的一个例子。"耐克定制"倡议背后的目标是将人们从竞争对手那里（特别是阿迪达斯）吸引过来，通过接触耐克的生态系统，提升他们对品牌的忠诚度。这是品牌作为服务提供者的一个典型例子，其中销售只是次要目的。客户才是第一位的。

Contagious邀请伦敦R/GA的执行战略总监西蒙·瓦瑟夫对项目背后的简报做了说明："活动的目标是让更多年轻人与耐克（而不是阿迪达斯）互动。我们发现一些精通数字技术的用户对隐私较为敏感，因此更加喜欢一对一的私人对话。"瓦瑟夫解释说，这个实验是为了让品牌、观众和技术三者有更好的融合。

品牌层面/耐克正致力于"追求个性化，以便更好地了解运动者以及为他们服务"。因此，耐克投入大量资源，通过数据和与人的沟通更深入地了解客户。

观众层面/人们都希望得到认可。每当有人与耐克生态系统的任何部分进行交互时，耐克的目标是在对话中要称呼用户的姓名。耐克正在摆脱"大型社交模式"，专注于一对一的有机对话。

技术层面/与客户的个性化互动，以及由此产生的数据和见解，意味着耐克可以使用技术创建更加相关、细致入微和定制化的工具、服务、建议、

THE CONTAGIOUS COMMANDMENTS

折扣优惠和创意内容，而不是依赖于传统的购买历史和人口数据，以算法的形式产生回应。

根据瓦瑟夫的说法，"耐克定制"的背后离不开内部专家的支持，即所谓的艾金斯（Ekins，耐克英文名拼写的倒序）。相当于Apple商店的Genius服务人员，他们对品牌、服务和产品都了如指掌。通过将支持艾金斯（而不是算法）作为服务主张，耐克将个性化置于品牌体验的核心。正如他告诉Contagious的一样：

我们大可以开发一款机器人程序，告诉人们跑五千米，然后建议他们跑得更快。但这样就完全失去了魅力。在试运行期间，用户会讲一些圈内人才能看懂的笑话，还会互发表情。其中一位用户正在为她的婚礼做准备，她给我们发送了蜜月期间做桨板瑜伽的照片，并说道："这是你们帮我实现的身材梦。"这就是魅力所在，人们不会与机器分享这些。

这就是耐克的慷慨得到的回报。虽然，"耐克定制"试点程序需要大量资源来服务一小群潜在客户，免费为其提供极其个性化、情景定制化和迅速的服务。然而，在为期六周的试运行结束后，耐克将有能力编写出特定的代码，并在不久的将来扩展这个想法。通过认知技术的引入，让人们更容易理解无数的对话。瓦瑟夫解释说：

有了这项自动化的功能，艾金斯的专家们再不必搜索历史对话去了解客户背景。耐克正处于智能技术、机器学习和人工智能的应用阶段。自动化程序并不能完全替代人工（因为那样会失去人情味），但能够帮助品牌在扩大规模的同时减少人工成本。

换句话说，机器可以帮助人们保持直观而不是机械的连接，从营销人员的角度来看，这就是个性化。听起来皆大欢喜。事实上，像"耐克定制"这样的服务不仅可以带来情感价值以及消费者的信任，也有可能实现大幅度的利润提升。来自耐克的数据显示，平均而言，其Nike+应用程序的用户每年花在该品牌上的费用比非用户多100美元,这是因为该应用能够在恰当的时机为他们提供相关产品。假如融合Nike +的基础设施以及来自个性化平台的深度学习,你可以想象对销售数据和品牌价值的潜在影响。

> 2017年,精酿啤酒变得越来越受欢迎,为吸引入境游客选择喜力啤酒(Heineken),这个荷兰啤酒品牌与航空公司和酒店合作,用它们的旅行数据瞄准入境前的游客。
>
> 一旦乘客预订了飞往阿姆斯特丹的航班,就会出现喜力为他们定制的一个弹出式广告,如果他们点击注册,喜力就会为他们酿造一瓶新鲜的啤酒。酿造过程需要28天,在这期间,喜力用Facebook Messenger向人们更新专属啤酒的制作过程,包括照片和视频。Messenger聊天机器人还会回答人们关于行程的疑问,并提供相关建议,通常都会避开热门景点。
>
> 抵达阿姆斯特丹后,参与者可以到喜力啤酒体验中心(Heineken Experience,一个位于喜力的原始啤酒厂内的旅游景点)获取他们的礼物。每个啤酒瓶都标有收件人的姓名和航班数据,并用城市的个性化地图进行包装,地图上标记着他们在Facebook Messenger聊天中讨论到的地点。
>
> 该活动由创意机构阿姆斯特丹Tribal DDB策划,一共定制了500款啤酒和城市旅行路线——达到了生产线的最高产能。对于每年2,000万人次的游客数量,500次互动可能微不足道。然而,对于喜力而言,这个实验的价值在于对话的质量和背后的观察。根据Tribal的说法,80%的聊天机器人与第一批观众的对话持续了整整二十八天。通过将自己定位为本土城市的权威向导,该品牌偏离了人们对喜力啤酒的一贯印象,并为人们带来了奇特且明显个性化的体验,由此来击败那些小型的啤酒厂。

数据驱动的慷慨

2016年2月,互联网资讯中心VentureBeat的Marketing.FWD会议上,美国零售商塔吉特(Target)的媒体和客户体验高级副总裁克里斯蒂·阿吉兰谈到该品牌如何采取慷慨的心态运用数据,来为客户服务。

就用塔吉特在格莱美颁奖典礼上的营销策略来举例,格莱美虽是音乐奖颁奖典礼,但已逐渐弱化表演,更多的是台上明星之间尴尬地互开玩笑。该品牌的社交聆听工具的数据显示,观众希望在活动期间看到更多音乐表演。因此,塔吉特决定花一些钱来创造一些价值。在2015年的转播期间,他们播出了拉斯维加斯梦龙乐队的表演作为广告,这在格莱美历史上是首次。其大胆之处在于,表演之中没有任何可见的塔吉特品牌。

第二年,基于对梦龙乐队的广告的积极回应,塔吉特制作了由歌手格温·斯特凡尼主唱的音乐视频(虽然这次他们添加了一些品牌标识)。尼尔森的数据显示,2016年格莱美颁奖典礼的观看人数是2,500万,而斯特凡尼的表演被在线观看了3,500万次。塔吉特的话题标签#更多的音乐表演(#moremusic)是格莱美晚会上美国最热门的话题标签,也是全球第二最受欢迎的话题标签。

"当然,推出这样的商业广告是冒险的,"阿吉兰在Marketing.FWD上承认,活动需要大量后勤和资金投入。"但我们发现,这种'品牌慷慨'带来了高涨的观众情绪、购物意愿以及其他情绪反应。"除了跟踪格莱美实验带来的销售增长,塔吉特还想评估其对更多无形指标的影响,如"对品牌的热爱"。阿吉兰说:"这是我们真正想要量化的,因为通常如果有人通过社交渠道与我们互动,他们接下来一周内在塔吉特购物的概率不到30%。"

品牌要慷慨的信念得到了该公司首席创意官托德·沃特伯里的回应。沃特伯里在2016年11月接受Ceros博客采访时说,塔吉特利用慷慨和真实的体验突破了"极其变化无常的受众们"在自己周围筑起的屏障。"我觉得人们并不希望被营销打扰。"他面无表情地说。

对于沃特伯里来说,情境是王道:"我们在吸引哪些人群,他们的期望是什么?如何用一种慷慨的方式让人们觉得,'哇,塔吉特的出现让生活变得更有趣了'？"除去格莱美广告，塔吉特还设计了一系列体验，包括在巴塞尔艺术博览会上的互动装置，纽约市的一个圣诞快闪商店，以及用塔吉特产品拼凑而成的一系列Vogue经典图像。

沃特伯里告诉Ceros博客说："我们创造了有意义且有价值的互动，带来了持续的交易。尽管投资回报率、每平方英尺的销售额、效率等这些都是重要指标，但今天……选择变得越来越多。如果选择是无限的，那么唯一匮乏的就是注意力。"

有趣的是，沃特伯里将塔吉特品牌描述为"又酷又有人情味"。其商店的设计给人感觉这是"一个愉快的地方，既进取、满有抱负，又具有包容性"。换句话说，塔吉特希望其客户感觉他们能够以合理的价格获得优质产品，并且没有低端折扣店的那种无趣感。沃特伯里说："这让我们成为一个现代品牌。人情味和高端感之间的平衡是至关重要的，我认为这些慷慨的举动体现了这种平衡。"

我们支持你

慷慨的品牌用他们的头脑思考，用他们的心行动，他们是积极的、有同理心的、开放的。他们把营销看作一种服务，而不仅仅是一种销售工具。他们认识到，第一印象为未来的互动搭建了一个框架。

有一句古老的荷兰语说："信任得来难，失去易。"一种慷慨的心态，一种"别人能得到什么"的策略，可以作为打开信任的门户。信任是最珍贵的商品，也是我们将在本书后面探讨的主题。

在经济不稳定、政治动荡和意识形态变化的时代，这是一个让品牌突出自己的可靠和连贯性定位的天赐良机。品牌需要在商业需求与社会期望中找到平衡。这意味着广告正在转变为嵌入式服务（工具、实用功能、知识中心）

的组合，以及更广泛世界中变革和调整的支点。

用英国战略设计咨询公司Smithery的创始人约翰·威尔希尔的话来解释：过去，市场营销曾经是让人们想要某样东西。但现在，市场营销是创造人们想要的东西，做人们需要的事情。

浓缩版

要有慷慨的思维与行动

不要问，对自己有什么好处，更好的问题是：对别人有什么好处？在追赶季度销售目标的过程中，营销人员很容易忽视大局。Contagious认为，品牌应努力发挥作用，以帮助缓解社会和弱势群体面临的一些挑战。以Kenco的"咖啡对帮派"项目为例，在"一个为世界公平而奋斗的品牌"的共同愿景的推动下，一个专门的营销团队冒着风险，在一个饱受帮派暴力折磨的国家开展了导师计划。

你最宏大和具有野心的目标是什么？你是否愿意冒着失业的风险，争取实现你相信的想法？

慷慨的举动从内部开始。公关公司万博宣伟在《员工崛起：抓住员工积极性中的机遇》报告中写道："在当今所有公司都缺乏信任的环境中，员工越来越成为品牌建立信誉和信任的关键。"调动他们的积极性就成了提升企业人性化和统一企业声音的最佳方式。当员工个人深信一个想法时，他们会有参与感。当公司慷慨地分享其优势时，也会大大提升营销资产。用丰田公司的改善（Kaizen）或持续改进理念来举例，"丰田生产系统支持中心"与非营利组织和社区组织分享如何提高生产力知识。你怎么能给予一些独特的东西？

不要以为给予一些简单的东西就等同于慷慨，慷慨通常意味着超过预期的给予。从营销角度，这相当于目的、创造力方面的慷慨。宝洁公司的婴儿护理品牌帮宝适就是很好的例子。它在线上起到了专家顾问和生活教练的作用，还为父母提供支持网络，为他们抚养子女的"旅程"消除障碍，增添色彩。耐克的"耐克定制"项目为几百人提供了定制私教服务，耐克团队通过WhatsApp与用户对话，为他们提供量身定制的健身计划和激励信息。这使得品牌更靠近那样一个未来，既人工智能和人类细微差别创造出一对一、有机的对话：个性化的"圣杯"。

慷慨不意味着做纯粹的慈善事业。正如利他主义改变了人们的大脑活动一样，慷慨的心态和商业结果之间存在着实际的的联系。Group XP发现，提供专家建议并提升人们生活质量的"高体验指数"品牌，业绩优于标准普尔500指数公司50%。

在2008年出版的《买》一书中，品牌专家马丁·林斯特龙进行了一项神经科学实验，发现了宗教与品牌之间的关联。他发现，当虔诚的基督徒接受到信仰相关的触发因素时大脑会被激活，而一些"建立了强大情感链接的品牌"，例如苹果和哈雷戴维森（Harley-Davidson），当他们的粉丝看到熟悉的图像时，大脑也会被激活，且这种大脑活动与虔诚的基督徒接受到信仰相关的触发因素时的大脑活动类似。对于Contagious而言，慷慨的诚律分为四个阶段（见下页图）。

为了达到全然的慷慨，并享受随之而来的益处，请问自己以下问题：

- 公司的行为如何影响其员工？你有慷慨相关的计划吗？

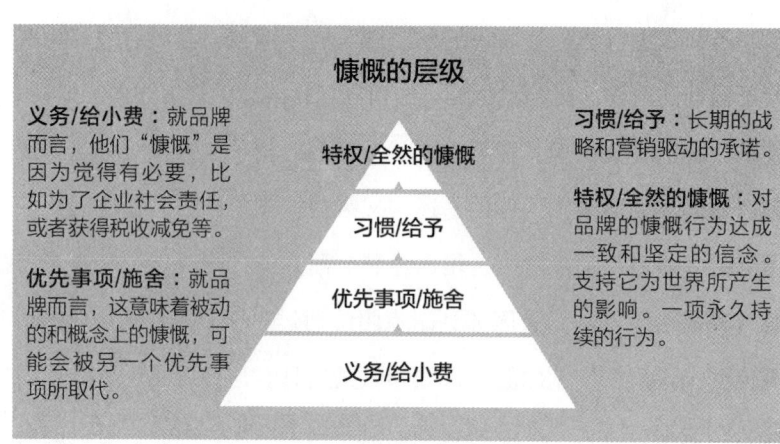

- 如何为员工提供一个平台，让员工成为影响者和品牌大使来增加品牌的吸引力？

- 你的"丰田效应"是什么？你的品牌是否具有独特属性或经验可以分享给广大世界？

- 你的品牌专长是什么？可以在什么地方，与哪些人分享这些专业知识？

- 如果将传统营销预算用来为生活中的日常痛点提供解决方案，对你的品牌意味着什么？会有什么样的障碍？

对于传统营销人员来说，这些可能是有悖于直觉的问题，尤其是最后一个问题。如果你认为按照原来的方式投放广告比较保险，那么祝你好运。这种方法确实适用于一些人。但要知道，那些只是口头上表示要让世界更美好，却没有付诸行动的企业，在今天越来越多地受到消费者、股东、投资者和竞争对手的质疑。说到做到明显更加有利。

MAKING IT HAPPEN

第二部分
让创意如自己长脚一般在受众中传播

诫律六：投入5%的时间与资源进行实验

"投入5%的时间与资源进行实验"这条诫律或许是Contagious乐观的好奇精神的最佳体现，也是对确保品牌财务与文化健康的各种创新方式的一种渴望。作为营销漩涡之中公正的旁观者，我们是首个呼吁麦迪逊大道向硅谷学习的评论者之一。我们提倡"试验和学习"的文化，建议组织将一部分预算花在各类自由实验中，比如媒体、内容制作、颁奖典礼甚至假日派对，并与初创公司和大学实验室建立意料之外的合作关系，让广告创意探索未知领域。

在早期，谷歌给了工程师20%的时间，也就是每周花费一天时间参与到与主要工作无关的小项目中。这项计划催生了谷歌地图、谷歌邮箱和谷歌广告联盟（AdSense）等创新产品，尽管随着公司的发展，这项计划已经不再那么受欢迎。曾经有实用主义者意识到额外的20%可能将你的实际工作量转化为120%，并对资产负债表造成严重负面影响，Contagious则认为，更可控的目标是5%。

我们称之为5%俱乐部，即分配5%的时间和资源来探索边缘的想法。这些想法可能永远无法盈利，却会将公司带入新方向。甚至不必具体精确到5%。如果可以，就去做吧！保持好奇至关重要，因为自满是一条死胡同。

"失败虽然糟糕，但能从中吸取教训"，这句话已成为会议演讲的陈词滥调。但5%俱乐部仍然非常值得加入，特别是如果你希望找到下一个解决方案，或是期待扩大想法的影响力。我们认为，成为5%俱乐部的会员可以让你更快地适应当今瞬息万变的环境。它能让你研究一个想法的核心，并将其作为一个起点。同时，对于大公司来说，在大规模实行一个想法前，进行积极的测试是一种明智的方式。

不是谁都能轻易进入这个俱乐部。它需要胆量、风险、承诺以及对创造力的商业力量的基本信念。但是，我们认为，成为其中一员的优势在于它可以帮助你保持领先，而不仅仅是不掉队。在这条诫律中，我们将关注那些已经做到这一点的品牌，他们有的通过投资实验室来推动积极的颠覆，有的则通过先锋技术来获得竞争优势。

范式转移的时代

2004年，当Contagious成立之时，哈佛大学的学生们刚刚开始使用名为TheFacebook的"线上名录"。在另一个地方，三名前PayPal员工很难找到珍妮特·杰克逊超级碗演出时"走光"的视频，便开始考虑建立视频分享网站，于是2005年初，YouTube域名正式注册。而在莫哈维沙漠，美国国防高级研究计划局启动了一项挑战，向任何能够制造出可以在无人驾驶的轨道上行驶150英里的无人驾驶汽车的人提供100万美元的奖金。15支队伍参加了比赛，但没有人能够完成全程。最成功的一辆车只行驶了7.4英里，就因误判一枚发卡而驶上了路堤。许多人认为，这项挑战超越了所有人的能力。

6年后，拥有12年历史的公司谷歌宣布，其自动驾驶汽车车队已在美国人行道上悄悄行驶了超过14万英里。

麻省理工学院的科学家埃里克·布林约尔松和安德鲁·麦卡菲在《与机器赛跑》一书中评论了人类科技提升的速度："这就是我们现在所生活的世

界。计算机更新的速度之快，以至于，用不了一代人甚至某人职业生涯的时间，而是在短短几年内就能让科幻小说成为日常生活的现实。"

正如费里斯·布勒（电影《春天不是读书天》里的主人公）的班级后排的极客试图量化生命流逝的速度那样，著名计算机科学家和未来学家雷·库兹韦尔认为，技术创新的范式转移速率每十年翻一番。按照这种逻辑，到本世纪末，人类将目睹相当于先前两万年的进步。

只是试图计算一个世纪以来发生的"两万年的科学进展"，足以让我们头晕目眩。甚至，库兹韦尔在2014年告诉《卫报》，到2029年，机器人将与我们开玩笑和调情。但，（不用太过担心，）现代人类是相当具有灵活性的动物，在技术迅速发展的同时，人们也在迅速吸收采纳这些变革。

二十年前，用口袋里的小装置来搜索世界上每首歌曲的想法会让人觉得荒谬。然而如今，荒谬的事物在我们看来不足为奇，而且很快变得无处不在。手势控制、语音识别、触摸屏设备、无人驾驶车辆、无人机快递、社交网络，以及大片在几秒钟内出现在我们的电视屏幕上等，现在已成为日常生活的一部分。正如编辑部主任亚历克斯·詹金斯在 Contagious 十周年纪念刊中所说的那样，"根据快乐水车理论，不管发生了什么，大多数人的幸福感总会回到一个相对稳定的水平。因此，许多人从'哇！太酷了'到'不足为奇'的状态，只需几周时间。"

营销滞后

尽管消费者接纳新技术的速度很快，但品牌在很大程度上仍在艰难地跟上步伐。几十年来，品牌可以通过电视、广播、印刷品和广告牌来影响大多数消费者。因此，营销部门围绕这些有效媒体渠道来运作，几乎不需要提高适应性。毕竟，没有什么可改变的。近半个世纪以来，这种现状（和好的收益率）维持了《广告狂人》式的马蒂尼午餐文化。然而，在Contagious的生命周期中，随着新平台和设备的出现以及其几乎一夜之间的普及，适应变化已成为必然趋势。广告行业现在必须全力以赴才能跟上步伐。

以Vine为例。这个短视频平台成立于2012年，四个月后被Twitter以3,000万美元的价格收购，到2013年6月，平台已有4,000万用户，这比美国两个最受欢迎的电视节目《橄榄球之夜》和《生活大爆炸》的收视率总和还要高100万。Vine的用户数量在三年内增加到2亿，但Instagram和Snapchat很快就超越了Vine，导致Twitter在2017年初将该平台关闭。这一决定无疑引起了盖璞（Gap）、丝芙兰、塔吉特和大众等品牌的绝望叹息，他们错误地认为这个新渠道不会短命（事实上持续了三十六个月），因此在六秒视频上投入了大量创造力。

这就是为什么我们在诫律四中提倡与受众行为保持一致，这样品牌才不会过度依赖某个特定的平台。消费者的注意力时常大规模、快速且随机地在新生平台和设备间转移，就如瓶子里混乱的原子一般，而品牌及代理商则在后面追赶。旧的惯例一直在被打破，新事物层出不穷，这意味着营销人员通常缺乏专业知识或时间来评估这些新事物如何与公司的商业目标相匹配。

但与此同时，品牌也无法静观其变，这就好比放弃了先发优势，或者更糟糕的是，就像在其他人都散场的时候，才带着昂贵的酒来到一个聚会。究竟要将营销资源投入到哪里？这是一个巨大的战略和创造性挑战，你怎么知道你是投钱在下一个Facebook，还是愚蠢地把钱投在错误的平台，就像《第二人生》里的游戏角色一样，走向生命的终结？开辟一部分合理的预算来进行实验，可以让公司做好主动出击的准备，而不是在新的行为或者平台流行时手足无措地去学习新技能。

臭鼬和快艇

营销人士和军队都喜欢用缩写词。对于许多人来说，上面描述的颠覆期最好用缩写"VUCA"来总结，这个术语最初是由美国陆军根据冷战环境的不稳定性、不确定性、复杂性和模糊性而创造的。

在VUCA世界中，帮助组织应对快速变化的挑战的最佳方法之一就是采用实验文化。真正的实验源于严谨的科学世界和更直接的探索之路。除了在电影中，科学家们往往不会拍脑袋决定"看看把这些化学元素放在一起会发生什么"。相反，他们从假设开始，通过实验探索，并从结果中学习。

随着2011年《精益创业》一书的出版，作为商业战略的实验文化日益流行，软件工程师和企业家埃里克·莱斯在书中简述了持续创新的理念。虽然最初是为科技公司所作，但这些概念已成功应用于任何企业，特别是"构建—测量—学习"的心态，强调最小化可行产品和接受失败并从中学习。正如莱斯所说："这是科学方法最重要的教训之一：如果你不会失败，你就不会学习。"他还强调了创造一种培育风险的组织文化的重要性："领导者们需要创造条件，使员工能够进行各类实验，而这正是创业精神所需要的。"

对于在"失败中前进"理念的推崇者来说，这个理念若不是有一些高层的追随者，可能早就注定被人遗忘。其中之一就是皮克斯和迪士尼动画工作室的总裁艾德·卡特姆，在他2014年的畅销书《创新公司》中失败的价值时常被提到："失败不是必要的代价。事实上，它根本不是坏事，而是尝试新事物的必然结果。"而且，"如果你没有经历失败，那么你就犯了一个更糟糕的错误，因为你被避免犯错的欲望驱使。而对于领导者来说，尤其是这种试图避免失败的策略，才会让你失败。"

从这个意义上讲，失败实际上是学习的代名词。如果组织能够将自己与这一语义联系起来，那么实验和失败的逻辑就会变得清晰。面对毫无先例的

VUCA世界，通过实验得出获取知识的明确流程是保护企业未来的明智之举，即使在此过程中会出现不可避免的失误。

多年来，在与客户合作的过程中，我们一次又一次地鼓励客户拥抱失败的价值。我们对各种想法进行头脑风暴，例如，我们为最大的失败颁发内部奖励，或者不仅支持最终产品而且支持实现它的失误。这些想法一次又一次地在它们的初始阶段让人们变得兴奋。但一次又一次，这些想法在最后阶段被管理层用"失败"的理由而否决，他们认为只有成功才应被推崇。似乎许多首席执行官和首席营销官都喜欢随身携带一把大扫帚，随时准备把成功之外的东西扫到地毯之下。

也许正因如此，为了自我拯救，已经有越来越多的内部团队在首席执行官或股东的背后，小心谨慎地尝试新想法。这些写出一系列幻灯片、便利贴笔记和SWOT分析电子表格的，是推崇"臭鼬工厂"文化的广告人。这个词最初来自洛克希德·马丁公司高级研发项目的一群科学家、工程师和设计师，在第二次世界大战期间，这个"突击小组"被关在秘密建筑中，承担着在短时间内研发比德国更好的战斗机的任务（他们在短短143天内完成了）。"臭鼬工厂"一词现在广泛用于商业圈，往往指的是一个组织的内部团体，该团体的任务是解决一个棘手的问题，或者发明一个新的解决方案，且不受管理层的干涉。

这些受保护的温室，或被称作创新实验室、品牌创新中心、车库、铸造厂、厨房或机库等，使企业能够在安全和创造性的环境中探索新的平台和技术，以避免企业中常见的制约。在 Contagious（2011/Q2）的第27期杂志中，时任谷歌创意实验室战略总监的，BBH实验室前联合创始人本·马尔本将实验室比作快艇，将公司比作超级坦克："快速探索未来，并带回知识、机会和人才，围绕刚露端倪的趋势开展工作……为了生存，代理商必须成为创新公司，跟上文化的发展速度，迅速为客户和自己的业务筛选出新的技术、形式和机会。"

虽然专门的实验室的作用一直受到争议（如果你有一个创新部门，那么就意味着公司的其他部门正停滞不前），但是，在传统研发部门之外推行研发思维已在各个公司盛行。百威英博、美国运通、英国天然气、达美航空、富达投资、福特、万豪、亿滋国际和威瑞森电信等传统行业的公司都先后成立了创新实验室，以跟上变化的环境。同样，公司的"黑客日（创新挑战赛）"也变得司空见惯，这说明了硅谷的工作方式正在对整个世界产生深远的影响。

与大众沟通，与小众谈判

2009年，Contagious第一次开始有关5%俱乐部的探讨，我们称之为"双轨品牌建设"。这种方式结合了大众市场广告与小众市场实验的艺术，探索那些新兴的渠道和行为，让品牌有机会与一部分积极的观众进行更加个性化的互动。

我们的双轨品牌建设中最受欢迎的例子之一被称为"杜蕾斯实验"，这个名字来自一个著名的避孕套品牌。杜蕾斯与悉尼的可穿戴技术领先者Snepo以及设计师比莉·怀特豪斯合作，设计制造了Fundawear：一款使用触觉反馈和网络连接的互动内衣，使分居两地的爱人能够进行虚拟的身体接触。通过一个应用程序，一方可以触摸手机屏幕，通过实时服务器向爱人的手机发送信号。信号实时连接到Fundawear布料中的触感生成器，直接传递到皮肤上。Fundawear的展示视频五天之内在YouTube上被观看了400万次，产生了4,000多篇博客文章和广泛的媒体报道。关键是这项创意带来了大量的关注，使得实验投资有了即时的回报。

另一个双轨品牌建设的例子是比莉·怀特豪斯为澳大利亚订阅电视服务Foxtel打造的Alert Shirt。就像Fundawear的运动版本一样，这款运动衫让用户能够实时"感受"职业运动员的情绪。通过将运动衫与手机应用程序相连接，现场运动员的数据被转换为模拟的压力、冲击力、肾上腺素或疲惫感，球迷可以远程接收到触觉信号。广告代理商CHE Proximity委托制作了4,000件运动衫，用以推广Foxtel的订阅频道Fox Footy。这些运动衫有的被送给长期订阅者，其余的可供出售。

在某些情况下，小众的实验甚至能成为品牌传播策略的支柱。2013年，百威啤酒在争夺国家冰球联盟（NHL）赞助权时，输给了竞争对手Molson，于是百威使用了5%俱乐部的思维来重新确立其在加拿大曲棍球的真诚形象。百威与多伦多的Anomaly合作推出了百威红灯，这是一款看起来就像安装在曲棍球网后面的警报器，每当进球时会发出刺眼的光。仅用149美元，球迷就可以拥有这款带Wi-Fi的灯。这款灯非常受欢迎，以至于时常库存不足。当被问到广告战的主要挑战时，品牌总监凯尔·诺林顿简单地告诉我们："跟上需求！"

考虑到百威不是NHL的官方赞助商，这只是一次游击式营销活动，却产生2,500万人的媒体覆盖。但更重要的是，这次实验已成为加拿大百威的持续营销平台。超过150万件红灯产品正在流通：对于一个拥有3,600万人口的国家来说，这是不错的成绩。2013年底，百威在卡尔加里火焰队的比赛期间为球迷推出了闪光头盔；在2014年索契冬季奥运会期间，每当加拿大队得分，百威就用70英尺高的飞船点亮天空。品牌继续使用红灯来传达讯息，包括2016年将一个巨大的灯光装置拉向"北极方向"的活动（一个噱头），以及在加拿大全国范围内推出了一款闪光的杯子，杯子底座联网后能与曲棍球或其他重要体育项目同步。总而言之，该活动已经产生了数亿次的媒体印象，巩固了百威与加拿大最受欢迎运动之间的联系，并为该品牌建立了一个可靠的平台。所有这些都是因为一次不同寻常的小型实验。

> 2017年，零售超市特易购（Tesco）通过在纳米技术领域的冒险，出乎意料地获得了5%俱乐部的入场券。中国消费者普遍担心，新鲜水果和蔬菜中含有的杀虫剂会带来脑损伤、神经系统问题甚至癌症的风险。这不奇怪，绿色和平组织的一项研究表明，中国超市里90%的新鲜水果和蔬菜都含有有害毒素。加上有毒婴儿奶粉和地沟油等丑闻，导致中国消费者对食品的信任度处于历史最低水平：71%的中国消费者认为食品安全是该国的头号问题，排在腐败和污染之前。
>
> 特易购在这场危机中担任了领头角色。该公司的广告代理商Cheil Worldwide与中国香港领先的光催化实验室合作，为超市开发了一款安全包装袋。该项目从构思到执行花了一年的时间。背后的原理是：袋子的内层涂有二氧化钛（一种高折射染料），当袋子暴露在光线下超过几个小时，就会触发纳米光催化反应（也就是用光线分解化合物的过程）。这种安全包装袋将能够分解水果或蔬菜中的任何有毒残留物，并排放到空气中。购物者只需用水冲洗，就能保证食用安全。安全包装袋的巧妙构思和简约设计与特易购的本地品牌定位"让购物变得轻松"相匹配。
>
> 这款产品已经获得了FDA批准，并已经申请专利，在测试阶段，有十分之九的购物者选择了安全包装袋。鉴于中国是世界第二大经济体，实验若是成功，将带来巨大的经济收益。特易购还可以将这一想法推广到全球。

实验，还是不实验

每当一个企业实验室、"臭鼬工厂"或创新中心成立，就有另一个关闭。最近消失的包括Adecco的Ignite Lab、英国航空公司的Ungrounded、可口可乐的创始人计划、迪士尼的研究实验室、《纽约时报》的研发项目、奥美实验室、塔吉特的食品+未来实验室以及特纳的媒体孵化器。凯捷咨询公司2016年的报告发现，虽然每周有接近10个创新实验室设立，但由于成果不显著，高达90%以失败告终。那么，实验室有什么优点和缺点？

反对观点

批评者们认为,创新实验室只会分散注意力;创新实验室是营销烟幕弹;创新实验室是为讨好股东而存在的;成立创新实验室不仅耗费资源和金钱,还容易挑起内部争端;它们不是什么万能钥匙。由于条件的限制,初创企业比实验室更具生产力,因为它们没有退路。在VentureBeat的一篇文章中,Cie Digital Labs的联合创始人安第列·贝伦纪称,真正的实验无法在规矩的大企业中进行:"如果这样的实验室有效,为什么谷歌和其他公司会在创业公司上花费数十亿美元?因为创新很难从内部重建。它是炼金术,而不是科学。"他引用了两家大型零售商的例子:Whole Foods,它收购了送货服务创业公司Instacart;沃尔玛尽管有自己的创新实验室,却花费了33亿美元来收购,或者更确切地说,将其创新外包给只成立了两年的低成本购物网站Jet.com。他说:"管理人员需要清醒地意识到,真正的创新来自公司的外部。"

创新中心要想长期可持续发展,需要公司CEO的积极支持。但是,很多时候,领导者会向下授权,导致前端实验室和公司核心之间缺乏统一。因为实验室倾向基于现有的商业模式,并从这样的角度观察技术,他们最后只是做出微调,而不是转型。因此,缺乏商业可行性,最终导致最初同意投入创新预算的高管陷入创新疲劳。

支持观点

创新实验室证明,通过投资创新理念和精益工作方式来提升或转型,公司可以更好地为未来做准备。创新实验室还可以保留顶级员工,并吸引高素质的新员工,他们更有可能注入原创的创业思维。如果与特定的业务战略或目标有明确的联系,创新实验室可以为谨慎的公司文化带来新的使命。创新实验室应该被视为保护地,其职责是探索激进的、尚不明确的想法,并提出第三条诫律中探讨的异端问题。如果给予足够的权限，实验室使公司能够专注于大目标，而不是小步前进。同时，实验室还能在组织内部普及创新文化。

创业公司往往会过于专注技术，而成熟的公司对消费者行为和产品类别细分已经有了深刻的理解，他们更加善于发现市场空白，以及通过满足真正需求的创新来解决痛点。

协作是一个强大的工具。在2017年11月的LinkedIn帖子中，Village of Useful联合创始人安迪·霍华德提到了宝洁公司"连接与发展"创新模式的成功："旨在将外部思维与宝洁内部团队相结合，它将帮助宝洁公司在五年内将股价翻倍。当股价翻倍时，宝洁公司45%的产品开发的关键部分都有外部的参与。"

自2000年以来，财富500强股票指数中超过一半的公司已经合并、被收购或申请破产。初创公司在后面紧追不舍，维持现状早已不是明确的选择，探索新模式才能够掌控不远的将来。如果实验室受到保护并有明确的商业预测作为目标，那么团队就有了前进的动力。例如，每个戴姆勒创新项目都需要进行商业预测，来确定新项目如何能产生至少1亿欧元的年收入。

> 作为三个孩子的父亲，保罗可以证明婴儿在汽车里的确能够更快入睡，可能是因为汽车移动带来的舒缓作用。汽车制造商福特利用这个观察，设计了一款婴儿床来复制婴儿在车内的体验，从而提高消费者对Max家庭系列的兴趣。这款Max Motor Dreams婴儿床由WPP的GTB代理机构、马德里的奥美广告公司和创意工作室Espada y Santa Cruz共同开发。婴儿床可以模仿汽车的运动、模糊的发动机噪声和灯光，并能用应用程序来进行控制，还可以让家长录制宝宝最喜欢的外部噪声，然后在他们的小宝贝需要入睡时播放这些声音。

> 一开始，人们需要通过品牌网站预约进行试驾，才能进一步了解这款婴儿床。现在，在福特的官网上，任何订购家用汽车的人都可以选择这款智能婴儿床作为附件。由于产品将按需生产，价格将取决于需求的数量。据GTB的数据显示，该活动使福特网站的访客数量增加了93%，其中83%的人安排了试驾。这个例子很好地证明，5%俱乐部的想法已经进入主流。

"起飞工厂"

对一家公司有用的经验，不一定适用于另一家公司。对于我们Contagious的一些客户而言，创新实验室已经成为组织新思维的催化剂。对于另一些公司，我们则建议他们打破公司内部的壁垒，让所有员工都参与实验性任务，而不是只授权某个团队。

事实上，Contagious在2012年获得了建立实验室的第一手经验。在亿滋国际公司拉丁美洲分公司口香糖和糖果部门总监玛丽亚·穆吉卡的委托下，我们撰写了一篇关于创新文化的报告。之后，我们被邀请成为"起飞工厂"（Fly Garage）的创始合伙人，与阿根廷创新机构+ Castro合作。这是亿滋公司的大胆尝试，旨在通过解放传统的内部流程和工作方式，为其品牌引爆"互动大爆炸"。

正如穆吉卡所回忆的那样，"起飞工厂"项目背后的目的是"与消费者建立无与伦比的数字化联系，为他们提供愉悦的品牌体验，从而推动更高的参与度，并转化为增长"。亿滋国际的调查发现，拉丁美洲的消费者在数字媒体加速推动下，能够迅速接受新行为，这个战略举措就是对此现象的回应。"如果我们能够大胆跟上消费者的步伐，那么我们的领先品牌就有机会收获更高的参与度，"穆吉卡告诉我们，"作为品牌塑造者，我们希望在与消费者建立连接方面不断创新。我们很清楚，要想有突破，就必须采用全新的方式，必须要开辟一个空间来进行实验。"

放下你的自我

亿滋国际在布宜诺斯艾利斯巴勒莫创意区租下了一个空间，合约为三年。在每一次会议期间，亿滋国际的员工和外部专家都一起进行了为期两周的紧张合作。参与者来自各行各业，包括广告代理创意人、建筑师、设计师、音乐家、心理学家、战略家、学生和技术专家。"现在，这种多样化的人才组合是新常态，但这在2012年是很不寻常的。"穆吉卡说，她认为不同思维模式的融合营造了"共创的肥沃环境"。

这种集体精神为亿滋国际打下了全新的基础，他们作为营销人员的传统角色永远不会让他们如此深入地参与创意过程。穆吉卡认为共创的氛围更像是科学展览。会议的第一条规则是：这里没有等级；坦率的对话是王道。请将自我和职位头衔留在会场外。第二条规则是：无纸质简报；这可能会将大多数营销人推到他们的舒适区之外。相反，简报是印在T恤上的口号，T恤将分发给所有参与者。这背后的基本原理是降低复杂性，并将品牌的创造力机会综合成几个简单的词汇。穆吉卡说："我们已经拥有了团队的创造力量；当你将人们从职位、角色和流程中解放出来时，创造力也就被释放出来了。自我对于价值有很大的破坏力。对我们来说，'起飞工厂'项目中的一个关键不只是了解团队其他成员的工作，还要关注每个人贡献的内容。你必须'争取'你在团队中的位置。"

"起飞工厂"的一个特点是团队每三个小时轮换一次，这样一来，就不存在一个想法为某个人所有的情况。在经过一番严格的筛选之后，最强大的概念快速成型，并与受邀的目标受众分享，鼓励他们分享反馈。"这太棒了，因为你让这些想法的缔造者在大众面前展示他们的想法，"穆吉卡告诉《快公司》杂志，"我们能面对真实的消费者，问他们喜欢什么，想要改变什么。"

起跳和展翅

一旦一个想法在"起飞工厂"获得批准,穆吉卡就会扮演一个内部风险投资家的角色,在当地业务部门中找到能够实现创意的"内部企业家"。然后,她的角色将是拿到所需的投资,以便将这个想法快速推向现实世界。

对于口香糖品牌Beldent来说,第一个成果是Random Fest,从概念到执行仅用了十个月。T恤上印的简报是"远离无趣",希望充分利用千禧一代对机缘巧合的热爱。现场音乐节围绕着一个"灯塔"搭建了四个舞台,灯光将随机照亮一个舞台,然后被照亮的舞台上的乐队要演奏乐曲。通过社交媒体和产品包装上的推广,报名的1万名观众可以通过移动应用程序,投票选出他们最喜欢的乐队来加演,并在大型数字屏幕上观看直播,看看哪个乐队获得了最多投票。此外,有25万名粉丝在线观看了该活动的直播。

穆吉卡在2012年与Contagious谈起这个活动时,用了雷·布拉德伯里的名言来形容"起飞工厂"的创业精神:"它一边从悬崖上下坠,一边长出翅膀。我们并不知道投资的项目是否能成功,但我们知道这是学习和产生真正创新的方法。"快进到2018年,穆吉卡仍然为这种精神感到骄傲:

关键是要有耐心、适应力,并在实验时做好失败的准备。当进展不及预期的时候,领导者也要足够强大,给团队支持,并认识到犯错也是流程的一部分,犯错会释放出各种可能性。对我来说的一个重要收获就是,学会在混乱中保持镇定自如,在清晰度和能力都不理想的状态下带领团队,并最终意识到,工作方式是在不断发展和迭代的,没有什么方式能够提供"一定能成功的保证"。

"起飞工厂"不仅对穆吉卡产生了持久的影响(她声称她现在的生活处于"测试模式"),还为亿滋国际留下了一笔宝贵的遗产。该公司关闭了于2012年至2014年在巴勒莫租用的实体空间,这一事实证明了它的成功。

拥有一个独立于卡夫食品/亿滋国际的空间，对于创造一个试验场所来说非常重要，能让我们在学习创新方法的同时，从已有的流程中解脱出来。但对于我们来说，成功的关键在于扩大这种学习形式，让每个人都能为品牌释放创造力。在这方面，项目获得了成功。"起飞工厂"得以持续和演变，用所学到的来服务于我们的商业策略。它在保持了核心精神的情况下，经历了演变、迭代和被以各种形式采用。

这些新的迭代包括"起飞训练营"（快闪"车库创新工场"，帮助巴西、哥伦比亚、墨西哥和美国的团队开发本地创新项目），以及运用"超级协作/快速适应"的数字加速器，与初创企业和数字平台进行合作。在20个实验项目中，有4个已经被激活，使得亿滋国际的数字营销支出从总体品牌投资的7%提升到40%。2018年，拉丁美洲地区的亿滋国际营销人员经常使用"飞天式扩张"策略与他们的创意合作伙伴合作。"我们经常会与外部支持者进行集中讨论，快速成型，甚至在我们创作工作的开发过程中加入了'排毒'练习。这已经成为文化的一部分，我希望团队能够看到它对业务产生的影响，并将这种文化继续发扬下去。"穆吉卡说。她还指出了"代表"案例，例如阿根廷Milka Chocolate的#deciloconMilka项目，该项目应用"起飞工厂"项目的模型开发了一个交互式打包应用程序，让人们能在包装上印制给亲友的信息。

拿出更多钱来试验新的广告创意，这具有明显的优势，但如果是应用于创建一个创新实验室，"5%俱乐部"的概念则有一个更基本的维度。投资长期项目需要文化和战略转变，并且可能与公司的短期需求发生冲突。因此，必须有一个明确的目的（或组织原则），并意识到可能需要引入新的规则。在一个新领域，往往没有可用的地图。

亿滋国际的故事也表明实验室不一定是永久性的。它们可以是短期存在的部门，帮助公司发展到一个新的水平就关闭，直到再次需要。但无论你用哪种实验形式，5%俱乐部的思维都有可能带来组织内的变革。它允许你保持我们在第一章中提到的长期敏捷性，随时为下一个重大技术、新行为或商业模式变革做准备。

品牌是最大的敌人

许多企业认为品牌是他们最大的资产，但IBM前首席创新官琳达·伯纳迪认为品牌也可能是最大的敌人。在她与桑杰·萨玛和肯尼思·特劳布共同撰写的《颠覆因素：如何在物联网经济中茁壮成长》一书中，她介绍了一种名为"颠覆"的新商业模式。根据伯纳迪的说法，这就是"将企业的使命和核心竞争力定义为'需求优先'而不是'产品优先'"。换句话说，变革的驱动力是客户，而不是公司本身。

传统上，企业的工作模式恰好相反，他们制造产品或提供服务来满足某种需求，并逐渐更新换代。但这样的模式不再高效。在2017年接受Contagious杂志采访时，伯纳迪说："这些公司首先询问市场需要什么，然后再做出超出人们预期的产品。"她举了汽车共享公司Zipcar和电动汽车先驱特斯拉的例子。Zipcar并没有制造或销售汽车，而是创造出一种有效方式让人们利用已有的汽车出行。特斯拉则在销售和展示电动汽车之前，就在西雅图和旧金山安装了充电站，让新能源成为热议的话题。

物联网技术的兴起使得发现和满足客户需求变得更加容易，因为技术使人们能够实时与产品进行连接，鼓励透明对话，形成与制造商的反馈循环。然而，利用这一趋势的公司往往是初创企业，而不是老牌企业。大品牌需要适应人们不断变化的期望，要做到这一点，他们必须重新审视自己。"如果你不变，就无法做到与消费者相关，"伯纳迪警告说，"消费者需求最终会让公司创造出他们完全没有意识到的东西。"

这就是5%俱乐部思维带来竞争优势的地方。存在了几十年的传统公司往往拥有庞大的客户群，如果仅是因为硅谷书中读到的建议，就放弃他们已有的产品并匆匆开始一项新的垂直业务，这无异于商业上的自杀；毕竟，人们仍然需要坐飞机、租车、保证他们的财产安全等。而创新实验室或实验文化则是一种明智的方式，可以逐步过渡到那个被颠覆的商业世界，开辟新的机会。

客房服务

以爱彼迎的全球崛起为例，伯纳迪指出，"酒店并不会立即消失，但随着时间的推移，人们的需求和对体验的偏好将越来越偏向爱彼迎，因此酒店的商业模式将需要改变。在转型过程中，公司的最大障碍通常是让他们变得强大的东西：比如品牌。品牌成为他们的克星，但为了自我保护，他们会选择坚持下去。"

已经有一些酒店经营者对爱彼迎的商业模式进行了反击。例如，在法国，雅高酒店集团旗下拥有一系列品牌，从亲民的宜必思到豪华的索菲特，他们决定启动"当地人的雅高"（AccorLocal）项目，基于先进的应用程序和新商业模式，不仅可以将顾客与当地供应商联系起来，也方便了附近的非住客居民使用酒店的设施和服务。我们采访了项目首席执行官斯科特·戈登，他承认，"在我们存在的五十年里，我们完全专注于旅行者，完全忽略了更大的目标人群：当地居民。"

"当地人的雅高"背后的想法是为了充分利用其资产。公司在全球拥有4,200家酒店，所有这些酒店每天24小时营业，并且打破了非住客不能进入酒店的"禁忌"。应用程序为当地人提供如租用会议室或使用健身房等的基础设施。接下来是"混合服务"，汇总酒店的"未利用空间"，并在短时间内与当地供应商进行匹配,例如,可以邀请瑜伽老师在未使用的会议室中上课。在此之外,是一个"数字整合"平台,酒店管理人员亲自挑选当地商人和艺术家,让他们有机会直接向客人和当地居民出售产品和服务,并将酒店作为便利的提货点。通过鼓励邻里间的互动,戈登希望品牌能够为人们提供便利,改善人们的生活:"依靠'当地人的雅高'项目,你可以在外出聚会回来的路上取洗好的衣物,或在送孩子上学之前顺便把脏衣服带来。我们的大门是敞开的。"

这听起来很棒,但从业务角度来看,酒店行业长时间遭受在线旅行社、酒店平台和家庭房屋租赁服务的打击,这只是被动的反应。如果一家保险公司在私人租赁领域击败爱彼迎,才是真正的"颠覆"。毕竟,保险公司已经与信任该品牌声誉的人签订了合同,缺的只是发现机会的横向思维。

"车轮上的Airbnb"

梅赛德斯·奔驰和Smart品牌的所有者,戴姆勒就是一家掌握了如何颠覆商业模式且加入了5%俱乐部的公司。在不断加剧的城市化和不断增长的环境压力下,汽车制造商已经意识到公司未来的发展已不局限于制造汽车。相反,他们开始思考大众出行的解决方案以及"无须购买或拥有即可获得服务"的优势(至少在消费者的角度看是这样的)。

2016年12月,戴姆勒测试了一项汽车共享服务Croove,鼓励德国慕尼黑市的居民共享他们的汽车。这项服务并不新鲜:福特、沃尔沃和日产都已经推出了汽车共享服务,从联合租赁计划到可共享的数字钥匙。事实上,由戴姆勒的创新团队发起的Car2Go汽车共享服务,目前是全球同类服务中规模最大的。然而,使Croove实验如此大胆的原因是商业模式背后的中立性,以及该试点以独立品牌推出,与作为母公司的戴姆勒没有明显关联的事实。戴姆勒首席执行官迪特尔·泽谢在2016年巴黎车展上将Croove服务描述为"车轮上的爱彼迎"——允许任何品牌的汽车车主在闲置期间将自己的汽车出租。戴姆勒的研究表明，德国城市的上班族平均每天使用汽车的时间在30分钟到1小时之间。而商机就在这其余的闲暇时间。

加入Croove，需要车主创建个人资料并写明可用车时间，接着应用程序会建议适当的租赁价格。租车人通过应用程序找到附近的汽车，一旦车主确认了租车请求，他们可以亲自会面交换钥匙，或者租车人可以支付代驾服务来交付汽车。租车人在拿车之前预先付款，车主在用车结束后收到款项。通过戴姆勒与安联保险的战略合作伙伴关系，租车人被自动投保。截至2017年4月，Croove已经通过了为期六周的试行阶段，并正在向包括柏林在内的其他德国城市推广。

1 + 1 = 3

我们喜欢这个概念出于多种理由。戴姆勒与合作伙伴著名的保险公司安联的战略联盟就是我们所说的"1 + 1 = 3"（英国广告传奇人物戴夫·特罗特及其同名出版作品中提到的商业比喻）。对我们而言，这意味着两个品牌合力，来创造无法独立完成的消费者便利型产品或服务，这也是加速创新的明智之举。Croove服务基于便利、安全和价格实惠的三大客户支柱，便利性来自数字体验：一切都通过应用程序完成，安联提供的保险和保障确保了安全，从而打破了明显的入门门槛。且这项服务仅限于数字化体验，运营成本低，且具备库存（用户所拥有的汽车），因而优化了服务价格。

该计划表明，戴姆勒正在适应不断变化的消费模式和新的消费者行为。例如，管理咨询公司麦肯锡2016年1月关于汽车行业的报告显示，北美和德国的共享汽车在过去五年中每年增长30%，并且预计2030年每十辆售出的汽车中就有一辆是共享汽车。2017年1月，Croove首席执行官丹尼尔·罗赫尔希告诉Contagious：

我们认识到移动出行一直在变化，并将继续，特别是在未来几年。所以，我们决定参与改变，跟上潮流，而不是落在后面……戴姆勒建立共享平台似乎有些奇怪，但我们的主要目标是从中学习，并尽快积累经验。我们决定从Croove这样一个开放的品牌起步，以获得足够的流量和足够的信息来了解共享经济的发展，客户喜欢什么以及对他们来说什么是重要的。

罗赫尔希印证了5%俱乐部理念背后的基本原则之一："对我们来说，最重要的目标是积累经验。这六个星期的试运行并不是为了赚钱。"对于Contagious，这是实验背后的关键驱动力之一：任何投资于"在试错中学习"方法的人都应该看到，价值在于学习，而不是追逐利润。这是一个能够追寻直觉背后的真理从而形成可行策略的机会，是从大局出发，找到未来发展的坚实基础。

"1 + 1 = 3"的另一个例子是英国酒精饮料集团帝亚吉欧，该公司采取了将竞争对手转变为合作者的策略。帝亚吉欧首席营销官西尔·萨勒在2017年5月伦敦Media360会议上，谈到创业公司对大公司的威胁时说道："初创公司有时能在大公司注意到之前就占据一定的市场份额。"她描述了帝亚吉欧如何通过与小企业合作来缓解这种威胁："今后将不是大的打败小的，而是快的打败慢的。"

这就是为什么帝亚吉欧运营Distill Ventures小型烈酒企业加速器。该公司提供投资、创业指导和市场营销等专业知识，以换取股权。合作的品牌包括Stauning（一种丹麦威士忌）和Seedlip（世界上第一种蒸馏非酒精品牌）。对于萨勒来说，合作伙伴关系的价值在于外部合作者带来的客观性："当你在内部提出特别颠覆性的想法时，会因为将打破内部的框架，而面临重重障碍。"她半开玩笑地说，像Seedlip这样的产品是不会从公司内部产生的。"要是我跟伊万（帝亚吉欧首席执行官）说：'我们进入非酒精市场吧，尽管我们卖的是酒精产品，我们可以提炼不含酒精的饮料，并定价28英镑。'我认为他不会相信我。最好让那些有这个想法的人向我们展示什么是有可能性的，他们不受任何约束。"

另一家选择与初创竞争对手合作的跨国公司是欧莱雅，它与伦敦孵化器Founders Factory一起创建了一项美妆科技加速器计划。投资对象包括加拿大产品采样专家Sampler和纽约初创公司Riviter。Riviter拥有专利搜索引擎AI技术，可以识别图像中的产品并将其与在线产品相匹配。"我们喜欢美妆初创公司，"欧莱雅首席数字官卢博米拉·罗切特在2018年3月告诉Contagious，"我们收购了一些这样的公司，另外我们也能将他们的技术运用到公司的一些品牌中。"

先发制人或快速行动

有一句俗话说，发现先驱者很容易，他们是背上中箭的那些人。那么，从商业角度来看，成为先行者更好，还是成为快速追随者更好呢？答案是：要看情况。《经济学人》杂志发现，创新者最终只占其产品市场份额的7%。苹果公司是通过等待时机来盈利的典型例子，在数字音乐、平板电脑或智能手机类别中，苹果显然不是先行者，但苹果能够等待消费者需求建立，并坚持不懈地专注于人性化设计，用更优越的产品来抢占势头。

在2010年加利福尼亚举行的All Things Digital：D8会议上，苹果联合创始人史蒂夫·乔布斯解释了背后的逻辑：

我们的成功依赖于非常谨慎地选择产品。我们试图寻找有潜力，并且处于上升趋势的技术载体。不同的技术有各自的生命周期，有春季、夏季和秋季，然后被淘汰。所以我们试着挑选处于春季的技术。如果你能够明智地选择，就可以节省大量的工作，可以投入精力，将这些新兴技术在你的平台上做得更好，而不是将精力分散在各处。

与苹果公司相比，亚马逊依靠的是先发制人。它在早期进入电子书和云计算领域，获得了巨大的竞争优势。2012年，咨询公司Innosight在《哈佛商业评论》网站上撰文时指出，"在一个持续学习的高速组织中，先发制人具有明显优势。毕竟，当有人复制你的产品时，他们在复制你过去的努力。随着不断的创新，你可以与竞争对手拉开更大的距离。"然而另一方面，那些速度不那么快的公司"可以从他们的竞争对手的市场实验中学习，并且可以避免他们的一些错误，在他们的解决方案的基础上大幅改善"。

然而，正如谷歌执行董事长埃里克·施密特在2014年9月的推文中所说的那样："当技术变得廉价，实验变得容易，过度担心风险只会让你落后。"这样看来，加入5%俱乐部似乎是保障品牌未来的好方式。

2018年1月，Wieden + Kennedy的策划负责人马丁·魏格尔在阿姆斯特丹由通信行业战略家会员组织（账户规划小组）主办的活动中发表的《混乱的案例》演讲，也表达了类似观点。他告诉听众：

经济学家舒马赫是对的："没有秩序、计划、可预测性、中央控制……服从、纪律……就没有任何成果可言，因为一切都会瓦解。"但他也说："然而，没有对无序的宽宏大量、欣然的放弃，没有冒险进入未知和不可估量领域的创业精神，没有风险和赌博，没有官僚主义害怕涉足的创造性想象力，没有了这些，生活就是个玩笑和耻辱。"因此，现代公司必须保持灵活度，愿意尝试新事物。

一起加入5%俱乐部

鉴于技术不断变革的步伐，Contagious强烈建议，"5%俱乐部"思维应成为营销人员工具箱的必要部分。以美国市场为例，标准普尔500指数公司的平均寿命已经从20世纪20年代的67年下降到现在的15年左右。按照这样的逻辑，到2028年，三分之二的现有公司可能已经消失或濒临消失。由于这个等式的一端是倦怠，另一端是贪婪的初创企业，因此成熟的品牌必须进行实验，才能保持与消费者的相关性。

管理咨询公司中擅于大量运算的人（或行业杂志所称的"数学人"）认为，建立品牌依靠端到端的客户体验，而不仅仅是广告。因此，与成熟品牌竞争的创意机构必须用一部分预算来冒险，并加强他们的专业知识。直觉和对人类行为的天生理解是他们的优势，而他们需要有实验边缘想法的自由，才能影响到主流。创意的大胆跳跃是他们的货币。

首席执行官和高管们必须明白，安全的想法通常意味着温水煮青蛙式的衰落，而不会带来增长与多样化。统计数据表明，大众媒体渗透是维持市场份额最可预测的方式，但回想一下我们的第一条诫律，在那里我们探讨了敏捷长期主义的优势。这意味着要关注盈利，但要在短期内保持适应性和灵活性。我们建议，加入5%俱乐部是发现、孵化并加速长期解决方案的手段。亿滋国际的玛丽亚·穆吉卡也同意这种观点："公司在其文化脉络和工作方式中拥有的实验DNA越多，它就越能够变通，适应，塑造趋势并获得胜利。"

不管是0.5%、5%还是50%，如果你没有将时间、精力和资源投入到实验、开发新想法和超越现状中，你将被其他这么做的公司超越。亚马逊现在已经习惯了这样的超越文化，甚至不会从后视镜中去看它撞到了什么。创新是冒险的，需要承诺，但在快节奏的环境中，它归结为一个简单的问题：你想成为兔子还是汽车前灯？

> 浓缩版

投入5%的时间与资源进行实验

未来学家雷·库兹韦尔认为，到本世纪末，人类将目睹相当于2万年的进步。生活在范式转换的时代，意味着品牌要么创新，要么消亡。

这就是为什么Contagious一直倡导硅谷不断创新的文化，以及"构建—测试—学习"的心态。我们给营销人员的建议是，将媒体或生产预算的一定比例用于不受约束的实验和合作（我们称之为"5%俱乐部"），无论是建立实验室、投资初创企业还是在组织内进行创新简报，加入5%俱乐部都可以让企业快速适应变化。它能让你测试你的直觉，如果结果证明是积极的，那么就可以扩大规模。通过试错，你能够判断这些新事物或新流程是否符合公司的商业目标。

当然，你会犯下错误，但这再正常不过。皮克斯工作室的艾德·卡特姆认为，失败是测试新事物的必然结果："试图避免失败的策略，才会让你失败。"然而，很多组织难以容忍失败的文化根深蒂固。具有创业精神的文化应是一种透明、坚定和反馈循环的文化。

进入5%俱乐部的密码是"四个E"：预留一些实验（Experiment）预算；培养坦诚的评估（Evaluation）文化，来发现最好的想法；勇敢地让员工创造性地将想法推进（Evolve），最终去到消费者手中；如果反应是积极的，扩展（Expand）这些想法，为它们而战，围绕它们制定商业战略并看它们腾飞。然后重复这一过程。

如果你没有实验和推进，就很容易被过往经历所困。大多数企

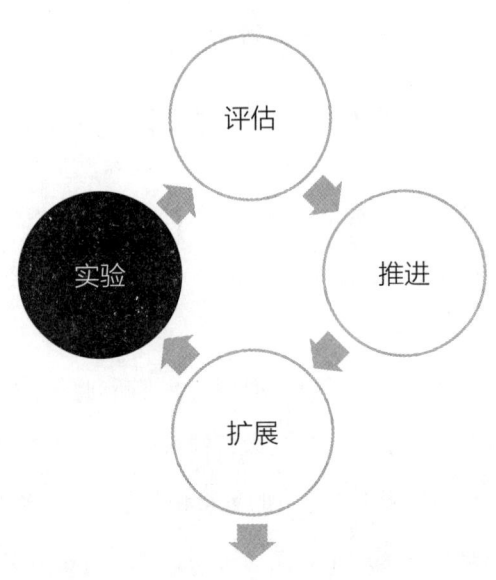

业认为品牌是它们最大的资产，但如果它们以牺牲新机会为代价来保护它，品牌反而可能是最大的敌人。要将顾客视为变革的驱动力，让你的使命围绕着需求敏捷变化，不要只是通过自己产品的狭窄镜头来看世界。颠覆商业模式并加速创新的一个明智方法，就是两个品牌合力，创造出原本难以实现的消费者友好型产品或服务。举一个"1 + 1 = 3"的例子，汽车制造商戴姆勒与安联保险合作推出了Croove，这是一种类似于"轮胎上的爱彼迎"的服务，允许人们将汽车（任何品牌）共享给他人。

一旦加入5%俱乐部，可以从下面的问题开始：
- 你在进行实验时的目标是什么？它们如何与你的使命相关联？
- 为了帮助你的公司腾飞，有哪些未满足的消费者需求或棘手的商业问题，让你需要"边下坠边长出翅膀"？

- 你的组织是否为最引人注目的失败颁发了内部奖励？如果没有，为什么不呢？

- 你是否不仅支持最终产品，还支持过程中的失误？你的领导团队害怕什么？

- 写下你希望合作的专家、梦想家或导师的清单。是什么阻止你给他们打电话的？

正如谷歌的埃里克·施密特在Twitter上写道："当技术变得廉价，实验变得容易，过度担心风险只会让你落后。"无论是0.5%、5%还是50%的投入，如果你不实验，就会被对手赶超。

THE SEVENTH COMMANDMENT

诫律七：客户体验要优先于创新

几年前，当看到又一则"世界第一"的新闻时，Contagious办公室上下不约而同地发出抱怨。这次的新闻来自澳大利亚的一家广告代理商："Cummins & Partners突破性地发布了'世界上首个无人机配送售票系统，用众包3D打印二维码，并通过GoPro传输到智能手机或平板设备上'。"

然而仔细阅读后，编辑团队怀疑这个"项目"实际上是一个讽刺的玩笑，嘲笑这个渴望追逐新趋势的行业。事实证明，这只是一个传统广告颁奖典礼的宣传视频。但这个笑话说明了一个道理：尽管3D打印、无人机和其他这样的高科技前景无限，它们本身不是目标。

如果正在阅读这本书的你并不从事广告工作，可能会认为不会有什么业内人士把这种荒唐的新闻当真。然而并不是这样。在2016年戛纳国际创意节（相当于广告行业奥斯卡奖项）上，一家德国防晒霜品牌的参赛作品，是一个配备了无线遥控和紫外线传感器的机器海鸥，并且这只海鸥能够在沙滩上朝着儿童喷射防晒霜。是的，你没听错：一只在未成年人身上"排泄"的海鸥。评委会主席、行业传奇和BBH的联合创始人约翰·赫加蒂爵士对此感到十分诧异，在一个Contagious出席的新闻发布会上，他说："我认为这是我一生中见过的最愚蠢的事情。我实际上认为这个团队之所以参赛，是好奇我们是否会为它投票。"突然，Cummins & Partners的嘲讽听起来似乎不那么不靠谱了。

每当技术创新或新媒体平台出现，广告行业的确有一种冲动，甚至会疯狂地追随，因为他们认为创新会引来大量关注。然而，技术与品牌之间如果没有实用性作为桥梁，这种关注将会是短暂的廉价货币。客户体验应永远胜过空洞的创新。追逐酷炫的新科技可能会带来短暂的宣传飙升，但除非能够提供卓越的客户体验，否则长远看来这对品牌并无益处。德国机构的海鸥就是一个愚蠢的噱头，受到嘲讽也无可厚非。

我们生活在一个纷繁混乱的世界中，数十亿人已经对缺乏原创性的营销产生了免疫。消费者有很多选择，技术的大众化意味着产品快速实现平价。因此，无论是提供便利还是吸引人的信息，体验，尤其是独特的体验，具有极高的价值。在一个照片和视频不仅在记录和储存记忆，也在建立社交货币方面发挥关键作用的时代，那些为人们提供无与伦比的体验，让人们重视和传播的品牌，才更有可能在喧嚣中脱颖而出。从Contagious的角度来看，这意味着创新必须透过人的视角。品牌要优先思考的是：如何提升人们日常生活的体验？

不要建造壁垒

创新的生存或消亡取决于回报是否大于努力。以二维码为例，这些小的像素方块从2011年起像水痘一样地在杂志广告和户外网站上出现。二维码是快速响应（Quick Response）代码的简称，预示着线下和线上营销之间的联系。这是一个很巧妙的方法，如果消费者被品牌信息所吸引，消费者能够立即获得相关信息。这种方法在理论上很棒，但实践起来却很烦琐，在扫描这些代码之前，消费者首先要下载专门的应用程序。然后启动程序并设法让他们的相机聚焦于这一小块创意空间，而且他们不得不等待好几秒，以便应用程序识别和检索正确的在线链接并转到品牌的页面。

谷歌DoubleClick2016的一项研究发现，如果手机页面加载时间超过3秒，有53%的人会选择放弃，因此很容易理解为什么二维码技术没有得到消费者的青睐。然而，尽管存在这样的障碍，仍有成群结队的品牌将时间和金钱投入到二维码的"革命"中。原则上，这种利用消费者注意力进行的营销具有明显的商业前景。

然而，广告商时常陷入第五章所提到的陷阱：他们过于专注他们所做的事情，而忽略了为终端用户着想——想象他们在扫描二维码时所经历的麻烦。在许多情况下，消费者能得到的往往只是低价值的优惠券，或者仅仅是通过在搜索栏中输入品牌名称就能到达他们所要找的目标网页。总之，用处不大。

尽管如此，许多广告商和他们的代理商都认为这是大势所趋，以至于他们忽略了营销传播的两个基本原则：情境和行动号召。二维码需要手机摄像头和二维码之间的近距离才能被扫描，但我们发现无数小型二维码被放置在五十英尺高的广告牌上，或是没有移动信号覆盖的区域，或者更令人惊讶的是，在伦敦地铁站轨道旁的海报上，这将需要乘客跨过电动轨道才能接近扫描广告！难怪Inc在2012年进行的一项调查表明，97%的美国消费者甚至不知道二维码是什么。同年，一位匿名的Tumblr用户（怀着讽刺的目的）创建了一个标题为"扫描二维码的人的图片"的完全空白的页面。没有给人留下深刻印象的经历是不可能疯传的。

尊重平台

快进到2018年，在中国，二维码正以令人惊讶的速度发展，这要归功于微信的普及（目前月活跃用户接近10亿），它内置的二维码扫描功能让人们能够与二维码无缝交互，甚至可以通过简单地扫描二维码来支付商品和服务的费用。同样，Snapchat通过引入Snapcodes也跟上了这个便利的潮流，Snapcodes为用户提供自己独特的二维码，通过扫描二维码可以将他人自动添加到用户的好友列表中，从而节省了用户搜索的时间。

可以预见，品牌们很快就加入了这个队伍，但这次力量的平衡已经发生了变化。由于过去消费者对二维码的漠不关心，广告商意识到他们需要提供更直观、有趣和价值驱动的体验，以奖励人们在互动上遇到的麻烦。第二次浪潮得益于技术的便捷化，营销人员将更容易在此基础上提供更好的体验。

可口可乐公司旗下的软饮料雪碧是率先采用更能引发大众共鸣的营销方式的品牌之一。在圣保罗机构CUBOCC发起的"RFRSH Na Lata（罐子上的新奇）"活动中，雪碧在限量饮料罐上印制了16个精心挑选的社交红人的账号二维码。找寻有趣内容的年轻人可以扫描并观看YouTube明星、滑冰选手、艺术家、歌手和雪碧自己的Snapchat账户的最新帖子。该品牌还邀请人们提交他们的个人账户二维码，以便有机会将其印在易拉罐的侧面，零售销售。

使用雪碧来作为内容访问的门户（或者在营销中被称为"作为娱乐门户的产品"）之所以能与大众产生共鸣，是因为这一活动融入了体验和发现的乐趣。这是广告，但又不像广告。CUBOCC首席战略官菲利普·西米告诉Contagious："40%的目标用户并不看广告，他们寻找的是真实性，而对他们来说，广告根本不是真实的。他们对品牌内容的关注度非常低，他们是'跳过'的一代。"

巴西的电视收视率很高，包括在千禧一代中的收视率。最大的电视网络Globo在黄金时段的收视率经常超过65%，这意味着大多数广告商仍然涌向那里。CUBOCC的策略与这种从众心态背道而驰，而是将雪碧的产品视为传播媒介。"我们没有通过电视来传播，而是换成了以产品包装的方式进行传播。"西米告诉我们：

巴西82%的饮料零售商都有销售雪碧。当我们考虑这种包装在销售点产生的影响与那里的客流量叠加，它可能会产生比电视广告更高的毛评点，而且直接针对我们的目标客户。我们的研究表明，60%的目标群体只使用即时通讯应用程序与他人保持联络，而他们最喜欢的社交网络是Snapchat。它上面的内容阅后即焚，且父母不在这个平台上，他们无法被跟踪，因此他们觉得更能做他们自己。通过在包装上印制Snapcodes，我们立即创建了一个互联产品，并且还制作了一个没有任何移动广告的移动宣传活动。

当客户体验成为新技术的基石时，这种新技术才更有可能受到追捧。第一代的二维码主要是单向的、交易性的对话，这就是消费者使用率低的原因。一旦变得更加便捷并搭载了更加丰富的内容，它们（二维码）很快就流行起来了。

将Snapchat的二维码放入日均1.78亿的人手中，无疑有助于这项技术的扩散。现在Facebook，Pinterest，Shazam和Spotify等平台也融入了自己的二维码功能。通过将其SmileCodes引入至杂志内容，亚马逊增加了一些自己的特色。亚马逊通过与出版商赫斯特的合作，使得读者可以使用亚马逊应用程序的相机扫描内容旁边的代码，从而打开《大都会》或*Seventeen*杂志的亚马逊页面，自动购买杂志中的特色产品。在其他区域，泰国银行在2017年宣布，作为其推动该国无现金支付议程的一部分，它已说服万事达卡和维萨卡推出了一个标准化、可共同操作的二维码支付平台，允许消费者轻松使用移动设备进行安全交易。

如果技术只处于从属地位，并且用于丰富和加速消费者体验，那么人们就会心甘情愿地使用。二维码的没落和崛起是一个有趣的例子，说明技术如何借助提升体验的质量和过程，从噱头变成实用的工具。

客户体验中的障碍

在市场营销方面，Contagious将"体验"定义为一个人在任何时间、任何地点或以任何方式与公司进行的互动。今天，这些互动发生的机会和地点太多，这对公司提出了明确的战略挑战。公司是分解成很小的部分，从而在所有的接触点（媒体渠道、零售体验、社交网络、新兴技术、客户服务中心等）进行自我传播，还是从更全面和长期积累的角度来看待"体验"？

麦肯锡公司的管理顾问智囊团队认为是后者。他们发现的问题是，大多数公司都是一心为了买卖和赚钱，而他们真正应该关注的是客户在多个渠道中的体验。2016年3月，麦肯锡公司负责人尼古拉斯·马歇勒、凯文·尼尔和罗伯特·帕克提出，不论渠道有多么优越，公司都应抵抗专注于离散的接触点的合理诱惑。他们在公司官网上发表的一篇文章中写道："对单一接触点的关注会错过更宏观和重要的图景：客户的端到端体验。只有沿着整个客户旅程，通过自己的眼睛看待客户的体验，才能真正开始了解如何有意义地提高绩效。"麦肯锡的跨行业研究发现，与接触点的效果相比，客户体验的好坏与客户满意度的关联性更强。结论明确显示，"提供独特的体验使客户更有可能重复购买，花费更多，向朋友推荐，并成为企业的忠实客户"。

这些发现证实了2013年《哈佛商业评论》的一项研究，该研究发现，与单一接触点相比，专注于整个客户体验与客户满意度的关联度要高30%至40%，与业务成果的关联度高出20%至30%，如高收入、重复购买和低客户流失。

回想诚律一，我们鼓励你建立组织原则，建立从内部政策到外部沟通，驱动公司做每件事的核心信念。然而，当组织忽视这一核心承诺及其对整个消费旅程的影响时，往往会面临崩溃。

以英国超市特易购（Tesco）为例。如果你的广告口号是"点滴皆有助益"，但商店却优先使用自助结账终端，给老年人和带孩子的父母带来不便，那么广告感觉就像是空洞的口号而不是以客户为中心的组织原则。

特易购并不是特例（而且，公平地说，该公司现在已经重新调整了运营结构，在超市安置了更多人手）。它在英国的大多数竞争对手都采取了类似的策略。当然，一些消费者更喜欢匿名性和便利性，即在自行动手扫码后，就能回到自己忙碌的生活。但是，当为了自助终端的规模扩大，为了节省成本，而决定牺牲客户体验的包容性时，该品牌就开始失去它的一部分吸引力了。

从消费者体验的角度出发，一个更优雅的解决方案是所谓的"即买即走"商店，如Amazon Go和缤果盒子（参见诫律二），这样可以在节省等待时间和减少人员配置的前提下创造流畅的客户体验，无需掌握新的交互界面。这是一个使用技术来增强体验的例子，而不是以节省成本的名义改变原有的交互方式。

不论你在哪个行业，思考你所在的品牌并问自己：客户体验中的障碍是什么，可以采取什么措施来缓解或解决它？

好的技术不能成为糟糕的想法的借口

从Contagious的角度来看，我们十分欢迎零售领域的技术创新，在接下来的内容中你也会看到这样的例子。然而，创新需要指向更好的体验，否则就会遭到人们的拒绝甚至嘲笑。

这可能解释了为什么谷歌眼镜惨遭失败，在推出的两年内就退出了市场。在硅谷乐观且封闭的环境中，这个装有微型显示器、相机、麦克风、加速计、语音指令、Wi-Fi天线以及许多其他功能的未来主义眼镜无疑有着重要的意义，毕竟，通过在人眼前放置一台可以联网的相当于小型计算机的设备，它们就能增强人类的感官体验。然而失败之处是，它的发明者未能解释它对现实世界的影响。在普通人看来，那些早期支付1,500美元的人们戴着眼镜的样子很奇怪。这些怪异的眼镜本身就已经排除了那些圈外人。

这是一个严峻的问题：设备让人们感到不舒服。《从古腾堡到扎克伯格》的作者约翰·诺顿在《卫报》的一篇文章中表示："这种眼镜让你身边的每个人都感到不安，他们觉得这项技术有侵略性，并且破坏隐私。保镖们可能不会让戴着谷歌眼镜的人（他们称其为'眼镜怪人'）进入俱乐部。餐厅服务员可能会取消他们预订的位置，还有很多这样的例子。"2015年谷歌下架了这款眼镜后，技术专栏作家兼顾问蒂姆·巴哈林不久就在Techpinions网站的一篇文章中回顾了他的个人经历："这是我花过的最不值得的1,500美元。另一方面，作为一名研究人员，它是一个很好的工具，帮助我了解不该为用户做什么样的产品。"

最终谷歌因膜拜创新、牺牲用户体验而损失了数百万美元。但就像二维码一样，一旦体验得到提升，创新就开始变得有意义。几年后，谷歌眼镜重新成为头条新闻，这次作为企业工具，更适合工厂和工业设计实验室等功能设置。方便的免提功能，以及嵌入的实时图像搜索和语言翻译的技术，使得眼镜能够带来出色的体验，并且突然间（尽管应用领域很小众）变得与消费者相关起来。

> 耐克为了推广其高端跑鞋LunarEpic的发布，在马尼拉建造了一个数字体育馆，将科技和客户体验完美地融合在一起。耐克与BBH Asia，Party/New York和Jack Morton Worldwide等机构合作打造了"无限体育馆"，配合2016年里约热内卢奥运会对外开放两周。200米长的跑道形状就像一只LunarEpic跑鞋的鞋底，内侧围着一圈LED屏幕。在你准备跑步时，先在跑鞋上安装一个传感器，当你跑第一圈时它会识别你跑这一圈的时间。在你跑下一圈时，会在LED"墙壁"上看到自己身旁有一个光斑"影子"，那是你自己的虚拟人物，上一圈的你。所以这相当于你在和上一圈速度的自

> 己赛跑。跑步者可以进行一系列的时间和距离的自我挑战。跑道一次最多可以容纳三十名跑步者同时使用。
>
> 耐克选择在里约奥运会期间开放"无限体育馆"体验，恰好利用了人们对体育运动的高涨热情，也与品牌鼓励人们"不断突破自己"的核心理念相吻合。通常当跑步者试图刷新个人最佳成绩时，与自己的比赛已经在头脑中开始。耐克给了人们一个可见的虚拟人物，使比赛变得更加真实，与自己赛跑的景象对任何人来说都是独特的体验。而且，这样的免费的、不寻常的体验只能由品牌来提供，因为政府不会这么做，健身房或者主题公园会试图从中收费。在这里，并不是官方的奥运会赞助商的耐克，显然承担着将体验式营销和口碑联系起来的使命，凭借媒体聚焦在体育赛事上的势头，引发了一场"破坏分子式"的公关活动。

欢迎来到体验经济时代

当世界上最大的家具零售商的高级发言人声称西方可能已经达到了"巅峰"时，是时候将你的赌注放在人的记忆而是床垫上了。在2016年1月《卫报》的可持续商业辩论中，宜家的可持续发展负责人史蒂夫·霍华德暗示，包括家具在内的物质商品的大众消费需求已经达到了最高点："除了石油的消费，我认为我们也已达到红肉、糖和所有商品的消费峰值。"

无可否认，人们的消费观念已经发生了转变，现在人们认为做一件事比购买一件物品更有价值。

"体验经济"一词源于管理顾问约瑟夫·派恩和詹姆斯·吉尔摩在1998年出版的《体验经济》。他们认为，在发达经济体中，大多数产品和服务变得商品化或无差别化，获得竞争优势的最有效方式是投入非凡的客户体验。人们在购物、享受服务或参加活动的过程中，往往十分重视体验。因此，能否推出印象深刻的体验成为主要的区分因素。事实上，在2014年哈里斯互动公司（Harris Interactive）进行的一项Eventbrite民意调查中，72%的千禧一代表示他们打算增加在体验上的开支，而非在物质上的开支；77%的人表示他们最美好的回忆来自事件或现场体验，主要是因为这些经历让他们感到了与其他人、社区和更广阔的世界（多亏社交媒体的传播力量）的联结。

康奈尔大学心理学家托马斯·吉洛维奇和阿米特·库马尔2015年的一项研究《我们将永远拥有巴黎：体验和物质投资的快乐收益》就建立在这项调查的基础上，他们认为与物质消费相比，体验式购物往往会带来更持久的愉悦感（即"快感回报"）。简单来说，这意味着花在"做一件事"上的钱能够比"拥有或购买一件物品"的钱带来更大的价值。他们的论点是，体验可以提供持久的满足感，建立社交资本，并提升自我价值感。

有趣的是，康奈尔大学的研究表明，"快感回报也适用于期待"。换句话说，除了通过持久的记忆创造幸福的情感价值之外，体验还会预先带来心理上的益处：人们喜欢逐渐积累起来的兴奋感。2007年，美国研究人员叶凡·博文和劳伦斯·阿什沃思在《实验心理学杂志》上撰文，描述了一系列实验，探讨预期是否会比回忆引发更强烈的情绪。该研究的参与者被要求回忆过去或想象未来的事件。他们的情绪反应表明，他们在事件之前的感受比事件之后要更加强烈。例如，对未来的滑雪假期感到更加兴奋，无论场景是假设的还是真实的。

但为什么物质商品所带来的价值更少呢？康奈尔大学的研究人员总结说："我们很难从拥有的东西里获得持久的满足感，因为我们很快就会习惯它们。一旦习惯，它们提供的愉悦感就越来越少，导致我们想要的越来越多，这种现象被称为'快乐水车'。"另外，体验的力量和持久价值（从预期到回顾）不仅存在于记忆的宝库中，而且存在于我们讲述的故事中。这是原始的东西。人类天生就倾向于谈论自己的经历来让自己的故事保持鲜活。相比之下，"我们拥有的物品只是在那里落灰，很快就变得过时，被人遗忘"。

世界是个舞台

当越来越多的人渴望独特和难忘的体验的同时，品牌也在探索与受众建立更深层联系的方式。不出所料，许多广告商转而寻求沉浸式戏剧团体和体验设计师的帮助，以期创造出奇妙的时刻，实现与忠实粉丝和潜在粉丝的更深度的互动。

备受赞誉的英国戏剧公司Punchdrunk已与Absolut、路易威登、三星、Stella Artois和W酒店等品牌进行了许多成功的合作。早在2011年，为了推广PlayStation电子游戏《抵抗3》，他们将游戏玩家从他们沙发中拉来，参加一场名为"黑暗降临"的现场戏剧体验。玩家们仿佛置身于被怪兽摧残后的伦敦，任务是要找到最后一支人类抵抗军。灯光、声音和气味的灵感都来自游戏，玩家需要齐心协力，这与《抵抗3》中的协同多人游戏元素相呼应。Punchdrunk的艺术总监费利克斯·巴雷特告诉Contagious，该活动的"内在融合"超越了戏剧和游戏："在一款电子游戏中找到你自己，其带来的情感与体验潜力是巨大的。"

2013年酒业巨头帝亚吉欧（Diageo）投资了名为Singleton Sensorium的感官实验，证明了环境的变化可以将享用威士忌的体验提升高达20%。实验由牛津大学实验科学系交叉知觉研究负责人查尔斯·斯彭斯教授主导，这是世界上首个探索与威士忌相关感官的科学研究。教授在伦敦一家特别设计的酒吧中，进行了感官设计师团队Condiment Junkie的测试。酒吧中有三个气氛完全不同的房间：一个房间里有草地和鸟鸣声，突出了Singleton单一麦芽苏格兰威士忌的芳香；一个房间里摆放了红色水果，采用曲线设计，配有铃铛的响声，突出了威士忌的深色浆果和干果的味道；最后一个房间有低音贝斯、雪松的香味和噼啪作响的火焰，代表了威士忌中挥之不去的年代感和木香的味道。该研究随后还进行了实验室测试，在两种测试情况下，参与者都报告了在不同环境中，饮用Singleton Single Malt时的味道、气味和口感的显著变化。帝亚吉欧将这一概念（或这一发现）扩展到零售活动中，包括在亚洲机场的品酒室。

但不只是高档威士忌和价值数十亿美元的电子游戏在使用体验来改善服务，甚至像烘豆一样平淡无奇的物品也可以在感官体验的潮流中占据一席之地。2013年，伦敦体验设计工作室Bompas & Parr开发了"亨氏烘豆风味体验"的勺子和碗的套装，与各种亨氏产品同步推出，据称可以增强饮食体验。勺子的手柄嵌有MP3播放器。当勺子被送进嘴里的时候，"奇迹"就会发生，比如吃火热辣椒口味时会听到桑巴音乐，而吃咖喱口味时则会听到旁遮普邦拉（印度歌舞）的音乐。

Bompas & Parr的定制碗与每种豆子的口味相匹配。大蒜和香草口味的碗由激光切割的纸制成，形状类似于大蒜；切达干酪口味的碗则用蜡制成，看起来像圆形的奶酪。活动非常受欢迎，甚至在高端食品商店Fortnum & Mason中都有出售，为不起眼的豆子增添了一种奇特的奢华体验。通过直接增强产品本身，消除了传统式营销的干扰，使产品成为用户体验的中心。

荷兰初创公司Sensiks开发了一款感官模拟舱，结合视听录像、气味、温度、气流、振动、味道和光线，营造出"沉浸式体验"。模拟舱可以创造一系列场景，从放松的乡村漫步到"感官强烈"的电影（具有不太吸引人的气味，如下水道的气味或汽车尾气）。舱内设有通风口、照明装置和暖气灯，里面的人们佩戴上VR设备后，生物传感器可监控他们的心率、皮肤温度和呼吸，使Sensiks能够跟踪参与者对体验的反应。然后，使用该数据，内置的人工智能系统可以为将来的内容提供建议。

"人们希望品牌不再只是向他们介绍产品，而是邀请他们'感受和体验'这项服务或产品，"Sensiks代理合作伙伴之一Geometry Global UK的数字部门主管德比·艾莉森说,"品牌希望利用感官来与人们建立更紧密的联系。"

2014年,Eventbrite报道称,66%的千禧一代认为现场体验比购买相同价值的物品更有满足感。最近,哈里斯集团发现,57%的消费者渴望具有感官刺激的体验,这一数字在千禧一代中上升到78%。对于销售实体产品的品牌而言,这种对体验的依赖可能会产生负面影响;包括Next和宜家在内的零售商将销售下滑归咎于体验经济。Sensiks的感官模拟等技术可以为实体零售商提供面向未来的解决方案,为他们的产品打造只能在物理环境中实现的体验,从而吸引更多的顾客。

超越期待的体验

因此,从阅读本书到现在,你应该知道了人们重视体验,憎恨痛点,并且喜爱那些用体验解决痛点的品牌。这也是为什么像亚马逊、Spotify和Uber这样的以用户为中心的服务得以蓬勃发展,因为它们都有愉悦的体验和合理的定价。营销人员在客户体验中的作用越来越重要,他们面临的挑战是,现实世界中的人们变得越来越苛刻和具有批判性,因为他们已经习惯了科技公司提供的优越待遇。

英国一家营销咨询公司"吃大鱼"(eat-bigfish)的创始人亚当·摩根将这种现象称为"Uber的子民",描述了新一代"不理性消费者"只需在应用程序上点击两下,就可以用出租车的价格请到司机,于是提高了他们对所有服务的期待。如果星巴克有免费Wi-Fi,飞机上也应提供。(的确越来越多的飞机上有免费Wi-Fi。)为什么我不能通过发送表情符号订购比萨?(现在的确可以。)如果Spotify比我更了解我自己,为什么我今年第七次住酒店,前台接待员还问我是不是第一次来这里?现在我们很自然地希望各行各业像我们最喜爱的品牌一样,能够提供个性化和零阻力的体验。

Contagious将此视为体验期望的转移。人们自然希望从每个品牌获得的体验，无论什么类别，都是一致的、出色的和便捷的。这对营销人员提出了更高的要求，但最终也会带来更多回报。从数据分析、店内活动、客服机器人、手机、社交网络、语音、传统广告渠道到沉浸式零售体验等，营销人员要有效管理多种体验，才能让品牌在其受众的记忆中形成积极和一致的形象，从而获得商业回报。记忆能够增加精神活跃度，从而影响消费者在购买时的决策。正如市场研究机构System1 Group的创始人兼首席执行官约翰·凯伦告诉我们的那样："如果你让人们感受到更多，他们就更有可能买得更多。"于是，那些引人发笑或者牵动着人们心弦的沉浸式戏剧活动和精心制作的商业广告就变得十分有用。

感受差异

生活在非理性消费者时代的一个明显好处就是标准相应提高。亚马逊的"以客户为中心"（个性化推荐，免费送货，当天发货，甚至是Prime Now的120分钟发货服务）使得电商和数字领域"水涨船高"。现在几乎所有的品牌都能将产品库存放到网站上，并用便捷的方式将商品送到你手中。

同样，技术从根本上说也是一只大众化的野兽。用纯粹的科学术语来说，阿迪达斯、亚瑟士、耐克或新百伦跑鞋之间的差异非常微小，它们或多或少都是由相同的材料制成的，有着相同的功能。这么看起来，在创新竞赛中成为赢家的机会是均等的。品牌的本质一直是创造无差别产品之间的差异化因素，但现在，体验又新增了一个因素。当然，在零售环境中，策划体验是为品牌注入生命并表达其品牌特色、品牌态度和品牌哲学的有效方式。

以日本鞋类品牌亚瑟士为例，他们正在将其零售环境转变为3D营销活动，利用定制体验和专业的人性化指导来实现差异化。对于其传播平台，该品牌采用了"健康的心灵，健康的身体"理念，使命是向人们普及运动对身心的益处。在欧洲各大城市，如阿姆斯特丹、柏林、布鲁塞尔、伦敦和维也纳，亚瑟士都开设了概念店，专注于提升人们的整体健康。亚瑟士的营销活动在这些地方达到了高潮。概念店包括从瑜伽到高强度间歇训练的课程，以及与亚瑟士没有从属关系的私人教练和医生提供的补充服务。它们充当着连接公司目标和受众需求的枢纽。

该品牌位于伦敦摄政街的旗舰店拥有机器人化的产品交付系统和动态彩色照明显示屏，其速度与100米跑步者的心率相同。除此之外，还有四个亚瑟士专有的运动ID区域，使用传感器捕捉消费者跑步时的自然姿势和运动风格，帮助消费者选择最合适的鞋子。这是一种沉浸式、多感官的零售方式，利用体验引导创新，以此驱动竞争优势，让消费者建立积极的回忆。

为了改变传统的音乐体验，电子消费品巨头三星将虚拟现实技术带给了英国观众。该品牌与苏格兰乐队Biffy Clyro合作，打造了一场充满活力的VR邂逅，将音乐爱好者带入到该乐队歌曲《易燃》(*Flammable*)的视频中。三星打造的巨型体验馆Hypercube使用最新的VR技术，360度摄像头和三星Galaxy S7智能手机制造了这场独特的体验。一次最多可容纳50名观众，人们只需戴上头盔就能直接沉浸在视频的烟火表演中。虚拟体验由伦敦的创意机构Iris策划开发。

三星还与其他音乐艺术家合作创造VR体验，包括电子乐队Years & Years，让粉丝们使用三星Galaxy S7 Edge和Gear VR头盔预览他们的欧洲巡演。像这样的沉浸式独特体验使得三星在音乐爱好者心目中的地位超越了单纯的电子公司。三星电子美国公司首席营销官马克·马蒂厄告诉我们，该品牌采用创新技术调动人们的情绪反应。他说："我们渴望成为融合技术、人文和文化的品牌。"被增强的体验更有可能留下深刻的印象，被视作一种有价值的社交货币，从而提升了该品牌的亲和力。

> 通过构建像Hypercube这样具有野心且服务大众的项目，三星克服了佩戴VR头盔通常会有的孤独的体验，并创造了大规模的共享体验；并且将手机产品和VR设备放到了具有影响力的目标群体手中。据市场研究机构Opinium预测，到2018年年底，活跃的虚拟现实用户数量预计将达到1.71亿。这就是为什么像三星这样的品牌正在回应这样一个事实：对于许多消费者来说，虚拟世界与现实世界的边界已经开始模糊，它打破地理障碍，促进公众教育，增强娱乐体验并为社交增添新的维度。

急速体验

对于某些品牌而言，创造卓越的体验的目标已经不仅仅在于重新定义传统的零售环境。例如，汽车制造商别克就利用一场视觉盛宴来展示其设计和技术水平。为了吸引中国消费者试驾其Velite 5混合动力汽车，别克融合了尖端创新科技和戏剧舞台设计，构建了一个充满未来感的生态住宅。这个电池形状的智能住宅被命名为"美好屋托邦（Lifezone）"，采用了Velite 5中使用的相同技术，利用可回收材料建造而成，全屋实现太阳能光伏板供电，生活用水循环净化再利用。顾客可以将Velite 5直接驶进客厅，并使用语音指令控制家用电器，播放音乐和调节照明。

这一快闪活动仅在上海开展一个月，访客必须提前通过别克的微信账号申请预约。在发掘潜在客户方面，这个活动取得了不错的成绩：尽管只有24个可用空间，但还是吸引了13,300人报名。被选中的人们可以在参观期间试驾Velite 5。"美好屋托邦"随后也进入了中国其他城市。

别克广告代理商睿狮（Mullen-Lowe）中国首席创意官王立志（Cheelip Ong）表示："我们希望通过与消费者深入接触，带来令人难忘的品牌体验。Velite 5的'美好屋托邦'不是传统的平面广告或电视商业广告，而是告诉驾驶者Velite 5是什么，让他们和朋友们能够实际体验其背后的设计理念。"

别克的活动反映了汽车和一般零售行业的增长趋势：采用体验式营销策略来推动销售和宣传品牌理念。活动的目标是通过让消费者沉浸在难忘的体验中，在消费者和品牌之间建立联系。这对汽车制造商来说尤其重要，因为现在大多数消费者（67%，根据美国数字营销公司Netsertive在美国进行的调查显示）只参观了一两家经销商就会做出购买决定，而汽车品牌往往无法提供在线的品牌体验。这也导致体验活动通常能影响的消费者数量有限。这就解释了为什么睿狮努力确保最大的投资回报率，他们知道，这些奢华的充满未来感的图片将会产生广泛的社交媒体报道。结果是，别克的媒体印象达到了16.4亿次，询价超过了25,504次。

另一个高度重视体验策略的汽车品牌是路虎。当前，SUV市场正在蓬勃发展：据行业顾问LMC Automotive的数据显示，自2013年以来，全球销售额增长了87%。该类别下的共识是，SUV爱好者主要是那些想在生活中不断探索的人们，路虎的体验代理机构Imagination的汽车战略主管托尼·奥图尔在2014年告诉Contagious："我们在很多层面都已到达产品饱和状态。人们不想要更多的物品，他们想要有趣的、可以分享的体验。SUV就是由这种体验生活方式而产生的伙伴。"（换句话说，"买我们的，因为我们知道，你想买的不是商品，而是体验。"）

不出所料，品牌的关键业务目标就是要利用这种行为转变。路虎的广告提醒人们，这些车能让你做得更多，看到更多，并最终实现更多生活目标。这是一个强调路虎体验优势的战略："以体验的方式展示产品的工程设计是我们的关键差异化因素。"捷豹路虎体验总监马克·卡梅隆说。

为了实现这一主张，品牌进行了大胆尝试，成功穿越了位于阿拉伯半岛的"空白之地"（鲁卜哈利沙漠）：世界上最大最荒凉的沙漠。拉力赛车手莫伊·托拉尔多纳在528英里的沙丘和峡谷中驾驶全新的路虎揽胜，创造了10

小时22分钟的新纪录。这辆车只进行了一个改装：安装一块用于保护车身底部不受沙子影响的板子。路虎还将整个过程拍成了一部纪录片，捕捉了现场真实、刺激的镜头。

视频内容被剪辑成不同版本，在路虎的营销渠道上发布，让粉丝们深度参与其中，同时提升路虎品牌的实力。"《穿越鲁卜哈利沙漠》不仅是一部纪录片，还是一个真实的事件，也是电视广告、平面广告，同时提供了实时公关和社交内容。"RKCR/Y＆R机构全球战略总监大卫·穆雷告诉我们。这些内容在社交渠道上广泛传播。路虎拥有三个主要群体：粉丝、潜在客户和车主。这些活动达到了三重效果：粉丝们被车辆的画面吸引，潜在客户们被超群的科技所折服，而车主们则为路虎大家庭感到自豪。

更多体验，更多驾驶

"穿越鲁卜哈利沙漠"这样大规模的营销活动是更具针对性的产品演示，让消费者能够感受到驾驶路虎的真实感受。路虎设计了三个层次的实时体验，每个层次都有特定的商业目标。第一个层次的体验位于市中心，路虎使用Terrapod设备设置了越野路线（由便携式斜坡和模拟极端越野条件的横轴斜坡组成），然后利用十分钟的小型试驾来提高城市地区的消费者对品牌的认知。

第二个层次是路虎体验中心，旨在教会人们如何在具有挑战性的地形上驾驶车辆，如陡坡和深水洼。"体验中心可以用作培养忠诚度或征服客户的工具。"卡梅隆说。有兴趣（但尚未100％确定购买）的参观者将获得一张试驾券，可以在体验中心真实的越野环境中进行试驾。在英国，每个新客车主在收到他们的SUV后不久，都会收到这样的邀请。卡梅隆告诉我们："背后的原因是，从技术层面，大多数人都不知道他们购买到的是怎样的产品，因此我们不断向人们展示不同的用途，让他们变成品牌的拥护者。"

最顶层的体验被称为"全球探险计划",面向路虎有经济实力的忠实粉丝。他们支付超过10,000英镑的费用,在向导的指引下,跟随揽胜或路虎的车队穿越自然美景,如坦桑尼亚的塞伦盖蒂国家公园。参与者们还可进入通常不对公众开放的区域。在这里,实际的体验对于传达一贯以来的产品创新和无形的品牌价值至关重要。

路虎的体验式投资(占全球营销预算的20%)通过为人们提供与众不同的体验,让他们能在各自的网络中分享,在社交对话中扮演着重要角色。这不仅带来了一个有效的信息流,粉丝们自发捕捉车辆和地形的信息与其余粉丝分享,也将体验置于营销传播的中心,并为品牌广告的其余部分提供支持。在这个案例中,创新被用于增强消费者与品牌的互动,通过难忘的体验来提升品牌的亲和力。

围绕人进行创新

除了通过创新引领体验,还有一种战略是用客户体验来引领创新。不过,当一家公司通过与客户建立人类学上的关系将创新与体验联系起来,帮助品牌让它所在的品类发生变革,会发生什么?

1991年春天,土耳其担保银行加兰蒂银行(Garanti)的一名雇员冒着职业风险向该银行行长寄了一封非常坦率的信。当时的营销执行副总裁亚金·安格在信中,描绘了他对公司彻底改组的建议,其中包括将银行员工数量减半,来聘请更多的技术人员。他的愿景很简单:围绕客户重塑公司,并通过与新的消费者行为保持一致来用创新改变银行业的概念。两周后,银行的管理者接受了该计划,安格被提升为首席执行官。

作为来自市场营销背景的第一位高管,安格打算利用自己的专业知识来了解客户的需求,并围绕他们来设计体验。对于他来说,这意味着将银行重新定位为先驱者。因此，在他九年任期内，加兰蒂银行成为一家由技术和体验驱动的领先公司。1997年，它成为第一家推出数字银行服务的土耳其民营公司，当时国家带宽非常缓慢，以至于银行从其网页上删除了文本来保障交易的正常进行。两年后，该银行创建了第一个虚拟销售点系统，使商家能够处理通过网络进行的购买。

即使在安格2000年退休之后，他的技术理念依然继续发扬光大。2005年，银行推出了短信汇款业务，一年之后，人们可以选择适合自己的利率和回报方案来个性化自己的信用卡——这两项服务均为世界首创。2013年5月，该银行发布了数字银行，这是一套智能手机应用中的23种不同的银行服务，被亲切地称为"口袋里的聪明朋友"。该应用程序由服务设计专家Fjord开发，能够了解客户、他们的消费习惯和更广泛的兴趣。同时，该应用程序可以基于过去六个月的个人消费习惯，预测人们的花销。如果经济情况良好，程序会建议客户将一些现金转入储蓄账户。如果资金紧张，程序会在发薪日之前提供小额贷款。最重要的是，在"简单有用"理念的启发下，这些与人们密切相关的个性化服务减轻了人们对银行服务的担忧。

土耳其加兰蒂银行的核心愿景是无关平台的全渠道战略，致力于在所有接触点提供无缝衔接、个性化和互联的客户体验。该策略之所以成功，是因为它模仿了地球上数字化需求最高的人群的习惯。甚至早在2012年，80%的交易都是通过银行的数字平台进行的。当针对消费者时，传统银行更倾向于使用基于人口统计的细分模型。相比之下，加兰蒂银行则创建了以行为为中心的独特模型。这是基于"C代：互联客户"的理念，不管这个人群是18岁还是80岁，都是技术的快速适应者。

技术为人服务

加兰蒂银行开创性的实力来自子公司加兰蒂科技（Garanti Technology），

他们负责维护银行数字平台的全球领导者地位，以及跟上技术进步的趋势。该公司拥有1,000名IT专家、行业分析师和软件开发人员。为了鼓励灵活性和客观性，子公司位于银行总部之外，真正体现了5%俱乐部的风格。

加兰蒂科技最大的技术成就之一是2016年推出的一种能够解释财务问题的软件，相当于土耳其语版的苹果Siri。这个名为米娅（Mobile Interactive Assistant，移动互动助手）的技术开发历时18个月。客户可以使用语音命令完成如支付租金、请求外汇兑换和查找最近的ATM等任务。为什么银行会竭尽全力实现这种便利的语音服务？因为他们知道，惯用手机的客户群体更喜欢直接与设备对话，而不是打字。

Contagious所说的"客户体验要优先于创新"，指的就是密切关注消费者。并不是说创新不重要，而是任何与人互动的新方式都需要从正确的地方开始。只有优先考虑真实人的需求和行为，才能进行创新。

建立成功的体验需要几乎痴迷地倾听客户的需求，理解他们的行为偏好，并调整服务进行适应。难怪，对于加兰蒂来说，每项创新开始之前都有明确的指示：必须是有用的、简单的，且易于理解的。品牌的创新是为了改善银行体验，而不是为了技术而陷入技术陷阱。技术永远是为人服务的。

痴迷于体验

"体验"式的营销策略涵盖面如此之广，跨越了如此多的学科，以至于在组织内时常找不到人负责。2015年的一次Contagious会议，探讨了"痴迷于体验"的主题，设计公司IDEO的汤姆·莱斯认为这是一个"被忽视的问题"。比较保守的客户习惯于在"传统"广告上投入，但很难在体验上真正投入，因为策划体验需要独立的预算和团队之间的共同责任。然而，如果能将客户和品牌在其生活中可以发挥的作用放在第一位，这些想法就会受到重视，尤其是那些能够提高忠诚度、招募新用户和提高品牌认知度的想法。莱斯建议，要运用体验式思维，最有效的方法是反复尝试，并坚持不懈地关注人们的日常需求和主张。

围绕消费者进行创新很大程度上取决于服务的设计，Contagious在成立之初就开始重视这一点。与传统的设计不同，服务设计师可以围绕客户的需求创造体验，减少消费者体验过程中的摩擦，让整个流程自然而顺畅。从呼叫中心到分销、营销和销售点的所有接触点都至关重要，因为它们都给客户留下了印象。在前面的诫律里提到过麦肯锡倡导的端对端体验，这种优化的、日积月累的体验式营销可以为公司带来质的飞跃。

"体验"是未来营销的核心，因为它在品牌与受众之间建立了双向沟通渠道。同时，体验也是口碑传播的最有效媒介。体验如果得到很好的落地，就能在品牌的承诺与真实的"目标受众"之间搭建一座桥梁。

浓缩版

客户体验要优先于创新

究竟什么是"体验"？Contagious将它定义为一个人在任何时间、任何地点或以任何方式与一家公司的互动。鉴于现在的企业需要顾及新技术、媒体平台、零售体验和社交网络，弄清到底品牌的承诺（或组织原则）是什么，并能在所有的接触点进行统一和优雅的体现，来建立一个日积月累的、端对端的客户旅程，变得比以往任何时候都更重要。因此，要时刻关注你的客户，观察他们的行为，预测其中的差距。

不要陷入"为了创新而创新"的陷阱。只有在关注真实消费者的行为和需求的情况下，创新才能被迅速地接纳和深入地使用。实用性总是会打败噱头。请记住：仅仅因为可以，并不意味着应该（拥有一项技术的能力，并不代表一定要使用这项技术）。

每当技术创新或新的媒体平台出现时，广告行业就会趋之若鹜。的确，创新会吸引人们的注意力。但若技术缺少有意义的用途或与品牌缺少直接关联，注意力只能充当廉价货币。营销人员要像科学家、文化工作者和服务设计师一样：尝试技术变革，创造令人印象深刻的故事和体验，并不厌其烦地满足人们的需求，以增加品牌价值，减少体验过程的摩擦。广告人的角色很好，但能被视为智慧的伙伴或助手则更好。我们要帮助消费者，而不是分散他们的注意力。

在考虑创新的过程中，必须将体验放在第一位。如果一项创新无法为体验的关键点服务——具有吸引力、与品牌保持一致、便捷性——那么可能就不值得去做。在执行一个创意前，可以参考下一页的表格，看看是否满足所有条件。

专注体验的同时，你会发现一个广告界广为人知的秘密：故事比实物有用。人们都说，我们已经来到了"物质消费饱和时期"；人们认为做一件事比买一样东西要更有价值；而且在商品化的背景下，无形的体验已经成为首要的差异化因素。这样的环境使品牌将消费者作为共同创造价值的伙伴，鼓励双向的对话来提升质量，并对新技术把关。同时，它也更强调体验的创新性，并将其作为一种与消费者互动的方式。体验带来的持久价值不仅来自珍藏的记忆，还来自我们的分享。人类自古以来就有分享经历，来让自己的故事保持鲜活的习惯。

开始旅程前，可以问自己以下问题：

诚律七：客户体验要优先于创新

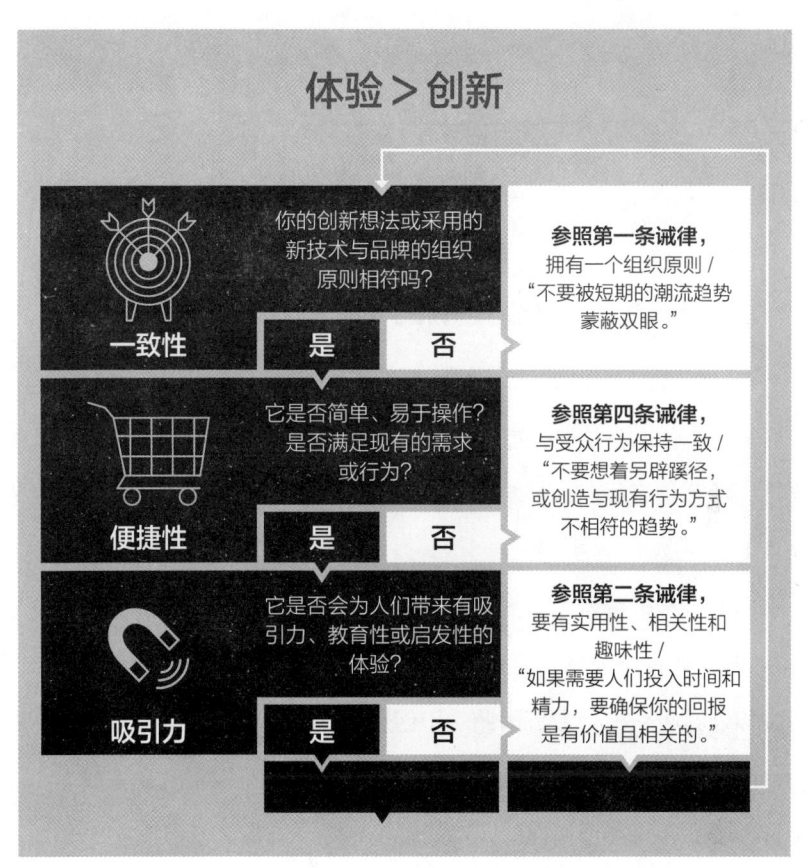

• 回忆你在生活中最喜欢的产品和服务，有哪些与众不同或有用的体验，让你对该品牌保持忠诚？你的品牌能否通过这种"体验期望转移"的测试？换句话说：它如何与产品类别中的最佳体验相媲美，而不仅仅是你的个人体验？

• 你可以创造出什么样的体验提升带来感官的愉悦？

• 你如何邀请人们感受或体验你的产品或服务？你希望自己的品牌唤起人们怎样的回忆？

THE EIGHTH COMMANDMENT

诫律八：化受众为武器，为你传播

你知道，什么是比花钱打广告更酷的事吗？免费打广告。百分之百的营销人员，不管是否称职，都希望不花营销预算就能达到效果（这是我们的经验之谈）。

事实是：有机覆盖面（人们自发分享的内容和活动创意）比付费覆盖面（品牌购买媒体渠道来完成的内容传播）要有效得多。当然，需要两者结合。付费宣传能够吸引消费者，因此对于创造有机覆盖面至关重要。然而，一旦人们认同这些想法并开始自发地分享内容，付费覆盖面也就会被放大。每个给你打广告的客户都会使你的营销效果提高一个增量。

创意效果研究人员雷·比奈和彼得·菲尔德在他们著名的报告《长期战略和短期战略》（The Long and the Short of It）中，将这种通过创新活动赢得媒体关注的能力称作"成名"。他们认为这是在中期推动品牌成功的最佳方法。他们写道："这类活动在所有方面都表现优异，包括销售、市场份额、价格敏感度、忠诚度、渗透率和利润等。如果你的活动可以触发人们的线上和线下分享，那你就会走向成功。"

你应该不会太吃惊，营销人员在过去十多年的时间都在讨论以消费者为中心的（消费者驱动的）广告的力量。例如，2007年年初，《广告时代》杂志将"消费者"评为上一年的"年度代理商"，理由是人们将曼妥思薄荷糖放入健怡可乐的病毒式传播的视频，给曼妥思带来了销售额15%的增长。《广告时代》写道："在21世纪，任何销售产品的人都应该苦思冥想的关键问题是：我能否让消费者做出这样的事？"

正是这个问题让营销行业走上了"不归路"。人人都在追捧病毒式传播，被客户要求制作病毒式视频甚至已经成为酒吧里的笑谈。格雷斯·赫尔比希是YouTube热门频道"格雷斯脱口秀"（Daily Grace）的创始人，她自己也是一位成功的病毒式视频红人，2013年，她制作了一个视频来介绍制作病毒式视频的五十个步骤："第1步：你做不到。第2步：不要尝试。第3步：不。第4步：不。第5步：你不能……"你明白她的意思。

当然，也有一些关于如何在网络上走红的诀窍。南澳大学恩瑞伯格—巴斯市场科学研究所高级研究员凯伦·尼尔森·菲尔德在2015年与Contagious分享了哪些广告在赢得媒体关注中取得的效果最佳：

广告的内容决定了你会获得的关注度。任何包含情感、能调动人们情绪的东西都会得到更多的分享，甚至邮件和表情包也是如此。我们发现，调动情绪的视频不仅可以得到更多分享，还会留下深刻印象，帮助人们记住你。

在同一次采访中，凯伦·尼尔森·菲尔德还强调了品牌需要广泛传播内容，才有机会引起人们的自发分享：

一些品牌看到多芬广告"你比想象中更美"（Dove Sketches），沃尔沃广告"伟大的劈腿"（Epic Splict）这样大热的视频，会想："我们可以做到。"但实际情况是，这些品牌已经在广告渠道上投入了大量资金，我和很多品牌聊过，他们说："我们很聪明，这是为什么广告影响很大也很知名。我们花了很多钱让人们能看到它。"

能引起高情绪反应的付费媒体广告往往可以得到更快传播。但是，为了走红而走红是愚蠢的。广泛传播的信息需要与品牌有某种联系。正如埃兹吉·阿克皮纳尔和乔纳·伯杰（一本碰巧书名为Contagious的图书的作者），在他们2017年的论文《有价值的病毒式传播》中指出："广告需要为所宣传的品牌创造价值。数以百万计的消费者可能会分享广告，但如果它不增加销售额，那么分享不会真正让品牌受益。"他们说，"带有情感，且融合品牌的广告"才是广泛分享内容的底线。

将大众转化为媒体

自"消费者"获得"年度最佳代理商"荣誉之后的十年里，人们对高传播度的内容的理解以及人在传播这些内容时起的作用已经发生了变化。精明的营销人员已经不再追逐免费的病毒式传播，而是明智地投入时间和金钱，在付费的基础上，生产能够获得赢媒体关注的广告内容。他们不再等待某个内容的走红，而是用心策划和制造用于传播的资产。我们将此称为"化受众为武器，为你传播"——让受众成为你的品牌代言人、你的创意的传播网络，无时无刻不提醒人们你的存在。

然而这很少是偶然发生的。相反，品牌通过精心策划和倾听受众，创造引人入胜的内容，投资传播渠道以及嵌入分享机制，来实现这种"武器化"。

即便是像美国ALS协会发起的冰桶挑战赛之类的一些出人意料的病毒式视频，也有其利于传播的机制。冰桶挑战赛一开始通过职业高尔夫球手和公关活动，得以在他们的网络中广泛传播。之后，该挑战赛通过一个个的个体代言人，在他们的圈子传播开来。甚至每个视频的结构（即将一桶冰水倾倒在一个人头上，然后指定三个朋友来做同样的事情）就包含了一定的兴趣和义务，使这个活动可以像野火一样传播。

2014年，Contagious与品牌咨询公司弗拉明戈（Flamingo）合作，开展定性研究，衡量消费者对隐私的看法。一个引人注目的发现是，受访者谈到了信任的圆环，他们自己处于圆圈的中心位置，下一环是亲密朋友和亲戚，第三环是熟人和同事，而陌生人和品牌则在外环。营销人员的目标应该是通过调动潜在买家网络中的其他人，向潜在买家层层靠近（一环一环说服），最终说服潜在消费者考虑（甚至购买）其产品。

例如，当运动服装品牌安德玛（Under Armour）创立时，创始人凯文·普朗克就曾给国家橄榄球联盟的球员朋友们赠送了三件运动衣，并告诉他们一件自己穿，另外两件用来送给附近储物柜的球员。普朗克知道这个举动来自一个值得信赖的队友比来自一个陌生品牌要有用得多，因此他将品牌资产赠送给朋友，并让他们直接与朋友圈分享。这相当于将他的朋友"武器化"了，从而将他们转变成营销渠道。

瑞典代理商Forsman & Bodenfors的首席策划师托比亚斯·诺德斯特伦将这一战略称为"将尽可能多的人转化为媒介"。Forsman & Bodenfors深谙这个方法，并在2014年使用这一方法策划了"现场试驾系列"活动来推广沃尔沃卡车。

推广活动包括一系列大胆的视频，这些视频展示了沃尔沃新型牵引卡车的各种技术细节。其中一个视频中，沃尔沃卡车总裁克拉斯·尼尔森站在驾驶室中，而卡车仅靠牵引钩悬挂在哥德堡港口的一台起重机上，展示了该卡车牵引钩的强度。另一个视频中，沃尔沃卡车技术员罗兰·斯文森被埋在了沙子里，一辆卡车直接从他上方开过，展示了车辆的离地高度。在最著名的现场测试视频中，动作明星让·克劳德·范·达姆在两辆卡车之间进行了一场"扣人心弦的特技"，在恩雅的歌声中，展示了沃尔沃卡车的灵活转向能力。

这些视频为沃尔沃带来了超过1亿的观看次数和800万次分享，预估赢媒体报道（企业没花钱就赢得的传播）价值为1.71亿美元。据该机构称，访问沃尔沃卡车欧洲网站的人数几乎翻了一番，从每月17.5万增加到了30万。2013年最后一个季度，沃尔沃卡车的销售额增长了23%。

从本质上讲，这些广告就像皮克斯的电影一样，老少皆宜。在这一系列广告中，一部分观众是被广告的某一部分吸引，而其他人也有不同的关注点。

对于外行人来说，这些广告是有趣的。另一方面，卡车司机则得到了资讯。两个群体都会因此与朋友分享视频，且因为品牌已为在更广泛的网络中传播广告支付了费用，这种分享效果就如滚雪球般带来了强大的病毒传播效应。

正如Forsman & Bodenfors的执行合伙人奥勒·维克托林告诉Contagious的一样，"让目标群体之外的人接触并谈论品牌，是影响主要目标的有效方式。"

沃尔沃卡车的广告并没有仅仅针对目标买家的小群体，Forsman & Bodenfors发现，通过更广泛群体的分享和传播，最终将能够影响目标买家。由于购买决策往往受到不同情境下的众多人群的影响，将注意力转向这些人，并且利用他们来发声，最后将能够影响潜在买家。

口碑的力量

除了花费低廉外，口碑传播还是拉动品牌的有力杠杆。在我们关系的同心圆环中，联系越紧密，信任度就越高。根据尼尔森的数据，83%的全球消费者相信朋友和家人的建议，而66%的人会相信陌生人在网上发布的建议。波士顿咨询公司BCG坚持认为，来自朋友和家人的直接口碑推荐是印刷媒体或电视等"间接推荐"的影响力的四到五倍。

这是一个发人深思的事实：根据德勤2009年品牌宣传和社交媒体报告，通过客户推荐渠道得来的客户留存率比其他渠道高37%。因此，利用受众群体不仅可以宣传和带来新客户，还能得到更高的留存率。口碑不仅可以增加新客户，还可以减少客户流失。

在《营销科学》2009年的一篇论文中，作者大卫·高德思和蒂娜·梅兹林谈论了"设计"或"公司制造"的口碑。他们写道："我们可以将公司制造的口碑视为传统广告与消费者口口相传的结合体，传统广告即由公司发起和执行，消费者口口相传即由客户发起和执行。而口碑营销则是由公司发起，由客户来执行。"

该论文表明，所谓的"公司制造的口碑"可以拉动实际销售，也就是说，口碑不一定是完全自发的才能对品牌产生影响。高德思和梅兹林写道，"从管理的角度来看，这一结论相信口碑不仅重要，而且，实际上也是公司可控的。"希望这不会让你太震惊。毕竟，广告是口碑的近亲，营销人员的工作是让人们谈论并购买产品和服务。

组建口碑大军

推荐计划是"公司制造的口碑"的最原始形态，客户帮助宣传品牌，就会得到奖励。

亚马逊就是一个例子。亚马逊并不完全依赖自身的营销，而是很早就意识到可以动员消费者代表品牌进行推广。通过注册成为"亚马逊合作伙伴"，客户可以通过提供链接给他人并实现购买获得高达10%的佣金（尽管实际上更低），鼓励人们通过口碑传播获利。在Facebook分享看过的书？何不附上亚马逊链接，如果有人通过链接购买，你就会分到一两块钱。对于从个人博客到受尊敬的出版物，这样的链接已成为赚钱的策略。亚马逊成功出现在了各式分享中。2008年亚马逊的招聘信息中称，有超过200万人参与了该计划。

越来越多的品牌正在用推荐者奖励计划刺激口碑传播。例如，澳大利亚达美乐比萨发起了一项名为"比萨大亨"的活动，粉丝们可以设计自己的比萨并分享到朋友圈，每卖出一份，设计者就可以赚取一份佣金。据报道，一名收益最高的参与者通过该活动每周赚取近6,000美元。达美乐澳大利亚公司首席营销官艾伦·柯林斯说："我们现在有一支推销比萨的大军，他们宣传达美乐以及他们做的比萨……这是品牌营销的重大转变。"

除此之外，像Dropbox这样的网站则为推荐者奖励更多的存储空间。无数品牌利用忠诚度计划鼓励推荐和进行其他形式的宣传。无论何种形式，事实上都是，消费者通过传播关于品牌的信息拉动销售，并获得短期和长期的红利。

内疚的力量

2015年，麦肯墨尔本发现了一种比口碑更强大的力量。该机构的执行创意总监帕特里克·巴隆告诉Contagious："母亲给孩子带来的内疚感，是世界上最强大的力量之一。"

麦肯墨尔本根据这种难以逃避的力量，为澳大利亚火车运营商V/Line策划了一场名为"愧疚之旅"的活动。V/Line在墨尔本和整个维多利亚州的城镇之间提供服务，希望促进休闲旅游，增加拜访亲朋好友的旅行次数，特别是那些在城市打拼，将父母留在家乡的年轻人。

该活动的原理是：家长可以登录网站制作、发送和预订所谓的"愧疚之旅"车票，鼓励孩子回家。然后，为了增加孩子使用车票的压力，网站还发布了指导手册，教父母如何写能够增加愧疚感的信息。YouTube上的一系列视频还提供了说服孩子回家的技巧（一个场景中，一位母亲在练习说"有时我觉得很孤单"）。与此同时，还结合了传统的多媒体元素，如户外广告，上面写着"不要感到难过，我们还是会拍全家福，只是没有你"。

"我们很快意识到，如果我们要利用内疚感，我们将需要借助人们来帮我们做很多工作。V/Line的广告是无法打动人群的，但来自亲人的信息则不同。"麦肯墨尔本的客户总监亚历克·侯赛因告诉Contagious。

麦肯墨尔本策划总监丹尼尔·陈补充道："我们知道，过去那种一年四季大部分时间都要播放广告以吸引受众注意力的方式已经不再起作用，如果我们要效果，它必须是一个公关理念或品牌体验理念，让人们想参与进来。就这么简单。通过许多客户，我们都发现，过去那种花钱买广告的时期已经结束了。"

该活动取得了成功。V/Line数据显示，活动售出了123,000张车票，非高峰期的车票销售增加了15%，并产生了400万美元的额外收入。总而言之，"愧疚之旅"在50万美元的预算下获得了1,047%的投资回报。毫无疑问，这也启发了一些人打电话回家。

> 2016年Netflix提出这样的问题，"还记得自制的歌曲精选集吗？"回想过去，人们会将喜欢的歌录成磁带送给朋友或喜欢的人。受到这个想法的启发，线上媒体视频巨头Netflix推出了"精选集"（Flixtape）服务。与洛杉矶代理商Stink Digital合作，Netflix用户可以创建包含最多六部电影或电视节目的播放列表，直接与朋友分享或在线上发布。创作者可以为他们的精选集命名，制作封面，还可以根据主题将他们在Netflix上最喜欢的影视作品混合在一起。喜欢看恐怖片？在万圣前与朋友分享你最喜欢的六部电影吧。期待与那个特别的人一起看电影？那就为专辑挑选一些浪漫的电影，起一个名字然后点击发送。或者，如果你感觉无从下手，Netflix也有现成的精选集，每个都围绕一个主题，比如"夏日时光""浪漫表白"或"闺密"。
>
> 从本质上讲，Flixtapes不仅可以实现文化交流，同时又将Netflix定位为文化的传播者。Flixtapes提供了在社交媒体上发布播放列表或者直接与朋友分享的机会，正好利用人们倾向于用品位来表达身份的心理。在这个过程中，人们也在为Flixtapes服务做宣传。毕竟，你更可能回应哪一个：新电影的广告还是你最好的朋友推荐的必看电影？此外，对于非Netflix用户来说，如果他们选择注册，不仅可以让他们看到错过了哪些精彩内容，还可以提供个性化内容建议。

超越个人影响力

实际上，V/Line的"愧疚之旅"活动最大限度地利用了个人影响力，也就是鼓励一两个关键人士针对一个特定的群体推荐一个服务，以换取奖励。就像之前提到的推荐计划一样，如果人们接受这种推荐，并成为品牌追随者，那么推荐人也会有所回报。

典型的影响力营销是这样的：品牌付费给网络红人，让产品或服务的照片出现在他的Instagram或Twitter上，尽管粉丝们知道这其中有推销的元素，仍然会追捧这个产品或服务。然后就是皆大欢喜。这就像是古老的"代言人"概念，只不过是换了崭新的形式。

这种品牌与代言人的关系让人联想到一个年代久远的大卫·查普尔脱口秀："我为可口可乐和百事可乐都代言了广告，"他透露，"事实是，我根本不知道他们的味道有什么差别。是不是很吃惊？我只知道，百事可乐最近给了我不少钱，所以味道更好，这就是游戏的规则。"

但越来越多的人看穿了这个游戏。在一篇名为《顾客还是卖家？说服知识在客户推荐中的作用》的论文中，鹿特丹伊拉斯姆斯大学的研究人员确定了影响力营销和推荐计划效果的两个因素：社会关系和别有用心的动机。从好的方面来说，与推荐人的社交关系越密切，你就越有可能信任推荐人。但另一方面，当你能够感受到别有用心的动机时，就不太会相信推荐方。用作者的话说，"别有用心的动机会降低口碑推荐的影响，并对推荐人的诚意产生负面影响"。

正因为如此，真正的受众武器化不等于推荐计划，也不是影响力营销。事实上，它几乎完全相反。受众武器化来自自发的加入，基于真实的亲和力，是一个增加社会联系，而没有别有用心的机会。品牌创造资产、渠道和机会，并使其可供受众使用。然后，只有当人们决定积极地利用这些资产、渠道和机会时，品牌才算是成功的。

受众武器化要求真正地相信品牌（或它创造的东西）对消费者的生活有益。可以称之为拥护。某个人表达对品牌的拥护，本质上是有风险的，因为他们在用声誉为品牌做担保,哪怕只是几秒钟。影响者可以让人们知道(并且可能接受)一件产品,而拥护者可以带来对品牌的信任、信念、购买意图,以及理想状态下,购买行动。

在营销领域,我们经常谈论"利用"和"针对"特定受众和热情的粉丝群。然而,为了将受众转化为武器,激发他们对品牌的拥护,品牌必须超越这种思维,成为这些亚文化群体的真正盟友。

例如,化妆品零售商丝芙兰在2014年了解到,线上美容社区是潜在品牌转换的新兴渠道,YouTube教程和Instagram账号常常吸引数百万希望复制其中妆容的观众的观看。然而,丝芙兰不是简单地将广告放在这些帖子里,也不是让网红来复制这些内容,而是采取了进一步的措施来培育社区成员,发挥她们的才智,并使她们武器化。丝芙兰推出了"美妆论坛"(Beauty Boards),这是一个品趣志(Pinterest)风格的社交平台,并将这个平台融入其电子商务网页。会员可以在平台上发布她们的妆后照片、建议、反馈、评论以及分享这一妆容所使用的产品。在网站获得成功的基础上,丝芙兰又推出了个性化的化妆教程应用程序、表情符号键盘(使粉丝更有效地进行交流)以及人工智能工具(帮助购物者找到适合自己肤色的化妆品)。

该品牌不是简单地利用消费者的注意力,而是为他们提供了表达自己的工具,并在此过程中培养了一大批热情的品牌拥护者。

将大众转化为媒体内容制作者

关于如何将大众转变成媒体,我们还有一个妙招。如今,品牌也应试着通过提供相应的传播资源,将人们变成媒体内容生产者。除了简单地希望人们回应优秀的内容之外,品牌还可以通过新颖有趣的方式将资产和产品交到人们手中,从而促进宣传。

只要运用适当的内容和平台,就可以将大众变成媒体,自发地传播你的品牌。为他们提供一个参与到产品和服务中的平台,你就有机会将他们融入到品牌的故事与架构中。基于受众的洞察建立一个营销概念,然后将产品传播交给受众。

连锁酒店万豪在2015年通过名为"精彩旅程#TravelBrilliantly"的计划做到了这一点。在该连锁酒店17家加勒比海和拉丁美洲的酒店及度假村中任何一家的游客,均会在办理入住手续时得到一台GoPro摄像机。鼓励住客使用#GoPro、#travelbrilliantly和#viajegenial("great trip")等话题,在社交媒体上上传他们的照片和视频时,并将最佳内容发布在万豪的社交媒体和度假村房间的娱乐系统上。

通过这种方式,万豪鼓励住客自发生成内容,让人们记录假期中最刺激和令人兴奋的部分(潜水、冲浪、帆船等),扩大了酒店在Instagram和Facebook等网站上的"有机"影响力,同时为自己的社交媒体增添了多样化内容,并且可能会带动潜水项目的预订。

据报道,该活动通过社交媒体覆盖了超过1,350万人,并为该品牌赢得了1,100万美元的媒体收入。度假村和营地营销经理丹奈尔·凯尔斯告诉《户外》(Outside Magazine)杂志说,这是唾手可得的结果。"万豪酒店的客人总是拍摄视频,他们喜欢分享视频,但万豪之前从来都没有利用这点。这基本上是免费的营销。"

同样,在2015年,化妆品牌贝玲妃通过与英国的Elle杂志合作,用一款简单的"自拍框"反光卡片,推广其即将上市的Roller Lash睫毛膏。杂志读者们拿到睫毛膏十分兴奋,一共进行了7,000次自拍,并发布了38,000次有关睫毛膏的Twitter。随后两个季度,在没有任何额外广告的情况下,贝玲妃的优质睫毛膏市场份额从25%增长到38%。

"如果你尽可能多地从客户的角度思考,那么你就可以很自然地制订不错的计划通过口碑来进行推广，"贝玲妃的英国营销总监汉娜·史密斯告诉《营销周刊》(Marketing Week)，"我们为用户带来价值，并以更真实和真诚的方式获得回报。"

在适当的情况下，受众武器化可以取代传统的产品演示。也许没有哪个行业比汽车更了解这种力量。汽车制造商不再等待客户来到展示厅要求试驾，而是开始武装现有客户，让他们与潜在买家谈论他们的汽车。

在2015年的瑞典，奥迪与斯德哥尔摩的广告公司Åkestam Holst合作开发了应用程序"瑞典雪地救援车"(Svenska Snöräddare)。该应用程序是为了推广奥迪Quattro而开发的，它邀请Quattro车主协助那些因大雪导致汽车出现故障的车主，而出现故障是因为他们的车的性能更差。被困于恶劣天气条件的人们可以打开应用程序，记录故障的位置，并通过电话或短信与附近的奥迪雪地救援部队成员取得联系。司机会像英勇的圣伯纳犬一样出现，拯救被困司机，从而加强了他们的购买意愿，并宣传了奥迪品牌。

2013年，在不远的挪威，丰田以类似的方式利用其车主网络。与奥斯陆的盛世长城合作，该品牌让其现有客户充当品牌大使，参与其"试驾我的混合动力车"活动。丰田推出了一个平台，车主可以自愿让朋友和邻居试驾他们的汽车，一部分丰田混合动力车车主还出现在了户外和平面广告上。超过1,100人注册参加了试驾，活动得到了当地媒体的报道，备受欢迎的Radio Norge节目甚至还在一辆混合动力车上进行直播。盛世长城称，试驾视频总共被观看了190万次，三分之一的挪威人对活动留下了印象。

汽车制造商利用受众武器化的趋势在继续增长。在2017年的法国，本田和西德·李(Sid Lee)广告公司将该品牌的十个粉丝的车库改造成了临时经销商，而不是花费数百万美元在不值当的地区修建实体店。该活动的参与者在三周内达到了100万人，其中1,000多人在临时经销商预订了试驾。本田计划下一步将这一理念扩展到比利时。

2016年，在德国，奔驰Smart将受众武器化策略用在了Fortwo和

> Forfour车型的租赁上。与BBDO集团合作，Smart设计了社交租赁活动，将汽车免费租赁给人们六个月，条件是每人每个月要让十个朋友开车。该活动收到了五辆可用汽车的455份申请。就像那句古老的谚语："送一个人车，他可能只会开六个月。而向他的朋友们介绍这辆车，他们可能会开一辈子。"

暗社交

近年来，出现了一种特殊的行为——暗社交，这使得利用受众的传播变得更有必要。记者亚历克西斯·马德里加尔于2012年提出了"暗社交"一词，指的是对话与链接难以追踪的封闭的平台，比如电子邮件和类似于WhatsApp、微信和Facebook Messenger这样的消息应用程序。随着开放式平台越来越成熟，营销的渗透越来越多（营销人员使用这些平台的能力越来越强），人们正在躲到阴影下，以防谈话被品牌打断。

数据专家RadiumOne通过分析来自近10亿独立用户的数据，研究了2016年人们的在线习惯。他的论文《社交分享的暗面》发现，84%的内容共享是通过暗社交渠道发生的，其中大多数（62%）的行动或"点击"发生在移动设备，而不是桌面设备上。

这些冷酷的数据显示，营销人员需要创建对其品牌和目标消费人群都有利的解决方案。正如《社交分享的暗面》中指出的那样，存在"共享经济中的投资脱节"。2016年，营销人员和代理商每月花费超过10亿美元用于投放Facebook的移动广告，"尽管在全球范围内，Facebook只产生了11%的网站分享和21%的移动点击"。换句话说，大部分的分享都发生在Facebook之外，但有很大一部分营销支出直接流向该社交网络。这是一个非常大的脱节。

众所周知，营销人员不能忽视人们花费大量时间和分享大量内容的领域，特别是不能在上述数据表明人们越来越不愿意在开放的社交网络上进行传播后。品牌面临两个挑战：一个是实践的，一个是哲学的。破译暗社交可以吸引那些在一个更私人的空间的人，从而创造机会。但在这个过程中，品牌冒着入侵私人空间的风险，人们既不期望也不喜欢被拉进与汽车制造商、化妆品公司或麦片品牌的谈话中。

好消息是：受众武器化可以弥补这一差距。

PEPPERONI.GIF意大利辣香肠表情

2016年，达美乐希望在其大量移动设备和网络的受众中找到一个切入点，这些人往往在暗社交上花费大量时间。因此，达美乐与伦敦广告公司Iris Worldwide合作，分析了达美乐一年以来，包括Facebook、Twitter、Instagram、博客和论坛在内的社交互动，并收集了六万人的调查反馈，以挖掘达美乐的目标群体所使用的语言和情感表达。

作为该品牌的"难以置信的美味"（So Tasty The Mouth Boggles）活动的一部分，Iris随后设计了一系列GIF表情"GIFEELINGS"，帮助人们在社交对话中表达情绪。"研究的结果让我们更加了解客户对于达美乐味道的感受，发现市场中的情感机会，并确定人们与同龄人沟通的方式和渠道。"Iris高级策划师大卫·奥斯汀告诉Contagious。

达美乐的高级营销经理哈雷·蒂尔森补充说："我们想给人们提供可以讨论和分享的内容。我们提供合适的工具，让我们的市场来完成营销工作。我们将粉丝作为终极媒介，将GIF表情作为有趣又'美味'的广告，于是我们打入了互联网文化。"

这一系列GIF表情发布在GIF搜索引擎Giphy上，由67个GIF表情组成，每个表情的角落都带有不太明显的达美乐的标志。其中一些GIF是古怪的插图，比如一个卡通头像突然变成小猫和比萨。另一些则是从达美乐的广告中截取的片段，添加了动画元素。一些GIF甚至包含了经典艺术人物，如"蒙娜丽莎"和维米尔的"戴珍珠耳环的少女"。除了在Ciphy上发布GIF之外，达美乐还与GIF平台Tenor合作，成为第一个在WhatsApp上拥有GIF的品牌。

　　活动的结果表明，当品牌创造相关资产并与世界分享时，粉丝将作出回应。活动推出一年后，GIF的观看次数已超过1.45亿次。其中一颗心拥抱比萨的动画经常出现在谷歌搜索"GIF"结果的前五位，并获得了3300万次观看。广告公司和该品牌，使用达美乐2016年的计量经济学研究和Facebook的每千人印象的平均成本（触及1,000个潜在消费者的成本），称该广告活动的投资回报率为93∶1。尽管其成功不能完全追溯到比萨GIF，但该品牌在活动期间的电商销售额确实同比增长了26.6%。

　　无论这些销售是否可以与私人聊天中的动画GIF表情有关，达美乐无疑找到了让客户自发谈论品牌的方法，只需关注受众的沟通方式，并给予他们帮助。Iris的策划师奥斯汀说："暗社交的美丽之处在于它是私密的，它是一个品牌不能打扰或打断的空间，品牌只能被邀请进入。"

模仿和迭代

　　达美乐并不是唯一一个利用GIF的品牌。游戏机制造商PlayStation于2017年与伦敦围绕青年的营销机构Livity合作，创建了自己品牌的Giphy页面。然而，PlayStation并没有制作自己的资产，而是让观众来制作内容。他们挑选出一些游戏视频博主制作的GIF，并在WhatsApp上精选了一批年轻游戏玩家，请他们给这些GIF配上文字。GIF主要来自游戏的画面或博主剪辑的视频片段，标有小小的品牌标识，同时Livity努力确保所有的剪辑都具有相同的风格，这意味着这些GIF能够很容易被辨认出属于PlayStation。根据该机构的数据，PlayStation的GIF被下载了2.45亿次，在社交媒体上产生了77.7万次有机互动。

实际上，我们一次又一次地目睹这样的例子。第一步：品牌创造某种资产，使人们能够以有趣的方式谈论它。第二步：人们纷纷涌向它。第三步：其他品牌争相模仿和迭代。比如2016年风靡全球的Snapchat的滤镜和镜头。比如佳得乐曾在"超级碗"周末期间发布一款基于AR技术的滤镜，能让使用这款滤镜的人仿佛亲身体验到被佳得乐冰饮迎头浇灌的兴奋感。据佳得乐高级总监肯尼·米切说，消费者参与度超过1.65亿次。这一品牌资产使广告知名度提升了30.2%，购买意向提升了8.3%，品牌的受欢迎度提升了4.3%。在参与的消费者中，88%的人表示喜欢或酷爱这款镜头。这说明给受众一个合适的武器，他们就会使用它。

墨西哥餐饮集团塔可钟（Tacobell）在几个月之后，推出了一款将人们的头变成塔可玉米饼的Snapchat镜头，在"五月五日节（墨西哥爱国主义节日）"的二十四小时内，镜头被使用了2.24亿次。这个庆祝墨西哥文化的节日在美国受到了普遍关注。"我们希望找到一种有趣的方式来庆祝，充分利用节日气氛，并让粉丝能够全天互动。于是我们给Snapchat社区提供了这个让人上瘾的工具，"塔可钟的社交战略高级经理瑞恩·里姆斯奈德告诉Contagious，"我们的简报是要寻找高传播度的东西，这种东西可以带来娱乐并且不止使用一次，而是可以多次使用。最终，我们希望它能成为人们想要分享和谈论的东西。"

我们已经看到品牌也在创造各种资产来打入暗社交的世界。2016年化妆品品牌丝芙兰为消息应用程序制作了一个名为Sephojis表情包，允许用户使用Color IQ服务来制作自定义表情动画，该服务使用潘通色（Pantone）完美匹配任何人的肤色。而且，正如我们在诫律四中所提到的，像博柏利和肯德基这样的品牌已经在消息应用程序Line中通过品牌贴纸获得了成功。

事实上，与受众行为保持一致和化受众为武器是一对表兄弟。它们都代表了对人们如何沟通以及为何沟通的理解，同时为品牌提供了一个切入点，让品牌通过受邀而不是侵入来参与对话。一旦品牌武装了它们的军队，的确会拥有非常强大的力量。

> 回到2011年，Contagious曾写过一篇文章，介绍可口可乐公司和奥美广告公司在澳大利亚本地进行的一次活动："利用人们的自恋心理，鼓励他们去寻找印有自己名字的可乐罐，并进行口口相传和社交分享。"活动推出了150种印有姓氏的可乐罐，并邀请澳大利亚人相互"分享可乐（Share a Coke）"。
>
> 其余的就是营销历史。"分享可乐"——其核心就是化受众为武器，一炮走红，首先在澳大利亚取得成功，品牌的销量增长了4%，在年轻消费者中增长了7%。通过将这个活动推广至全球，可口可乐这种个性化包装的产品扩展到80多个国家和地区。在美国，该活动的销售额增长了2.5%，这是经过十多年销售量下降后的第一个增长期。
>
> 在可口可乐发布的一篇访谈中，可口可乐创意主管杰里米·拉奇在谈到活动初衷时，说起将一个创意交给消费者所产生的力量。"分享可乐的活动充分展现了一个新的景观，"拉奇说，"营销界仍然相信你需要在媒体上花大价钱来确保人们看见你的创意，但这个活动证明，你可以把你的资源集中在人们想要的创意上。"当被问及如果重做一次这个活动，他会做出什么改变时，他说："我们可能只会花一小部分钱在电视上。"

一个巴掌拍不响

在最好的情形下，将受众武器化会升级为共同创作阶段。我们已经讨论过像美国艺电公司的"疯狂橄榄球"和PlayStation这样的品牌，通过邀请观众来创造营销资产。但是，在某些情况下，品牌只是为其粉丝提供工具，让粉丝来影响产品。

如今，"共创"已经成为营销领域的流行语，被过度使用，但真正的"共创"很少出现。以阿迪达斯足球鞋Glitch为例，这款鞋由内芯和可更换的外皮组成。

为了开发和推出Glitch，阿迪达斯进行"探戈小队营销项目（Tango Squads）"：他们利用一群活跃在世界各主要城市的年轻球迷，这个群体联系紧密并且有一定的影响力。阿迪达斯足球商务拓展总监兼Glitch项目负责人马克·马科夫斯基邀请伦敦"探戈小队"成员，以及城市里其他一些足球意见领袖者加入阿迪达斯旗下的消息群，就这款鞋的原型进行互动，提供反馈，并讨论他们如何看待这款新足球鞋。马克告诉Contagious："一般的产品开发过程都会融入消费者的反馈，但我们更进一步。青少年不希望只是被别人告诉该做什么，他们希望有参与感，有决策权，于是会对我们的做法产生共鸣。"

"探戈小队"的整个参与过程十分有成效。用户首先分享他们使用这款鞋的想法，带来了设计的变化，反过来这又激发了年轻足球球迷的更多想法。"我们经历了与他们一起开发产品理念的过程。"马科夫斯基说。

受到开发过程的启发，阿迪达斯也看到了以新方式推出Glitch的机会，通过进一步武器化它热情的"探戈小队"。因此，该品牌在实际推出该产品时涉及了这一核心粉丝群。马科夫斯基说："我们明确承诺，一旦我们发布产品，他们将是第一批Glitch的宣传大使，而不是我们"。

当鞋子上市时，阿迪达斯将最初的250名参与者转化为宣传使者，为他们提供新的鞋子、一款应用程序和可以分享给感兴趣的朋友的共享代码。任何收到代码的人都可以购买鞋子，并获得一些自己的代码来与别人分享，向外辐射，就像扔在池塘里的石头泛起的涟漪一样。凡是分享并让朋友成功购买的人，都可以获得一些免费奖励，比如可更换新的鞋面等。

马科夫斯基说：

人们的行为会因为这种独享性而改变，这个现象非常有趣。有人寻找代码，有人提供代码，于是我们提供了人们相互连接的理由。你可以发现，在

Instagram上有人寻找代码，获取代码，然后发帖感谢那些提供代码的人，就相当于免费广告。

很多人都在谈论这种关系，我认为这种理念基于对消费者的洞察力，并将传播的责任交给我们的受众。

不要忘了这是全球的新品发布，阿迪达斯的重要业务。将责任交给250人，而不是投资覆盖2.5亿人的媒体广告的确是一个勇敢的举动，这还表明了权力正向有利于受众的方向移动。根据参与Glitch计划的机构的说法，超过6万人在前6个月下载了Glitch应用程序，并且"第一批影响者"分发的代码带来了75%的销售转换率。2017年年底，阿迪达斯将Glitch活动扩展到柏林和巴黎。

通过让消费者来到产品的上游，参与开发以及营销，阿迪达斯培养了一群充满激情的消费者，他们时刻准备着传播品牌信息。该品牌通过给予人们权限和控制，将受众变成武器，尽管有一定风险，还是因此获得了回报。

建立社群

也许没有一个品牌比乐高更能体会"共创"的强大协同力量。事实上，这种思维早已融入乐高的核心：它不断为受众提供工具，让受众重新想象可以与品牌一起做些什么，从玩具搭建、产品开发甚至营销。

这种思维方式甚至通过2014年的《乐高大电影》的主人公埃米特表达出来，这部热门电影中的人物和场景几乎全部来自标志性的玩具积木。"看看这些人们搭的东西，你可能会觉得一团糟，"埃米特（由克里斯·帕拉特配音）说，"我所看到的却是人们彼此之间灵感被激发。人们也被你所激发。他们在你创造的基础上，创造出了新的东西。"这就好像乐高在通过一个代言人宣扬其组织原则。正如电影中所说的那样，埃米特背后的屏幕显示了乐高用户创作的，通过该品牌社交媒体平台ReBrick上的竞赛提交的五部电影。

彼得·爱思博森是社区共创的前负责人，也是ReBrick的主创之一，他在2014年预估，网络上用户受到乐高启发而生成的内容有1,500万至2,000万条。尽管ReBrick这个试图与粉丝建立紧密联系的平台是由乐高搭建的，但其中的所有内容都是由粉丝驱动的，从内容审核到与平台一起选择这个平台的名称。

乐高体现了最大限度的受众武器化，将除了主钥匙之外的钥匙交给了粉丝，让他们将品牌推向新的领域。以防被成千上万的创意所淹没，乐高通过一个名为LEGO Ideas的平台向它的粉丝提供了筛选创意的过程。用户可以向网站提交设计，然后由乐高社区投票。获得一万张选票的想法将由乐高进行审核，以确定它们是否会投入生产，而那些被选中投入生产的设计者将获得产品净销售额的1%作为奖励。

在某些情况下，共创甚至更进一步。对于乐高Exo套装来说，该套装致敬最初的乐高经典空间主题，带有一点钢铁侠元素，乐高的社群不仅参与了它的产品设计，还参与了它的营销。"与乐高共创"（Exo套装制作人彼得·莱德精心挑选的粉丝团队）参与了讨论该套装的背景故事、包装盒设计和发布活动本身，包括预告图片、博客文章和视频。

这种协作明显带来了双赢。乐高接触到新的想法和人才，与此同时，用户可以影响新产品的开发，并用自己的创作来赚钱。当人们称赞乐高合作的智慧时，爱思博森做出了一个回应："当人们说'天哪，你做了伟大的事情'，不，实际上是我们的用户做了伟大的事情，我们只是为他们提供了材料。"

像乐高这样调动受众的积极性，属于高级别的社群建设。他们发现品牌追随者们想要完成的特定事物，并为他们提供了工具。换句话说，回到武器化受众的基础：就是把人转变为媒体。找到愿意为你的品牌做宣传的人，将他们直接融入你品牌的故事或架构中。拿乐高来说，他们的粉丝队伍需要的不过是几种不同的积木和一点挑战。

你并不是孤军奋战

正如我们在引言中所说的那样，广告充斥着与战争相关的术语。我们针对潜在客户进行游击式活动和广告战，并用战术性信息对其进行地毯式轰炸。我们讲述了20世纪80年代可乐大战的故事。但我们很少利用品牌阵营的兵团，即我们产品和服务的消费者。

随着广告业的发展，消费者对广告的运作方式有了更深的了解，对广告的影响力也有了更强的抵御，因此品牌现在需要更多地让消费者参与进来。给人们提供交流的工具，通过一张回家乡的火车票，通过发布搭配不同肤色的表情符号，或通过建立平台让人们分享想法等方式，触发口碑宣传，实现在新客户获取、客户满意度和客户保留等方面的长远影响。这让品牌将麦克风交给它们的代言人，从而更加接近信任的核心圈子。正如你将在诫律九中读到的那样，培养这种信任也需要花大功夫。

> **浓缩版**
>
> ### 化受众为武器，为你传播
>
> 让别人替你宣传并不是什么新鲜事。至少从《圣经》时代起，这种形式就一直被鼓励。事实上，如果一个洞穴人在去买长矛的时候多向卖家推荐几个朋友，他可以支付更少的猛犸象皮毛。
>
> 但现在，成功的品牌比以往任何时候都更依赖营销活动带来口碑宣传，一些品牌将共享机制纳入创意活动，并制作让消费者愿意

传播的内容，或者至少让人们时时记住品牌。我们称之为化受众为武器：用工具、平台和机会武装大众，让他们在自己的账户上宣传产品或服务，而不是依靠传统的付费营销来传递信息。品牌不应将客户视为追逐的目标，而应专注于赋予客户权利并将他们视作达到目标的一种手段。

在最基本的意义上，武器化受众是通过会员推荐计划来实现的，客户会因其忠诚度而获得报酬（就像雇佣兵可以被视为忠诚一样）。可以将它视为影响力营销，其中支付条件取决于影响成功的程度。这些类型的推荐计划在某种程度上起作用，特别是在为初创公司或新产品建立用户群方面，但却没有真正地将受众武器化。

在更高级的层次上，武器化受众是一种车轮模型，每一条轮辐通向另一个轮心（并以此类推）。每个受众都成为他们自己的人际中心，向所在的人际圈进行辐射传播。品牌向这些人际中心传达信息（假设内容是吸引人的），然后受众以口碑的形式将其传递给最近和最亲近的人。

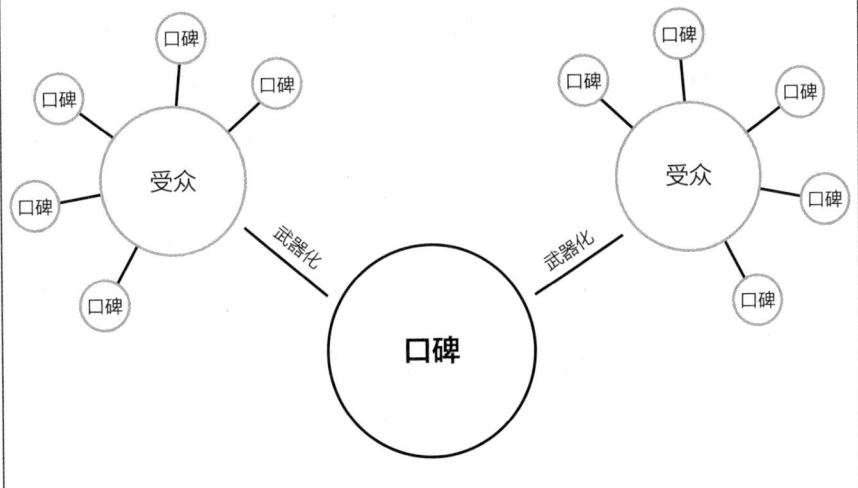

THE CONTAGIOUS COMMANDMENTS

如果你关注受众的行为（我们假设你关注，因为你已经读过第二条诫律），你可能已经知道如何开始。你的客户在进行什么样的对话？他们对什么样的内容做出反应？下一步就是利用这些知识，用人们愿意传播的内容武装受众。问自己这些问题：

- 人们接触到我的创意之后，会如何将它传播扩散？
- 我们可以把大众变成媒体吗？或授权他们代表我们制作内容？
- 我们如何奖励参与我们营销活动的人们？
- 我们怎样才能让内容更具吸引力，更容易分享？

你会注意到品牌在这个模式中并不是孤立的。武器化需要根据品牌受众的行为、价值观和兴趣，从而增加了人们参与和付款的意愿。同样的道理，品牌可以倾听现有传播渠道里的声音，破译其中的信号，进而影响未来的产品设计、创意内容、新媒体渠道等。品牌不仅能够武器化他们的受众，还能扩充自己的武器库。

当品牌能够一边聆听大众需求，一边敏捷地对分享模式进行回应时，就会创造一个受众到品牌再到受众的循环。这个循环几乎与"共创"形式相同，可以让品牌了解"共创"的力量，从而形成拥护品牌的社群。一旦掌握了将人转变为媒介并利用他们的行为为品牌传播消息时，可以用以下几个问题来巩固这种长期关系：

- 我们如何在创作过程中让更多的人参与进来？
- 我们如何利用营销来培养社群？

如果可以将受众武器化，并能鼓励他们传播你的信息，你就会发现自己拥有了一支愿意为品牌赴汤蹈火的消费者大军。

THE NINTH COMMANDMENT

诫律九：信任至上

阿拉丁带茉莉公主魔毯飞行之前问道："你信任我吗？"杰克教罗丝在泰坦尼克号的船头做飞翔的动作之前问："你信任我吗？"《西部往事》中的弗兰克曾问道："你怎么能相信一个既系皮带又系吊带的男人？""他连自己的裤子都不相信。"

好吧，最后一个例子似乎不太相关。但品牌每天都扮演着阿拉丁和杰克的角色。不管有没有意识到，在客户每次购买时，品牌都在寻求他们的信任。我可以信任这个产品或服务会兑现它们的承诺吗？我能相信我付出的价格公正吗？我能相信它是按照品牌所说的方式制造的吗？每次购买，无论大小，都归结于我们内心的同一个问题：这个品牌值得信赖吗？

因此，当品牌谈论在潜在客户之间建立信任时，需要从同一个问题开始。这个问题不是"我们怎样才能建立信任"，而是"我们的品牌是否值得信任"。不要寻找诱使消费者相信你的策略。相反，诚实地询问自己，是否值得信任，如果答案是否定的，请跳过这条诫律的其余部分，纠正你发现的问题，并在认为自己的行为值得信任时回到这一章。

信任是神圣的。雷切尔·博茨曼曾写过一本关于这个主题的书：《你能相信谁》。她说，"我认为，一些购买决定纯粹是出于成本/便利性，在这些情况下，钱是交易的货币。但信任是互动的货币。如果一个品牌想要超越，与人建立有意义或持久的连接，他们绝对需要信任。"

品牌的黄昏

2014年，在《纽约客》的一篇题为《品牌的黄昏》的文章中，商业记者詹姆斯·苏洛维奇为众所周知的品牌描绘了一个黯淡的未来。他认为，由于大众评论的普及，品牌历史将不再重要，公司的声誉很大程度上取决于其最近的产品。他写道：

如今，对于想买的东西，消费者可以阅读大量的评论。这首先开始于《消费者报告》（为买家提供建议的产品测试出版物），该报告对产品进行客观评价，以及消费者研究机构君迪（J. D. Power）的质量排名，该排名揭示了普通用户对他们购买的汽车的看法。但真正削弱品牌力量的是互联网，它使普通消费者能够轻松访问各类专家评论、用户评论和详细的产品数据。在过去，你购买索尼电视机，可能是因为你有过一台，或者因为你信任该品牌。今天，这些考虑因素在亚马逊、瘾科技（Engadget）和CNET的评论面前显得不再重要。

尽管苏洛维奇所说的事实大部分准确，但我们还是认为他的理解不完全正确，因为真正的信任会让消费者绕过信息收集阶段。正如罗德里克·克莱默在1999年《心理学年度评论》中发表的论文《组织中的信任与不信任》中所写，"从心理学的角度来看，信任是降低交易成本的一种方法。"通俗地说，就是信任允许人们在从公司购买时对交易做出假设：这是一个公平的交换，我不需要检查产品的缺陷，如果我有问题，它会得到解决。因此，与这家公司交易的心理负担远低于竞争对手。

事实上，我们认为如今信任比以往任何时候都更重要。2017年，Contagious与广告公司智威汤逊的一项共同研究发现，58%的美国人认为在过去三年中，信任在他们做出的决策中变得更加重要。更重要的是，77%的人表示他们只从值得信赖的品牌那儿购买产品。

当然，人们有不同的信任倾向。有些人永远不会真正信任一个品牌。但我们的工作是创建值得信赖的公司。希望其余的将会随之而来。

信任是如何建立起来的

在如何建立信任的看法上，各方的意见就像音乐赋格曲一样，在不同的声音中重复类似的主题，只是稍作变化（原谅我们加入这首不和谐曲调中）。大卫·德斯迪诺和皮尔卡洛·瓦德索洛的研究表明，我们相信那些映射我们行为（同步动作）的人，甚至当看到有人敲击的节奏和我们在听的音乐节奏一样，都能够让我们更加信任他们。作者兼营销顾问西蒙·斯涅克谈到了类似的同步现象：我们会信任与我们有相同背景、相同信仰的人。

哲学家奥诺拉·奥尼尔（Onora O'Neill）于2013年在TEDXHousesof-Parliament大会上发表讲话，将信任归结为三个主要组成部分：胜任力、诚实和可靠。她说："如果我们发现一个人能够胜任相关事务，并且可靠和诚实，我们就有充分的理由信任他们。"但是，三者缺一不可。"我有些朋友，他们能力强，并且诚实，但他们很健忘，所以在寄邮件这样的事情上我不会信任他们。"奥尼尔继续说道，"我还有一些朋友在一些事情上非常有自信，但我意识到他们高估了自己的能力。"

在另一场TEDX演讲中，犹他州立大学战略管理学教授吉姆·戴维斯在谈论是什么让人们敢于冒险去信任一个人时，进行了相似的讨论。只不过奥尼尔所谓的"胜任力"，他用了"能力"一词，并将可靠和诚实相结合，形成了"诚信"。他还增添了额外的标准：仁慈。戴维斯说："如果我只有能力，没有仁慈，我就无异于杀手。"

对于品牌，我们相信信任是由所有这些元素构成的。在帮助我们的客户思考这个信任的新时代，以及品牌如何与客户建立信任的桥梁时，Contagious 将这一概念分解为五个部分，我们认为这些组件是建立信任不可或缺的部分：

- 专业知识：你在你的领域做得有多好？
- 可靠：你如何始终如一地进行工作？
- 组织原则：你为什么做这个工作？
- 透明：你如何做这个工作？
- 诚实：你如何谈论你的工作？

在大多数情况下，专业知识和可靠是任何成功品牌的关键。更重要的是，它们可能不属于市场营销的范畴。无论你的品牌、营销、广告或宣传做得有多好，如果产品很糟糕（或只是有时候很糟糕），它可能都不会成功。事实上，正如"广告狂人"杰瑞·德拉·菲米纳（Della Femina, Jeary & Partners 的创始人、董事长）在他的《那些对你发动珍珠港式突袭的厉害角色》一书中所写的那样，"有很多广告比产品好得多。一旦出现这种情况，广告的作用就是让你更快地破产。"

另一方面，组织原则、透明和诚实是营销人员的本职工作。我们在诫律一中谈到了组织原则，所以在这里我们将重点关注透明和诚实。如果你没有什么可隐瞒的，关于这两点就没什么可担心的。

前面没有提到的是，近年来建立和维持信任的风险因一个关键因素在上升：数据。营销人员可以通过各种渠道得到客户的个人信息。在某些方面，这使得公司能够更好地为人们服务，但同时它也增加了侵犯隐私和滥用信任的风险。最近几年出现了一系列备受瞩目的隐私泄露事件，无论是雅虎账户信息还是 Ashley Madison（已婚人士交友网站）上的档案。只需几个小时，

> 甚至几分钟的时间，黑客就能将大量的个人信息、财务细节和网站的任何数据在暗网上高价出售。数据泄露事件使得即使是对技术最不熟悉的人，也开始警惕他们生成的数据和数据的走向。
>
> 根据Contagious的一项调查，由于担心个人数据被滥用，英国81%的人已经考虑不再使用某些产品或服务，并且在18岁至34岁的人群中，已经有54%的人更换了产品或服务。而且这是在剑桥数据分析公司（Cambridge Analytica）与Facebook的丑闻之前。（当然，在数据方面，我们也倾向于成为"唯利是图者"。零售软件提供商Swirl在2013年的一项研究发现，47%的女性会为了5美元的优惠，与零售商分享他们的位置。如果是25美元，则有83%的女性会这样做。购物者和他们的数据很快就会分开吗？）
>
> 永远不要忘记：数据是人们生活的体现。不要辜负人们的信任。庞大的数据也带来了巨大的责任。

直接与消费者对话

苏洛维奇在《纽约客》中写到，社交媒体以及客户可以轻松获得信息，是对于那些没有可信赖产品的品牌的警醒。现在，品牌无处可藏。如果消费者会直接浏览他人的评论，为什么不让这个过程更简单呢？

这是诚律三中描述的达美乐"比萨的转机"活动的核心支柱。除了简单地承认他们的比萨饼很糟糕，并改进配方外，达美乐还将新配方搬上了最大的舞台。在2011年的四周时间里，该品牌在时代广场的4,630平方英尺的广告牌上展示了用户的评论和意见，不论是好评、差评和中立意见。相机拍摄了每个评论的图像，并将其发送给原始评论者，以证明该品牌真正兑现了承诺。

自那次高调的活动之后，其他品牌也开始以创造性的方式省去了中间人。例如，2015年，冰岛政府、雷克雅未克市、冰岛旅游业协会、冰岛航空和其他几家冰岛旅游公司之间展开了合作，邀请人们不使用谷歌，转而使用

"人工搜索引擎"。他们注意到,世界上98%名为古德蒙达尔(Guðmundur)或古德蒙达(Guðmunda)的人居住在冰岛,该活动招募了一些潜在游客,向七个拥有该名字的人提问。人们可以使用Twitter、Facebook和YouTube以及#AskGudmundur话题进行查询,志愿者将根据他们在冰岛的知识和经验回答。负责该活动的机构Brooklyn Brothers报告称,活动产生了价值350万英镑的免费媒体报道,并获得了2.98亿社交和公关印象。活动电影被观看了180万次,据报道,活动的投资回报率为1,500%。

一年后,另一个北欧国家也直接向观众发出了邀请。2016年,为了庆祝该国废除审查制度250周年,瑞典获得了自己的电话号码。由瑞典旅游协会,总部位于斯德哥尔摩的INGO,纽约的Gray公关公司和斯德哥尔摩的Cohn & Wolfe公关公司共同发起了"瑞典号码"活动,世界上任何人都可以拨打这个电话号码,然后就能与另一头加入这个活动的瑞典人通话。

该活动的核心是品牌放弃对信息的控制,并切断中间人,以建立人们对其信息的信心。"我们决定我们不想控制品牌信息。"INGO的执行创意总监Björn Ståhl告诉Contagious。

当然,我们从一开始就知道,一些人对瑞典的评价不太好。但应该允许人们发表意见。就像一个瑞典人去度假,并开始对别人抱怨瑞典一样,我们无法控制它。

这个活动有点类似于模拟了数字交互的体验。要知道,人们在网上可以任意谈论一个地方、事物和其他人的不好,因为他们隐藏在屏幕后。但是,我们促进了人与人之间真实的、个人的互动。

在三个月内,"瑞典号码"活动接到了186个国家/地区的超过17万个电话,产生了90亿次的浏览和约1.46亿美元的媒体价值,而媒体花费为零。瑞典首相斯特凡·勒文(Stefan Löfven)甚至也接听了一些电话。"等等,我怎么知道你真的是瑞典首相?"一位不相信的来电者问道。"我相信你必须相信我。"

他回答道。

还有一些品牌正致力于让潜在买家直接与那些可能在网上写产品评论的客户产生联系。2017年,斯巴鲁与位于明尼阿波利斯的创意代理商卡迈克尔·林奇(Carmichael Lynch)合作,创建了一个"车主见面会",潜在买家可以向客户代表们询问有关品牌及汽车的任何问题。"最近企业已经意识到,如果你对你的产品和服务不诚实,人们就会让你出局,"斯巴鲁的数字和社交营销经理杰克·凯利告诉Contagious,"根据体验,每个人都有自己的观点,并对其他人对于品牌的看法带来积极或者消极的影响。"品牌若是成为第三方信息的渠道,则表明他们无所遮掩,增强了潜在客户的信任。正如消费者评论管理公司Review Trackers的曼迪·尤赫告诉《纽约邮报》的那样,"当人们想买东西或尝试一家餐馆时,网上的评论是第二个最受信赖的来源,仅次于家人或朋友。"

#无滤镜

在其他案例中,一些品牌试图完全消除第三方,直接面向最终消费者。2016年,皇家加勒比海邮轮公司利用直播平台Periscope,将对邮轮的广告以直播的形象在纽约市的户外广告位上播出。#ComeSeekLive计划是由波士顿的创意机构睿狮策划发起的"Come Seek"大型活动的一部分,活动将一些意见领袖创作的40分钟电影剪辑成20分钟的片段播放,并在10分钟后重播。

"问题是,我们如何才能展示真实的东西?"睿狮的首席策划师凯·潘切里告诉我们,"尤其是当我们考虑到人们对媒体的消费方式,以及对广告和品牌的日渐不信任时。这关乎如何带来透明度和信任。直播平台似乎是正确的做法,因为你无法真正隐藏任何东西。"

根据该机构的说法,此次活动在Periscope上产生了362,000次互动,其中

"点赞"的数量增加了4,000%。该活动还在Twitter上获得了740万次浏览,为品牌创造了9,180万次媒体印象。

这种无干预的展示往往被视为真实的体现。千禧一代对这种真实性十分看重。我们认为这就是为什么品牌纷纷涌向像Snapchat和Facebook Live这样的平台,在那里很难隐藏任何瑕疵。正如塔可钟的社交媒体战略高级经理瑞恩·里姆斯奈德在2016年告诉Contagious的那样,"Snapchat是一个上演真实自我的平台。它既没有经过严格的策划,也不需要进行任何修饰。"当时与塔可钟合作的Deutsch的首席数字官温斯顿·宾奇指出,品牌在社交网站中使用真实未修饰的照片进行宣传时,转换率会提高五倍。

2017年,沃尔沃根据这个原理,策划了一场聪明的营销活动,直接将试驾现场的录像直播到圣保罗的广告牌上。摄像机安装在新款沃尔沃XC60上,以拍摄驾驶员的反应,视频上同时显示报价和一张汽车的巨大图像。在两天的时间里,进行了23次试驾并在该市的1,000个广告牌上播放。代理公司Grey Brazil估计,短暂的活动产生了4,000万次媒体印象。

我们打赌它也产生了一些口碑。Facebook称,人们对现场视频的评论比录制视频要多10倍。在一个充满电脑动画和后期制作的世界里,人们似乎更加渴望看到来自源头的内容。当看到香肠的制作过程时,人们就更可能信任这个制造商。

> 在2018年年初,伏特加酒制造商绝对伏特加(Absolut)就运用这个方法,将赤裸裸的真相展示在人们面前。创意机构伦敦BBH制作一个名为《无可隐瞒的伏特加》的三分钟视频,视频中是位于瑞典奥胡斯(Åhus)的绝对伏特加酒厂的员工,他们微笑着,身上一丝不挂。
>
> 作为新员工入门培训的视频,该视频讲述了名为贡纳尔的员工的故事,

> 他一丝不挂地制作伏特加酒：种植小麦，加水，蒸馏，包装，甚至处理用过的谷物，他身边的人也同样一丝不挂。
>
> "在世界任何地方，你喝到的每一瓶绝对伏特加的每一滴都来自奥胡斯，"贡纳尔说，他身后是其他27名绝对伏特加的员工（包括首席执行官！），他们都赤身裸体，播放着音乐。"这就是为什么我们的伏特加无可隐藏，绝对真实。"

透明度带来信任

2017年在科罗拉多州举行的美国天然有机产品博览会西部展上，金宝汤公司（Campbell's Soup）首席执行官丹尼斯·莫里森指出："透明度是赢得消费者信任的最重要的原材料。"这里的"原材料"显然有双关的意思，她确实提出了一个很好的观点。没有比透明度最好的通向信任的捷径了。Label Insight的一项名为《通过透明度推动长期信任和忠诚度》的研究支持了这一说法。该公司的研究发现，如果一个产品能做到完全透明，39%的人会改用新的品牌，73%的人会为它支付更多费用。

最近，一大批的初创企业利用这一点来将他们的利益最大化，从而打破了更多老牌企业的竞争优势。在服装领域，比利时初创公司Honest By声称是第一家提供全部成本明细的公司。自2012年以来，该品牌为消费者提供了每件商品成本的原始清单，包括材料、包装、人工、存储和运输，甚至列出了价格标签上别针的成本：0.03欧元！该品牌在其网站上表示，"我们致力于打造价格和制造过程完全透明的产品，创造时尚和零售的新典范"。

与之类似，以线上销售为主的服装品牌Everlane则宣扬"大力的透明"，在网站上展示了每件商品从材料、设备、人力、税费到运输的成本，甚至还显示了商品的利润。品牌甚至在某些促销商品上提供"自由付款"选项，客户可以选择三种价格：Everlane 10%利润率（足以涵盖生产和运输成本），20%利润率（足以涵盖生产、运费和工资开销）和30%的利润（足以涵盖上述所有费用加上研发成本）。

同样向消费者公布品牌开销的是美国电子商务零售商Brandless，该公司希望可以节省客户购买知名品牌的成本，并将它称为"品牌税"：

品牌税是你为知名品牌支付的隐性成本。我们被训练成相信这些成本会提高质量，但事实并不如此。我们估计，对于质量相当的产品，人们在其他品牌上支付的价格比我们至少高出40%。像面霜等美容产品，有时则高达370%。我们一劳永逸地消除"品牌税"。我们的团队对五大零售商（店内和线上）的定价进行了基准调研。有了这些信息，我们为每一件日常必需品计算了平均品牌税。

Brandless在商品页面上显示了这些信息，告诉消费者他们通过避免高成本的品牌税为顾客省下了多少钱。

直接面向消费者的化妆品牌Beauty Pie也在用类似的方法。会员每月支付一定的会费，就可以以工厂价格获得商品。每支口红、粉底或腮红的成分和成本明细都被列出，从包装、测试、仓储到增值税等。《尚杂志》甚至将这个品牌称为"Netflix级别的颠覆者"。

在加利福尼亚州，初创公司Alit Wines同样为葡萄酒商的神秘世界带来了透明度。客户可以获得每瓶葡萄酒成本的精确信息，包括葡萄采摘者的报酬、木桶成本，以及相对于最终销售价格的毛利率。

使用透明定价颠覆行业的初创企业名单还很长。正如来自《卡桑德拉报告》的瑞秋·桑德斯告诉我们的那样，"年轻人正倾向于选择那些开诚布公的品牌，来节省他们的时间。透明度给人带来真实感，不像是一种销售策略，因此是获得信任的有效方式。"

也许我们最喜欢的例子是Lemonade，一家位于纽约市的房屋租赁和房屋保险公司，他们聘请了行为经济学家丹·艾瑞里作为其"首席行为官"。"如果你试图建立一个可能让人们表现出最糟糕一面的系统，那么你得到的结果将非常类似于现在的保险行业。"艾瑞里在2017年告诉Contagious。客户不信任保险公司，所以时常夸大丢失或被盗的财产。因此，保险公司不信任客户，并调查索赔以寻找欺诈行为。这是一种不信任的恶性循环。事实上，联邦调查局估计，欺诈的嫌疑使美国家庭平均需要支付400至700美元的额外保险费。

"缺乏透明度使公司与客户之间的关系变得非常令人沮丧。这就是为什么我们会向所有人展示我们究竟是谁，以及我们如何运营。"Lemonade战略传播总监雅尔·威斯纳·利维说。那么，他们是怎么运作的？Lemonade不是以剩余保费的百分比来获取利润，而是在前期抽出20%。然后它从剩下的80%中支付索赔。到年底，Lemonade会将任何剩余的现金都捐赠给客户选择的慈善机构，从跨国非政府组织到当地图书馆。

Lemonade使用机器学习算法对索赔进行评估和裁定，能够快速进行结算（在一个案例中，客户对被盗羽绒服的729美元的索赔仅在3秒钟内获得批准和支付）。最重要的是，该品牌声称其价格比传统保险公司低82%。

在其营业的第一年，Lemonade捐赠了10.2%的收入，并将这个数字公布在了网站上。他们还写道："如果第一年是这样，我们希望这个数字会大幅增长。"这是一家公益公司和一家获得认证的共益企业。而且，我们可以想象，对于那些不受欢迎的一切照旧的保险公司来说，这就是一场行走的噩梦。

对过程的信任

尽管公布账目是证明可信度的一种方式，不过要是你的价格高于竞争对手呢？或者若你处在一个高度商品化的行业，价格已经不再起作用了，该怎么办？我们了解到，一些品牌有另一种使用透明度来增强消费者信任的方法，那就是揭开过程的面纱。我们的产品是如何制作的？是如何运输的？

2010年，麦当劳就公开了麦乐鸡块的制作过程，引起了广泛反响。在加拿大举行的"我们的食物，你们来提问"活动中，麦当劳邀请消费者提出任何有关麦当劳流程的问题，包括一些难以回答的问题。"鸡蛋麦满分是否使用的是真正的鸡蛋？""麦当劳为什么常用微波炉来加热食物？""为什么广告和实物看起来不同？"甚至还有这样可怕的问题："麦乐鸡块中是否添加了所谓的'粉红肉渣'？"

对于麦当劳来说，这是一场有价值的演练，迫使品牌变得更加透明和负责。在活动的前两年，麦当劳共回答了23,000个问题，并在活动现场接待了超过200万人次。麦当劳还制作了视频来回应一些有趣的问题，比如汉堡照片拍摄的幕后之旅，吸引了超过1,500万次观看。活动非常成功，至今仍在运行，并已扩展到包括美国在内的其他市场。

当然，麦当劳并没有公开所有的流程，也并不一定能够确保回答每个问题的方式都能安抚具有环保意识的食客。正如《时代》作家娜奥米·斯塔克曼（Naomi Starkman）在2014年指出的那样，"作为世界上最大的牛肉和猪肉买家，虽然麦当劳正在争夺有机市场，汉堡包的价格低至1美元，但麦当劳目前的做法可能仍无法被视为完全有机。"尽管对麦当劳的流程有了一个模糊的概念，也足以让人对品牌产生一些信任。加拿大市场研究公司Environics的一项研究发现，该活动将人们对食品质量的看法提高了61%，并且在"我信任的公司"指标中的积极响应增加了46%，这是麦当劳有史以来的最大增幅。

另一个使用流程透明度来建立信任并提高客户满意度的食品公司是走在技术前沿的达美乐比萨公司。（是的，又是它。我们很难忽视一个产品、营销和创新密切连接，同时股价在飙升的品牌。）自2009年以来，线上订餐的客户已经能够使用"比萨追踪器"的功能，实时掌握比萨制作、烘烤、发货直到送至人们手中的过程。这个功能的起源纯属偶然。达美乐已经拥有一个名为Pulse的系统，可以在内部跟踪订单，用于监控全球各地门店的服务效率和服务质量。总部位于博尔德的代理商Crispin Porter + Bogusky只是与达美乐的IT团队合作，创建了一个用户界面，将工具转变为一个过程透明的信任建立活动。

奥迪在2012年借鉴了达美乐的做法，推出了一款名为"爱车追踪（my Audi Tracker）"的实时工具，让加拿大的新车主追踪车辆从在德国设计到最终来到自家车道的过程。车主可以看到生产过程的视频、图像和爱车是如何在大西洋对岸组装、涂漆和运输的。就像"比萨追踪器"一样，这个活动利用已有的追踪车辆生产进度和状态的技术，在这一技术之上创建内容将客户带入流程。包含这些进度信息的电子邮件产生了64%的阅读率和58%的点击率，令人惊讶的是，90%的客户都点击收听了新车生产完成后第一次启动发动机的录音。

"欢迎仿造"

向客户展示生产流程是一回事，但让人们看到详细的制作过程，教别人如何仿制你的产品，就是另一回事。但这正是奢华皮革制品公司Saddleback所做的，2014年，该品牌推出了名为《如何仿制包袋》的视频。12分钟的短片中，公司总裁戴夫·芒森详细地介绍了如何制作他们最受欢迎的产品之一：Saddleback皮革公文包。芒森语气轻松地讽刺了造假者使用劣质材料，违规用工和偷工减料等行径，同时全面讲解了制作Saddleback最畅销产品的艰深工艺和高级材料。

视频中芒森对着他假想的"试图造假"的观众说道："当你把所有的部件拆开，试图进行逆向工程时，会想：为什么会这么做？接下来我将带你了解这个包和它的构造，这样你就可以按照我们的方式来制作。而且你会发现，在很多地方你都可以偷工减料来节省一些开支。"

视频在YouTube上获得了近60万的观看，对于一个12分钟的短片和皮包单价700美元的小众奢侈品牌来说，成绩不错。Saddleback在视频发布后的几周内获得了1,170名新客户。

"这段视频的内容是：我们生产最高品质的包。就是这样。质量是我们的头等大事。"芒森告诉Contagious。该视频不仅仅是引人注目的内容，还充当了产品演示。不仅证明了Saddleback原版的高价是合理的，还解释了它们如何以及为何优于更便宜的替代品，吸引那些想要在持久耐用上投资的消费者。通过展示其流程，Saddleback建立了与消费者的信任度，并告诉消费者，从长远来看，为了省钱而买假冒伪劣产品不是长久之计。

产地直供

想象你来到一个超市的停车场，看到有人售卖放在他汽车后备箱里的麦片，并且和超市的包装无差别，且价格略低，正巧麦片也在你的购物清单上。你打算从他那里购买吗？

不，你当然不会。在价格和流程之外，建立信任的第三个要素是源头。你不知道他的这些麦片的源头，所以你可能不信任这笔买卖。特别是在食物方面，信任更加重要。英国调查机构Opinion Matters代表Co-Op杂货连锁店进行的一项研究发现，84%的人认为，在生产日期之外，产地是他们购买食品时考虑的最重要因素。一旦你知道它没有过期，下一个问题就是它来自哪里。欧洲消费者组织的早期研究也有类似的发现。当被问及原产地为何如此重要时，受访者认为产地与食物的质量、安全、环境影响和道德规范都有密切关联。

原产地重要性的上升可能可以归结为三个因素：全球供应链的复杂性，

消费者获取信息的便利程度以及过去品牌的不当行为。过去我们可能熟知那些为我们生产食物和衣物的人，但现在情况已经不同。与此同时，消费者对信息的渴望也在逐渐攀升。随着宜家和乐购等品牌在汉堡和肉丸中夹杂马肉，客户急于核实产品的源头是否属实，也就不奇怪了。

一项我们比较喜欢的活动来自法国超市合作社Systeme U。为了证明鱼的新鲜度，U商店与TBWA\Paris一起发起了名为"新鲜故事"的活动，利用视频拍摄眼镜Snap Spectacles和Snapchat的故事来证实原产地的可信度。品牌给渔民、买家和鱼贩各提供了一对特制眼镜，它们的内置摄像头直接连接到Snapchat的账户，方便记录捕鱼、买鱼和卖鱼的过程。新鲜到店的鱼旁边都放置了可扫描的二维码，方便购物者观看鱼从海上到商店的旅程。Snapchat的故事只能显示二十四小时，因此这些标签证明这些鱼确实新鲜。

这让人回想起2017年美国Kettle Chips薯片的另一项活动。每个袋子都印有追踪代码，直接链接到原产地农民的信息，包括有关农场如何运行以及成为供应商的时间有多久。甚至还包含一些农场的360°视频之旅和相关农场的参观。

这两个活动都使我们想起了联合利华旗下的调味品品牌Hellmann's在2014年做出的早期努力。与圣保罗代理商The Kumite，Doubleleft和FLAG/CUBOCC合作，Hellmann's推出了"实时成长"网站，消费者可以播放农民帽子上的摄像机的实时视频，因为他们种植的农作物最终会出现在番茄酱和其他调味汁中。为了提高潜在消费者的参与度，Hellmann's与声田（Spotify）合作，基于声波可以影响农作物生长的原理，让人们创建一个在田野中播放的播放列表，然后将这些听音乐长大的番茄制成限量版的番茄酱。

根据这几家机构的数据，该活动覆盖了超过3,000万人，使得活动后品牌考虑度增加了78%。一项后续调查显示，客户对Hellmann's使用可持续番茄的看法提高了24%。

2012年，新西兰苹果酒品牌马特斯（Monteith's）特地将一些产地证据放入瓶中，来达到公关推广目的。"当质量控制失败时，会产生铺天盖地的报道，所有人都会开始谈论它，"马特斯在一个案例研究视频中说，"这让我们想到了一个好主意。"创意很简单：当苹果酒瓶经过生产线时，仓库员工会"不小心"将小苹果树枝条带入包装里。

当消费者开始讨论这些树枝，并引起了媒体的关注时，品牌随后用广告牌进行了道歉，报纸广告中则包含更多的正式道歉，和避免这种情况发生的方法："如果你真的感到介意，也许你可以尝试其他的苹果酒品牌，他们都是用浓缩果汁制成的，因此你不会看到树枝。"

活动代理商Colenso BBDO说，在活动结束后，苹果酒的销售拉动品牌销售额增长了32%。

区块链下的供应链

有不少初创企业也在帮助品牌讲述产品源头的真实故事。其中一家是总部位于伦敦的Provenance公司，它与食品和时尚零售商合作，利用区块链和可扫描标签等技术为消费者提供更多购买信息。

"我认为，这将成为增强未来能力的关键因素，这些初创企业未来会打破一些公司拥有的信息不对称优势。事实上，那些乐于分享信息、拥有透明度的企业会越来越受欢迎。"Provenance创始人杰西·贝克告诉由UBS和Vice创建的品牌出版物《无限》（*Unlimited*）杂志，"我们相信，未来，透明度将是最好的营销工具。"

这里介绍关于区块链的一些背景，有人将区块链定位为与互联网同等级别的游戏规则改变者。正如罗伯特·哈克特在2016年的《财富》杂志中所描述的那样，区块链是一种编码的突破，最典型的应用就是比特币这样的加密货币,"允许竞争者在没有中央权威的情况下,在计算机网络上共享数字账本。没有任何一方有能力篡改记录:算法使得每个人都必须诚实。"可以把它想象成一个去中心化的、不可改变的交易分类账本,是使用透明度来建立信任的理想工具。

随着产品源头成为差异化因素和建立信任的机会,品牌正在抓住区块链的不可编辑性,以证明其产品的正当性。例如,旧金山初创公司Ripe.io正在将区块链技术应用于食品和农业供应链。2017年,该公司开始与美国沙拉连锁店Sweetgreen(该公司以其对可持续性和当地原料的使用保持透明度而自豪)合作。

Ripe.io监测水果和蔬菜在生长过程中的成熟度、颜色和含糖量,为每种作物分配一个"品质因子",直至单个水果或蔬菜。在采摘之后,Ripe.io使用传感器跟踪供应链的整个过程,直到水果和蔬菜到达最终目的地。这些数据使参与该过程的每个人——农民、运货商、餐馆老板和顾客,都能看到农产品的质量,以及从农场到餐桌的整个旅程。

"区块链的承诺是,它可以收集有关整个供应链的所有信息,并对其宣称的可持续性和(或)有机和(或)公平贸易进行一定程度的验证,"Ripe.io的创始人菲尔·哈里斯告诉Contagious,"供应链中包含大量丰富的数据,但这些数据并不总是得到共享、验证和认证的,而且区块链技术可以相对便宜且规模化地完成这个过程。"

在另一个领域,传统摄影品牌柯达正在利用区块链来追踪影像的来源。2018年1月,该品牌宣布与WENN Digital合作推出KodakOne,这是一个记录摄影师图像版权的数据库,帮助他们在作品被使用时能获得相应的报酬。在KodakOne上注册作品的摄影师可以将自己的作品授权给平台内的买家,所有交易都通过区块链上的智能合约执行,支付过程快速和安全。此外,柯达还承诺在互联网上跟踪这些图像的使用情况,保护摄影师的知识产权并在必要时追款。

当然，区块链不是万能药。这种技术已经被诈骗者利用，试图通过伪造加密货币和"提高出货"获利。互联网数据资讯中心高德纳（Gartner）在其著名的"技术成熟度曲线"中研究新兴技术的表象与现实，并表示该技术处于"夸大预期的顶峰"和"幻灭的低谷"之间。区块链炒作的一个有趣的例子是，饮料品牌"长岛冰茶公司（Long Island Iced Tea Corp.）"于2017年12月更名为"长区块链公司（Long Blockchain Corp.）"，并于次日在纳斯达克上市，当天股价上涨182%。但是，不论区块链技术是否能为供应链和产品源头带来真正的透明度，这种潜力仍然能助力品牌在未来建立与消费者之间的信任。

快速获得信任

史蒂芬·M. R. 柯维在其著作《信任的速度》一书中写道："信任度低下会导致速度下降，成本上升。另一方面，信任度提高会带来速度上升，成本下降。"双方之间的信任使他们可以跳过费时费力的质检过程，使交互（和购买决策）更快速，占用的资源更少。

不幸的是，速度因素影响了信任的另一个维度：它通常需要时间来构建。它需要前后连贯性、沟通、可靠性和透明度。虽然一些指标有助于更快地建立信任，但真正的可信度通常不会在一夜之间出现。

然而，心理学教授和影响力专家罗伯特·西奥迪尼分享了一个特例。"一种聪明的策略可以让人立即获得信任，"他在《先发影响力》一书中写道，"能提早坦白弱点的沟通者，通常会被看作是诚实的。"

承认弱点可能是信任和真实性的捷径。这个策略在一些最具代表性的广告活动中被广泛使用。1962年，安飞士租车公司（Avis）宣称，"当你排名第二时，你会更加努力。"于是实现了10年内的第一个盈利年。在2013年名为"停止忽视马麦酱"的活动中，一则有趣的马麦酱（一种酵母酱）广告承认酵母在普及过程中遇到的分歧，将其从讨厌它的人们的蒙灰的橱柜中拯救了出来。吉尼斯黑啤酒用"好东西属于那些耐心等待的人"这句标语，承认了在酒吧中等待一杯黑啤的烦恼。

这种策略已经在广告领域之外得到了一次又一次的证实。1966年著名的一项题为《出洋相对提高人际吸引力的影响》的研究中，心理学家艾略特·阿隆森和他的哈佛同事向学生展示了两个视频。视频是关于一个参加测试，并得到92%正确率的男子。然而，在其中一个版本中，该男子不小心将一杯咖啡洒在了自己身上。研究表明，看到这个版本的学生，会认为这个男士更可爱。看起来，小小的失败可以让一个人变得更具人情味。

品牌也是如此。通过一种称为服务补救悖论的现象，我们可以发现，在品牌解决了其产品或客户服务问题后，客户对品牌的满意度通常高于问题发生前。解决问题的能力比没有问题更能带来信任。

同样，我们对完美的表现持怀疑态度。在一项名为《从评价到收入》的研究中，西北大学施皮格尔（Spiegel）研究中心的研究人员分析了111,460条产品评论，并将评价分数与购买概率联系起来。研究表明，最高的评价分数并不一定带来最高的购买可能性，反而是4.2分到4.5分（满分5分）之间的购买可能性最高。研究人员认为，完美的评价之所以没有带来最大的影响，是因为它们太好而不真实。他们写道："尽管看起来有悖常理，但负面评论会产生积极影响，因为它们有助于建立信任和真实性。"

这种捷径可能在短期内起作用，但必须同时遵循建立信任的其他核心要素，比如可靠性、专业知识、诚实、透明度和组织原则，才能持续有效。

信任带来忠诚度

一般来说，人们都信任自动驾驶。我们乘坐金属大鸟冲上天空，即使人类飞行员很少手动操作（自动驾驶占商用飞行时间的90%左右），我们也相信自己能安全到达目的地。为什么？计算机已经证明它每次都可以进行安全飞行。多年来，自动驾驶技术毫无疑问地证明了其可靠性和专业性。重复执行的能力是建立信任的关键的第一步。

在成熟的领域中，质量会变得商品化。当然，可靠性和专业知识略有不同，个人品位或经验可能会影响你对产品的看法，但一般来说，如果你的产品质量不与价格成正比，那么就不会走得太远。

然而，除此之外还有品牌偏好，这通常受到信任方面的影响。我们相信有宽松退换政策的公司，因为这表明他们相信自己产品的质量，并且他们对于所销售的产品是诚实的，并且在交易中是公平的（想想李维斯的"从不刻意低价出售"的口号，或其他零售商的价格保护承诺）。我们相信那些很快从失误中重振的品牌，因为这是一个信号，如果将来出现其他问题，也会得到快速和适当的解决，这表明品牌重视客户服务，并作出公正回应。我们相信那些公开展示来源以及制造方式的产品，因为这表明公司没有什么可隐瞒，他们在价格、流程或来源上都是透明的。

所有这些类型的信任使我们能够更快地做出决策，避免选择困难，并对我们的选择充满信心。这种信心形成了忠诚。正如拜伦·夏普在《非传统营销》中指出的那样，"买家一般都会拥有几个固定选择的品牌，并喜欢重复购买。"夏普指出，这种忠诚来自人们希望避开风险。"不要将忠诚视为市场不完美的表现，它是一种合理的买方策略，是人类为了平衡风险和避免浪费时间的众多策略之一。"

有了透明、诚实和以客户为先的组织原则，并以可靠和专业的产品或服务为后盾，品牌不仅能够建立信任，还能变得值得信赖，而值得信赖的品牌在竞争中处于领先地位。

> 浓缩版

信任至上

传播和营销巨头爱德曼每年进行一次名为"爱德曼信任指数（*Edelman Trust Barometer*）"的调查，分析全球范围内人们对媒体、非政府组织、企业和政府的信任度。2010年，报告将信任称作"最重要的业务"，并且认为，世界是"利益相关者，而不是股东"。2017年，该信任指数的标题为"信任危机"。它概述了正在影响媒体、非政府组织、企业和政府的"不断增长的不信任"。

对于依赖信任来建立品牌亲和力的营销人员而言，这是个问题。信任是经济互动的润滑剂。我们相信，我们的货币不会在一夜之间贬值。我们相信，我们签署的合同将在法庭上得到维护。我们根据人们的偿还能力和违约的可能性，给人们打出信度分数。这是一种捷径，可以减少我们在互动中的时间和精力的浪费。

首先，品牌应该相信自己是值得信赖的。问自己下列这些大胆的问题：

- 我们让消费者真正信任我们的品牌、产品和信息的原因是什么？

如果你无法回答这个问题，可能对你来说是一个重大机遇。

在Contagious，我们相信——特别是对营销人员来说——信任由五个关键支柱组成。我们时常与客户分享下面的图表。

诚然，专业知识和可靠通常不在营销人员控制的范围内，因为关于产品质量和一致性的决策往往由高层决定，或在流程的早期被决定。然而，其他三个支柱却是可控的。

我们在第一条诫律中详细讨论了组织原则。这是你每天去工作的原因，也是公司为什么存在的原因。另外两个是机遇。通过对消费者完全透明，服装制造商Everlane和保险公司Lemonade等初创品牌颠覆了行业并改变了客户的期望。像达美乐和奥迪这样的知名品牌则通过让客户知晓从装配到交付的整个流程，来建立信任，甚至引发人们的兴奋感。而那些采用了未经加工方式传递消息的品牌，如皇家加勒比海和塔可钟，已经得到了消费者对诚实的赏识。

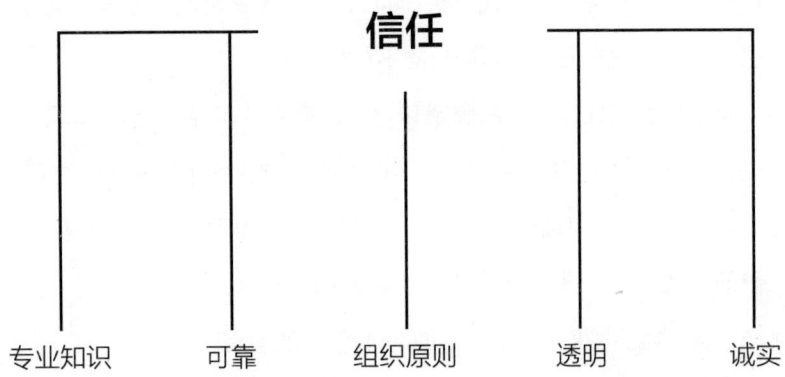

专业知识　　可靠　　组织原则　　透明　　诚实

有了Contagious为你提供的五个信任支柱，还可以问自己以下问题：

• 我们如何改进每个支柱以增加品牌的信任？

• 我们能否更好地传达我们的专业知识、可靠、组织原则、透明和诚实，以便客户对购买决策充满信心？

• 当谈到每个支柱时，我们怎么做才能更值得信赖？

在五个类别中，分别为公司打分，满分为10分。圈出最低分，从那里开始你的工作。

THE TENTH COMMANDMENT

诫律十：打破常规，勇于创新

一切都归结为：要勇敢。毕竟，这就是这本书谈论的内容。激发品牌勇气的十个步骤。打破常规，勇于创新的十大策略。以最聪明的方式来服务客户的十条提醒，即使这些方法以前从未尝试过。

但，什么是勇敢？通常，这是一个取决于上下文的术语。对于一个人来说，勇敢可能意味着登上飞机。对于其他人来说，是在餐桌上有只蜜蜂嗡嗡作响时能够保持冷静。对另一些人来说，勇敢可能意味着哭泣。

在很大程度上，勇敢是没有明确定义的，它是多变的。而这正是为什么它可能是与世界上每一个企业最相关的一条诫律。无论勇敢在某个时间点对公司及客户的意义是什么，我们坚信你必须这样做，否则就会陷入困境。大胆的行动和勇敢的想法让消费者有理由信任品牌，让品牌脱颖而出。

伟大的想法十分重要，但付诸行动也不容易。削减预算、短期利益以及我们自己的恐惧和偏见都对创造力构成了威胁，而创造力被证明是有效营销的最有利途径。然而，对风险的规避不仅给营销带来压力，这种反创新的破坏力会让整个公司陷入困境。

真正有创意的想法很少是可预测的，也很难控制在最后期限前以及预算之内。管理学专家林恩·C. 文森特在《审计员武装部队》期刊中写道："创造力具有内在的风险。根据定义，创意是新颖且有用的。如果这个想法真的很新颖，那就会有一些风险……由于存在这种风险，人们通常会偏向于维持现状。"

在Contagious，我们对现状过敏。我们相信，勇敢、新颖的创造力是在竞争中获得优势的最佳手段。毕竟，创意是民主的，即使是最大的品牌也必须不断赢得消费者的信任和尊重。在所有其他条件相同的情况下，勇敢的品牌将带来更多创造性的工作，并且从长远来看将会获胜。这已经在营销的世界中被证实。简言之，我们认为在销售商品的时候，创造性的工作会远胜于非创造性的工作，很多人已经证实了我们的假设。

让事实说话

英国广告从业者协会（IPA）的雷·比奈和彼得·菲尔德有一项题为《创造力与有效性之间的联系》的研究，这可能是该课题下最著名的研究。比奈和菲尔德分析了IPA有效性数据库中的1,000个案例，发现在2000年至2011年间，用"媒体占有率（与竞争对手相比，一个品牌在媒体传播拥有的对话的份额将影响市场份额）"作为标准，创造性营销活动的效率比非创造性活动的效率要高出11倍。创造性的广告带来2.34%的市场份额增长，而非创意广告只有0.2%。在2011年到2016年间，创造性工作与非创造性工作的有效性，从前者是后者的11倍降到6倍，主要是由于人们对短期结果的日益关注。（还记得第一条诫律中对敏捷长期主义的强调吗？）

在另一项名为《长期战略和短期战略》的研究中，比奈和菲尔德直接指出了数字时代对短期结果的追逐："更令人担忧的是，在短期指标的驱动下，许多公司在开发实时活动管理系统。然而如果没有长期指标的指引，它们可能会为品牌带来致命影响。"

其他学者研究了创造力在激发广告效果方面的价值。李奥贝纳全球创意资源总监唐纳德·甘恩在一项长期研究《获奖的商业广告是否带来销售业绩》中发现，获创意奖的电视广告每10%的媒体占有率带来了5.7%的市场份额的增长。而非创意广告在同样的支出下，仅带来了0.5%的增长。

在2014年的《营销科学学会期刊》中，陈洁苗、杨晓静和罗伯特·史密斯发表的研究表明，创造性工作的效果也比非创造性工作更持久，因为消费者不那么容易厌倦。"当一则广告具有差异性和相关性时，即使高度重复，它也能抵抗兴趣的磨耗"，他们写道，并且引用他们对创造力的定义（有差异却相关），"只有创意广告才能在高曝光频率下抵抗兴趣的磨耗。因此，创意广告的积极效果在多次重复中更为明显。"由此，你可以将"节省成本"添加到创意的效益清单中，因为广告效果持续时间越长，需要投放的广告就越少。

最后，创造力已被证明可以为那些勇于实践的公司带来成功。詹姆斯·赫曼（James Hurman）在2016年出版的《创意为什么是必要的》一书中指出，从1999年到2015年间，获得年度戛纳创意营销奖项的公司的表现优于标准普尔500指数公司3.5倍，前者年度股价增长率为26.1%，而后者年度股价增长仅为7.5%。他写道："带来名声的营销活动最能带来效益，而创造力是带来名声的最佳途径。"

毫无疑问，作为营销人员和品牌建设者，我们的目标应该是让最具创造性的工作成为可能。那么是什么阻碍了我们？

毒药、呕吐与痛苦

不幸的是，阻碍我们的正是我们自己。人类大脑并没有接受创造力不确定性的本能，我们天生希望维持事情的一致性、可预测性，从而将风险最小化。虽然我们嘴上说想要创造力，但当面对实际的新想法时，我们的大脑就会反抗。

2010年，研究人员詹妮弗·穆勒、希穆尔·梅尔瓦尼和杰克·冈卡洛通过康奈尔大学的劳工关系学院（ILR school）发表了一篇题为《创造力的偏见：为什么人们渴望却拒绝创造性思维》的论文。它证实了我们的大脑不愿接受创造力，即使我们声称持有开放态度。"即使人们将创造力作为理想目标，他们也时常拒绝创意，"他们写道，"结果表明，当参与者遇到不确定性时，他们会对创意持负面看法，而这种偏见会影响他们识别创意的能力。"

通过指示参与者写一篇支持以下论述的文章，"对于每个问题，都有不止一个正确的解决方案"（对不确定性的高容忍度）或"对于每个问题，只有一个正确的解决方案"（对不确定性的低容忍度），研究人员将参与者的思维模式分为两种：对不确定性的高容忍度和对不确定性的低容忍度。然后，他们使用所谓的"隐式关联测试"（IAT），指示参与者按下键盘按键以响应特定术语，测量他们的反应时间。IAT使用四组分类词（正面，负面，创意和实用），测试了参与者在不同情感之间的潜意识联系。他们发现，对不确定性的低容忍度的人将创造性词汇与负面词组相关联，例如毒药、呕吐和痛苦。当评价一个创意时，低容忍度群体给出的得分低于高容忍度群体。

"我们的研究结果表明，如果人们难以接受创意，尤其是当人们拥有许多实用和非原创的选项时，创意领域的重点可能要从如何产生更多创意转移到如何帮助创意机构识别和接受创意，"作者写道，"也就是说，我们不需要提出更具创意的想法，我们已经有了创意想法，相反，我们需要努力识别和培养这些想法，让它们变为现实。"

> 每个人都知道圣诞节不是自私的时候，每年年末的电视广告也将焦点对准了这一点，处处充满温暖、善意和慷慨。背道而驰十分有风险，然而也会

有很棒的效果。2013年，英国的哈维·尼克斯百货就铤而走险，打破了这一季节性惯例，并冒着遭到客户反对的风险，在一年中最无私的季节做起反慷慨运动。在"抱歉，我把钱花在了自己身上"活动中，广告里的主人公给亲朋好友买了诸如橡皮筋和回形针这类的礼物，同时将省下的钱为自己买了价值不菲的物品。零售商还更进一步，列出了一系列"超低价"礼品清单。在上市的一天内，该系列就销售一空。

活动朝着所有人相反的方向，创造了出色的成绩。凭借其厚颜无耻的调性和出色的手艺，活动在戛纳国际创意节上揽获了四项大奖。但这绝非偶然。"戛纳国际创意节上的很多评论都是关于该活动如何勇敢地挑战圣诞节的惯例，"负责该活动的adam&eveDDB的理查德·布里姆说，"这就是我们一直与哈维·尼克斯百货合作的一贯方式，我们只是把它推到了极限。"

事实上，哈维·尼克斯百货（其组织原则是"无所畏惧的时尚"）近年来频繁进行大胆的创意活动。2015年，它推出了一项会员活动的广告，其中包括哈维·尼克斯百货安全摄影镜头拍下的真实的扒手画面，并配上卡通面孔。"喜欢免费的东西？"广告标语问道，"参与哈维·尼克斯百货的会员奖励计划，赢得免费礼品。"该品牌的2015年圣诞节广告展示人们收到不太喜欢的礼物时脸上的尴尬表情，又与圣诞节的欢快气氛背道而驰。adam&eveDDB的策划人杰西卡·洛威尔告诉Contagious，"在一年的那个时候，当所有其他零售商都很感伤时，你与所有人背道而驰，这会让哈维·尼克斯百货显得诙谐和幽默"。在一年最热的广告季节选择与众不同的做法，确实需要一些胆量。

识别和接纳创意

大多数公司的思维方式与那些研究参与者们相同，重视一致性、可预测性并倾向将风险最小化。当要在实用和创造性的解决方案之间做选择时，大多数人会选择前者，将创意点子留在日后。尽管人们将创造力看作业务的重要组成部分,落地却十分困难。

企业的运作方式往往存在矛盾,人们期待高管会支持那些具有潜在影响力的大胆创意,但同时也要兼顾截止日期、预算和风险。我们的奖励和激励都基于确定性和可靠性原则。相反,营销人员应该强迫自己走出舒适圈。要想有进步就需要有增长,而正如老话所说的那样,没有变化就没有增长。

然而,勇敢并不意味着鲁莽。早在公元前4世纪,著名品牌战略家亚里士多德称,勇气是四大主要美德之一,但他指出过多的勇气可能会导致鲁莽。他写道:"勇敢的人能够承受并且畏惧那些必要的东西,并且有正当的理由,以及必要的方式和时机。"要勇敢,但要适度。企业必须采用系统的方法实现创意,允许风险的存在但将风险最小化。

在Contagious,我们业务的基石是帮助客户磨炼这项技能。识别、接纳和鼓励创造力,同时采取措施防止精力的浪费和不必要的风险。我们努力将偶然(或困难重重)的创意转化为有意识的创造性实践。我们鼓励客户采取明智的步骤,在必要的时候,从常规的做法中走出来,跟随信念踏入未知的水域。我们告诉他们,不要过于悲观,但也不要害怕失败。

正如诗人罗伯特·弗罗斯特所说,"自由源于勇敢"。

勇敢的作品

我们在本书中用了大量的笔墨(以及在这条诫律的灰框部分中的一些额外笔墨),引用了可以被认为是勇敢的案例。在大多数情况下,这些品牌的勇敢源于遵循这一系列诫律。巴塔哥尼亚勇敢地告诉人们不要购买它的夹克,但这种勇气来自其清晰的组织原则。Kenco咖啡勇敢地将其营销预算投入到咖啡种植园中,来帮助洪都拉斯的街头青年获得正当职业,但这一想法得以实现的原因在于其慷慨优先的心态。艺术系列酒店免费赠送酒店客房的勇敢决定，正来自对其商业模式的大胆质问。

本书中的每一个活动都是创意机构和客户勇敢决策的结果，他们共同努力，改善现状。

然而，如果没有勇敢和坚定地付诸行动，所有这些案例以及你迄今为止所阅读的所有诫律都没有实质意义。毕竟，市场营销并不能全靠理论。为了使创意发挥作用，公司需要建立一种文化，让创造力得到保障，并让勇敢成为一种工作实践。当然，拥有一个不错的创意，可能会让品牌一时释放创意的光芒。但我们希望你能够将创造力系统化，在整个组织内推行。要做到这一点，你需要一些工具。

评估创意的语言

勇敢工具箱中的第一支利箭是一种共同语言。很多时候，创造力被夸大为灵感的闪现和浴室中的突发奇想。有人说，创意就是把有创意的人聚在一个房间里，然后让他们苦思冥想几天（通常会有不少酒精）。这种看法将创造力从群众手中夺走，创造了两类人群：有创造力的人和没有创造力的人。我们不同意这样的看法。创造力也是一种肌肉，需要通过挑战和重复来锻炼和加强。当然，有些人有天生的优势，就像有些人生来就有运动或音乐天赋。但即使是最循规蹈矩的人，也可以通过训练变得更具创造力，或者至少对创造力的态度更加开放，减少潜意识的偏见。

为了帮助将创造性对话从定性和主观转向定量和客观，我们需要一种共同语言，使我们能够以理性和共同的目的进行交流。

在李奥贝纳任职期间，保罗是全球产品委员会的成员，该委员会根据著名的1–10系统（称为7+量表）评估创意活动。Contagious首先在2015年给全球酿酒商喜力提供一个提升组织创造力的咨询项目时，提出了类似的想法。我们与全球商业大学（喜力的内部培训和开发部门）一起设计了"创意阶梯指数"，这是一种评估工具，从1（破坏性）到10（改变世界），来帮助组织内的每个人用具体的语言代替主观感受。除了宏观的描述之外，量表的每个阶梯都详细解释了什么作品对应什么评级，用清晰的评估语言，将对话从定性转化为定量。

使用这个工具，喜力啤酒内部的营销人员能够量化他们的感受，不是说"我不喜欢"或"我觉得很好"，而是说"我认为这是一个5（可实现的），因为它使用独特且实际的方式来打破陈词滥调"或者"我认为这是7（开创性的），因为会引发人们对这个品类的新认识"。我们故意选择了"阶梯"这个词；如果没有建立在"可实现"理念的基础上，以"新奇的"（得分为6）创造性方式执行，那么一个想法就不可能获得7分。其中一个主要目的是避免得分为4（陈词滥调）的广告，因为它们没有竞争力。

"如果你想要强大的创造力，你需要能够谈论它并给它创造一种语言，因为创造力往往是非常主观的，它与个人的直觉、经验和传承有很大关系。"喜力全球营销高级总监西齐亚·莫雷利·韦胡格在2015年告诉《快公司》，"通过引入创意阶梯指数，我们在喜力啤酒中创造了一种共同语言。"

在同一次采访中，西齐亚·莫雷利·韦胡格观察到安全起见反而风险更高，因为安全的营销策略很容易被忽视。"在这种情况下，如果喜力把任何没有做过的事情都视为有风险，就是最大的风险。"她说，"实际上，对我们来说，风险最大的创意反而是陈词滥调，因为你能确定它不会带来期待的影响。"

阿里夫·哈克当时领导Contagious的创意能力实践，并与喜力共同开发创意阶梯，他评论道：

这个行业中，最艰巨的任务不在那些提出勇敢的新想法的人身上，而是在冒着风险批准这些想法的客户身上。让从未接受过创意训练的人，给创意提供专业的反馈，听起来似乎不太明智，但这正是我们对品牌经理的期望。

许多人认为创意阶梯的优势在评分上。但它的真正价值在于语言，不仅在每个阶梯的标题中，而且在与之对应的描述中。这些描述详细解释了为什么，例如，7就是7，而不是6或8。本质上，它是一个创意语言词典，专为品牌经理设计，向他们的老板、他们的代理商、同行以及自己，阐述创意想法。

创意阶梯是一种工具，有助于将企业对创造力的看法从偶然的、"神奇的"、有风险的想法转变为可预测和复制的东西，从而使创意得到拓展。

尤瓦尔·赫拉利在他的著作《人类简史》中追踪了人类在地球上的演变，并将我们这一物种的成功归功于快速和清晰地沟通的能力，这实质上是通过语言进行扩展。他写道："我们如何在众多不同的栖息地中如此迅速地定居下来？最有可能的答案就是：智人通过其独特的语言征服世界。"同样，语言使我们能够阐释创造力的复杂性，并让组织中不同领域、不同工作、具有不同技能的人们都能使用。

关于创造力的词汇的大部分讨论都源于上述关于我们拒绝创造力的原因。当我们无法完全掌控一个问题或者创意时，就更容易选择拒绝。还记得在第三条诫律中谈到的客观排除因素吗？创造性的讨论充满了主观的排除因素，像"我不理解"和"我不喜欢"，或者更糟糕的"客户/观众不喜欢"这样的反馈，都陷入了主观性，而组织中位置最高的人或是呼声最响亮的人最有发言权。有了围绕创造力的通用语言（词汇），就会变得更为客观，更容易确定实际的问题，继而找到改进的方法。

寻找创意倡导者

我们与喜力，以及与其他客户共同开发创意指南和课程的过程，并不仅仅是编制一个十级量表那么简单。有了语言还不够，组织必须推广这种新语言,并教会人们如何建设性地使用它们,它需要成为一种习惯。喜力啤酒的做法是,通过一系列本地和区域创意大师课程来培训营销人员,将创意阶梯的语言融入实际对话中,并成立高管创意委员会,来评估和判断公司的创意产出。

在Contagious,我们建议客户选出内部倡导者,负责带动高层和整个组织的创造力。我们帮助他们建立创意委员会,定期回顾品牌的工作,以了解品牌在内部和外部的工作对照客观评级的表现如何。我们还制订持续教育计划,帮助营销人员了解市场中不断变化的挑战,磨炼他们的技能,使他们能够勇敢地倡导那些会取得突破的想法。

从本质上讲,勇气是思维与物质之间的斗争。如果你害怕蜜蜂,或恐高,或害怕小丑,这是"非理性"的恐惧。你的理智告诉你没有什么可怕的,但只要看到某些事物,就会浑身冒汗。在这种情况下,使用理性的语言可以解构情境的逻辑,理性语言是一种强大的工具。在为大胆的创造力做争取时,它有时可能是唯一的工具。

> 现在想象女性卫生用品(如卫生棉条或卫生巾)的广告,猜猜它的关键组成部分是什么?是否涉及神秘的蓝色液体?这已经成为根深蒂固的陈词滥调,甚至定义了该类别的信息本身。广告没有展示血液,而是选择通用的液体替代。没有品牌敢于挑战这项规则,至少直至Bodyform出现。2012年,瑞典卫生用品公司Essity旗下的这个品牌发布了一则名为"真相"的广告,其中一个女演员扮演Bodyform的首席执行官卡罗琳·威廉姆斯,对Facebook上一名男性评论者(他曾在该公司的Facebook页面留言,指责Bodyform"为什么骗了男人这么多年",因为他们的广告描述的女性在经期来临时的愉悦心情都是假象)透露了关于经期的真相。"我很遗憾地告诉你,不存在所谓快乐的经期,"她说,"痛经,情绪波动,永不满足的饥饿感,血

液就像深红色的山体滑坡一般从子宫内流出。"广告背后的创意机构橡胶共和国（Rubber Republic）称，该视频获得了600万次观看，几乎全部通过赢媒体，并且Bodyform的搜索量增加了1,000%。

2016年，在这一成功的基础上，该品牌在整个欧洲开展了一系列活动，旨在通过大胆的信息来消除人们对经期的误解，打破了整个品类的信息传播规则。在收集了10个国家的10,000名男女的投票后，该品牌发现三分之一的人从未见过女性在电影、电视或书籍中公开讨论她的经期。"我们经常在流行文化中看到血淋淋的场景，却很少听见女性谈论她的经期。"Essity全球品牌经理马丁娜·波洛帕蒂告诉Contagious。这一系列面向18岁至35岁女性的广告公开谈论了经期如何影响女性的健康和精力，打破了关于购买女性卫生用品的文化禁忌，而且最关键的是，将蓝色液体换成更逼真的红色。

第三个活动为Blood Normal，在三周内产生了7.96亿次公关印象、8,000万次社交印象和600万次视频观看。这项名为Red.Fit的长期活动通过赢媒体实现了90%的覆盖率，并且改进了Essity所有品牌资产支柱（包括功能和情感），还提升了产品试用的水平。

"在女性护理领域工作，你意识到的第一件事就是这个类别中有太多禁忌，大多数品牌都遵循这些规范，"波洛帕蒂说，"Bodyform非常勇敢，成为第一个打破这种状态的品牌，而且从巨大的反响中可以清楚地看到品牌获得的回报。"

了解通往创意的阻碍

下次你在工作中感到厌倦时，请做一个实验：询问你的任何业内的朋友，是否觉得自己能在日常工作中进行大胆的创意冒险？除非他是世界上最幸运的人，否则几乎所有人都会说："其实，并没有"。当你问他们为什么时，熟悉的主题将开始出现：太忙于管理下属或项目，没时间思考；必须努力满足预算和截止日期；不能容忍失败；过去推动一项创意时，遭到了来自高管的反对；可能会被嘲笑，等等。

然后，在你自己的公司内部问同样的问题。组织中创造力的最大障碍是什么？是知识吗？还是时间？缺乏鼓励？对变化的抗拒？关注短期，而非长期？解决这个问题的第一步，就是找到创造力的瓶颈在哪里。

通过突破这些瓶颈，公司可以创造一种让新想法茁壮成长的文化，并鼓励人们花时间去寻找它们。也许这可以是领导者设立的失败奖，表明伟大的想法时常来自失败尝试的灰烬。也许可以是留出实验的时间。或者也可以是一件简单的事，比如鼓励人们在一次开放的会议中提出问题和分享不同的想法。

因为，在理想情况下，创造性的勇敢根本称不上勇敢。它是优秀的商业实践，聪明又新颖，并且尽可能地降低风险。正如代理商Cello Signal的战略总监菲尔·亚当斯（Phil Adams）2017年在营销资讯网站The Drum上发表的一篇相关文章中写道，"我曾合作过的客户中，有些并不需要预先测试来批准一个想法，有些会忽略负面反馈，一味推进他们所坚信的广告创意。我不会把这些人称为勇敢，因为他们知道自己在做什么。好的想法往往没什么风险，它们是出奇地有效。"

在实践中，创意的生态系统更倾向于保守，正如那句格言"没有人因为购买IBM而被解雇"。即使我们心里知道创造性的想法更胜一筹，理智也在阻止我们冒险。我们专注于日常的细枝末节，而不是面对隐隐出现的巨大挑战。但这是缓慢衰落的快速通道，正如德怀特·艾森豪威尔曾经说过的那样，"重要的很少是紧急的，紧急的很少是重要的。"

聘用（和管理）勇敢的人才

勇敢不应是组织中某个人的责任，也不是某个部门的目标。的确，一些人或部门会起带头作用，拥有单一创意催化剂的公司偶尔会大海捞针般地创造成绩。但可复制的大胆创造力需要一个环境。而且（出乎意料的是）也需要摆脱现状，走出舒适圈。

2006年，斯坦福大学亚当斯杰出管理学教授、团队绩效专家玛格丽特·安·尼尔写道："对于一个追求创新和创造力的组织来说，最不希望看到的就是团队中每个人都相似，并相处得很好。"

组织行为专家巴里·斯托在一篇题为《为什么没有人真的想要创造力》的文章中回应了这个想法。"从我们的了解来看，组织偏向于招募和选择那些与公司现有员工相似的人。对于那些可能在没有适当技能和价值观的情况下进入组织的人来说，同化通常就是答案，"他写道，"不断克隆现有员工，通常是管理层想要的。"

这些同质的文化无法带来很好的想法。它们导致组织的盲区，使公司变得默默无闻，甚至产生毁坏性的结果。因为同质群体导致同质的想法。

麦肯锡的最新研究表明，处于性别多元化前四分之一的公司的财务业绩高于其行业平均水平的可能性要多出15%。更重要的是，处于种族和民族多样性前四分之一的公司财务业绩高于其行业平均水平的可能性要多出35%。每一个点滴都很重要。麦肯锡伦敦负责人维维安·亨特写道："在美国，种族和民族多样性与更佳的财务表现之间存在线性关系：高管团队的种族和民族多样性每增加10%，息税前收益则增长0.8%。"这些都是令人难以置信的数字，证明了让不同的人参与对话能够产生新的想法，并且带来红利。

组织除了雇用这些人之外，还须努力营造环境，让他们能够在不受惩罚的情况下做出大胆的决策，前提是风险在合理的范围内。正如乔治·巴顿将军所说，"不要告诉人们做事的方法。告诉他们要做什么，然后让他们给你惊喜。"

以下是特蕾莎·阿马比尔1998年发表于《哈佛商业评论》的文章《如何

杀死创造力》中的回应：

流程的自主性能够促进创造力，因为自由的工作方式会提高人们的内在动机和主人翁意识。流程的自由还允许人们充分利用其专业知识和创造性思维来处理问题。有时任务可能超出能力范围，但他们可以利用自己的优势来应对挑战。

在第一条诫律中，曾有关于适应性思维相对于战术性思维的讨论，类似的原则也适用于此。给人们创造力的空间，他们很可能会接受你的提议。

没有多少品牌拥有内部恶作剧部门。但话说回来，并不是很多品牌都像爱尔兰博彩公司帕迪鲍尔（Paddy Power）一样大胆。这家公司曾打赌下一任教皇是黑人；伪造出砍伐巴西热带雨林的图片；赞助了在伦敦法国城的一场鸡蛋和勺子比赛，因此它可以在2012年奥运会期间成为"伦敦今年最大的田径比赛的官方赞助商"。恶作剧已经成为该公司DNA的一部分。

"重要的是，我们知道自己是这个行业的弱者，"帕迪鲍尔公司的品牌负责人保罗·斯威尼在2014年告诉Contagious，"传统竞争对手的收入是我们的四倍，所以我们每1英镑投入必须有四倍的回报。"前面提到的内部恶作剧部门与Crispin, Porter+Bogusky, Lucky Generals, Chime Sports Marketing和WCRS（以及Paddy Power法律部门）等机构密切合作，策划各类大型活动来保持媒体关注。斯威尼说："唯一不能打破的规则，就是我们不能让公司的任何人冒入狱的风险。除此之外，这是公平的竞争。"线下的活动由一个复杂的在线编辑团队提供支持，该团队的任务是了解赌博的人们在谈论什么，并制作相关内容，在情感层面上切入和连接。

凭借这种后进生般的勇敢，帕迪鲍尔公司成为头条新闻，并且在竞争中脱颖而出。2014年，该品牌实现了连续十年的30%的同比增长，其中49%的赌注通过手机进行，远高于行业平均水平的9%。这是一种聪明思考和大胆行动的结合，该品牌的第一任首席执行官斯图尔特·肯尼说："我们会赚你的钱，但我们会让你花钱花得开心。"

内在和外在的动机

俗话说，牵马到河易，强马饮水难。如果你在富有创造力的环境中雇用了一匹马怎么办？你能让它变得有创意吗？

创造力靠天性还是后天培养？试图激发创造力的公司也时常陷入这样的讨论。你能否建立一种文化，真正鼓励员工做出勇敢决定，并践行创意？还是仅仅是招聘那些天生就富有创造力的"摇滚明星"？

实际上，有两组激励因素在推动我们完成任何任务：内在动机和外在动机。内在的驱动力来自任务本身，人们只是为了想做而做。我们去跑步，因为我们想跑步。圣约翰大学的助理教授拉杰什·辛格将工作环境中的内在激励因素描述为"员工从有意义的工作中获得的良好心理感受"。

另一方面，外在动机来自任务之外。比如：晋升，经济回报，奖励。

我们经常将内在动机和外在动机划上明显的界限，一个人要么是"自我驱动"，要么是"为工作而工作"。研究的分歧在于，外在力量是否能够真正激励员工进行高效工作。正如我们在第一条诫律中所讨论的那样，"赚钱"作为推动公司前进的组织原则显得并不充分。

然而，最近的研究表明，外在动机和内在动机的联系可能比之前认为的更加紧密。Hye Jung Yoon，Sun Young Sung和Jin Nam Choi在2015年《社会行为与人格》杂志上发表的一项研究《创造性绩效的机制》中发现，在创造力方面，外在奖励（假设奖励是员工重视的事情）会影响人们对任务的态度，从而激发更多创造性工作：

对创造力的外在奖励而言，尽管这种类型的奖励对创造性绩效没有显著的直接影响，但外在奖励与创造力的承诺显著相关，而这反过来又对创造性绩效产生了重大影响。我们的研究结果表明，外在奖励通过对创造力的承诺对创造性绩效产生了显著的间接影响，这表明中间的心理条件对于外在奖励影响创造力至关重要。

那么这意味着什么？在条件允许的情况下，雇用具有内在驱动力的人来发挥创造力并践行勇敢的想法。然后，用他们重视的事物来激励他们做这件事。最后，在任务上让他们自由发挥。正如著名瑞典代理商Forsman & Bodenfors的前首席执行官埃里克·索伦伯格对他的员工所说的，"唯一的老板就是任务本身"。该机构列出了一系列工作原则：

- 向你的同事展示你正在做的工作。
- 听他们的建议。
- 学习。
- 准备改变主意。
- 分享你的成功。
- 参与其他人的工作并发表意见。

我们并不是心理学家或行为科学家，但这些原则似乎模糊了内在动机和外在动机之间的界限，创造了一个环境，在这个环境中，员工受到手头任务的驱使，并通过机会获得满足内在动力的外在奖励。索伦伯格举例说："一个文案同事在负责两个备受瞩目的项目，他刚到公司且非常年轻。"要是在传统的代理机构中做这类工作，你可能需要等待几年。在这种情况下，外在奖励就是能够参与重要项目，从而激发内在的驱动力，带来优秀创意。

勇敢始于大胆的简报

在培养创造性环境的方式中，简报或许是营销人员使用的最不充分的一个。不熟悉广告世界的读者，可以将简报视为策划活动的指令，通常由品牌客户向代理机构提供，阐明其主要目标。当Contagious在2017年对一些业内领先的创意人士进行了一次关于简报流程的调查时，我们一次又一次地听到了这一消息。"最不愿意看到的事情,就是客户在给你简报的时候已经有一个清晰的结果,并且不希望你偏离这条道路。"Colenso BBDO的创意主席尼克·沃辛顿在新西兰告诉我们,"这样就限制了创造非凡作品的机会。"

在广告的背景下谈论勇敢和创造力时,无法忽视代理商和客户之间的这种微妙的博弈。简报过程是品牌建立其对勇敢的渴望的机会,同时为活动定义衡量标准和目标。

"当人们要求你尽最大努力时,你会尽力而为,"代理公司Lucky Generals的创始合伙人安迪·奈恩告诉我们,"客户通过简报设定一个框架,说明他们想要得到出色的结果,但事实上给我们的印象并不是这样。有些时候你会觉得人们只是想要一些过得去的东西,也就是继续并发扬他们已经做过的事情。"

"为了得到具有高传播度的作品,简报只是一个开始,真正开展这项工作就完全是另一回事,"沃辛顿说,"几乎任何人都可以拥有一个绝妙的主意,但很少有人能够出色地执行这些想法。"

事实上,大多数情况下,代理商会根据他们得到的简报开展工作。偶尔他们会脱离并创造一些不寻常的东西,但即使在这些情况下,客户也很少同意这样的方案。BBH UK的前任主席吉姆·卡罗尔这样说道:"非凡的作品往往与简报不那么直接关联,它们打破常规,使用一些不那么为人们熟悉的参照点……通常很容易遭到拒绝。在商业的种种层面,智力代表着竞争优势。但在创造力的判断中,它可能代表一种诅咒,一种竞争劣势。"

当客户为普通作品买单时,他们只会得到普通的作品。他们向代理机构表示,对真正有创意的想法不感兴趣。因此,这些广告机构的优秀创意人选择服务不同的客户。这就像是自我实现的预言:只有你提出要求,想要伟大的作品,才能得到出色的作品。

正如世界最大广告主宝洁公司的全球营销和品牌官马克·普理查德在

2012年戛纳国际创意节上所说,"我喜欢告诉人们,你们需要去激发那种你愿意为之赌上职业生涯的创造性作品。"

"这要么是彻底的成功,要么是彻底的失败,要么是死亡,要么是荣耀。这是一场巨大的赌博,让啤酒成为现实。"苏格兰酿酒厂精酿狗(BrewDog)于2018年2月宣布,将在其品牌的酒吧赠送100万品脱免费啤酒,这家啤酒厂的创始人曾经宣称他们宁愿把钱烧掉,也不会购买传统广告,自相矛盾地使用由伦敦机构Isobel创造的海报来挑战消费者:"不要买广告。自己决定。"

精酿狗一直是一个叛逆的品牌,"朋克"这个词几乎在它的所有品牌信息中都有表现,包括旗舰的朋克IPA和"朋克平等(Equity For Punks)"众筹活动。它甚至将自己描述为"后朋克文化,世界末日的顶尖酿酒厂",直至英国广告标准管理局发出警告。该品牌的信息传播十分符合反文化的精神。它曾三次酿造世界上最烈的啤酒(最近一次是在2010年,ABV IPA的浓度达55%,这款啤酒被装在用松鼠或白鼬标本做外包的瓶子里,起名为"历史终结者"),给粉丝分发免费海报在英国各地散播,在网上公布所有的配方,甚至还发布了一种含有类固醇的啤酒,以嘲笑竞争对手喜力啤酒2012年的奥运会赞助。这一切都来自疯狂的品牌基因。

"大品牌通常会对这种做法说不,因为他们看到了风险,但实际上,表明鲜明立场带来的机会远高于风险。因为这表示我们忠于某个使命,人们可以不认同,但我们从来不会出错。"精酿狗公关机构Manifest的创始人利克斯·梅尔斯告诉Contagious。对品牌来说,营销人员应该问自己,是否别的品牌也采取类似的活动。如果答案是肯定的,那么他们会考虑下一个想法。

2010年,当Contagious首次接触到这家大胆独立的啤酒制造商时,它每年酿造量是158万升,并刚刚开设了第一家啤酒吧。2017年,精酿狗扩大到美国,第二个目的地的啤酒厂将其酿造能力提高到1.64亿升,是2010年

> 的一百多倍。这足以使其成为世界上增长最快的精酿啤酒制造商,价值超过10亿英镑。它的产品组合现在包括同名酒吧和酒店,据报道,他们甚至计划推出一系列精酿啤酒电视网络。

还在等什么,行动起来

创造力只有在足够勇敢地执行的时候才会起作用。还记得IDEO的品牌体验设计总监汤姆·莱斯,以及他在诫律七中引用的"被忽视的问题"概念吗?他在2015年于旧金山举办的Contagious大会上告诉观众,当广告代理商向客户介绍方案时,他们经常会用大致相同的演示文稿。一般来说,广告代理商用的创意和策略都大同小异。让他们与众不同的地方是演示的最后部分,他们会加上一些令人激动、富有创意以及大胆的想法。莱斯说,客户经常根据这些部分的内容做选择,但随后只是付钱给他们执行前面的想法。

这类似于购买兰博基尼,却只将它开到教堂。

我们坚信,在当今的竞争格局中,勇敢不只是一个选择,而是一项战略要务。Contagious与营销和销售咨询公司OxfordSM合作,开发了一个品牌框架,以概括本书中探讨的许多诫律。我们将其命名为"改变当下,实现未来"框架,鼓励品牌根据今天的增长需求进行评估和优先排序。牛津大学能力实践负责人彼得·柯克比说:"商业团队往往面对许多噪声和复杂问题,但很容易忽视真正重要的一些事情。"他指的就是勇敢地行事。

对于阅读到这里的读者来说,这个框架看起来很熟悉,尽管有些用词上的差异。它由两个关键点("实现你的使命"和"拥有一个简单的体验"),四个行为和两个促成因素("简化"和"数据突破")组成。

框架中的所有元素,以及本书中的任何一条诫律,都同等重要。要在接

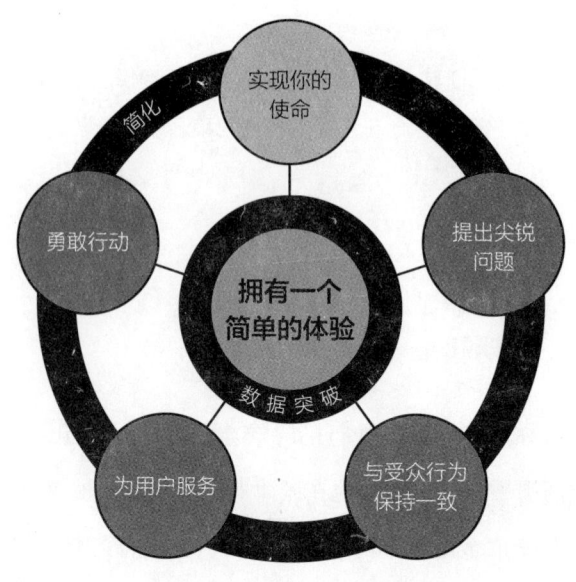

下来的几十年中成为一个成功的品牌，你必须做到以上所有（然后其中一些）。但是，如果我们只选择一个，我们会选最后一个。你可能拥有世界上最杰出的想法，但是如果你不尝试着实现它们，如果你不冒风险来表达自己的价值观并吸引消费者，如果不违背惯例并在茫茫人海中脱颖而出，那么其余的甚至可能都不重要。

柯克比说："彼得·菲尔德的分析的强有力的证据表明，伟大的策略和真正的创造性勇敢相结合，效果比伟大的策略与普通的创造性结合高六倍。这就是彼得·菲尔德所谓的'名声效应'——创造性的大胆作品会得到人们的关注，因此具有乘数效应。"

在这个框架中，Contagious和OxfordSM鼓励品牌自问一些关于勇敢的简单问题：

• 你有被人们广泛谈论的创造性作品吗？
• 你有办法在对创造力不利的大环境下，向广告代理商要求创造性作品，并在内部进行评估和推广吗？

- 你的工作方式和预算中是否体现了对"下一个做法"的试错和学习？

思考这些问题可以开启一个大胆的创意之旅，并且可以让你审视你的工作方式，以确保它们不只是安全又可靠的。

这是重中之重

我们希望这本书能够成为创造力的号召力量，和点燃杰出创意的实用指南。我们希望当你读完这本书时，能够汲取一些智慧，记得几个案例和一两个拙劣的玩笑。但最重要的是，我们希望这十条疯传诫律能让你有勇气追随你的创造性想法，并抛开现状，设定远大的抱负。

这绝非易事。定义组织原则需要对公司及员工进行灵魂的拷问。提供实用、相关和有趣的服务和传播内容需要深入了解客户，还需具备相关的技能。

提出异端问题尽管能带来突破和机遇，但也可能会让人感到不舒服，充满挑战性。做到与大众行为保持一致需要不断努力将客户置于中心位置。

慷慨地给予和为实验分配预算可能短期不利于盈利，但从长远来看，两者都使品牌更强大、更有价值。在一个更注重"最新"而不是"最优秀"的世界中，优先考虑客户体验而不是创新本身可能会让人感到不合时宜。

让大众深入品牌开发产品和传播信息的过程往往会带来不可预测性。建立信任需要时间和透明度，这两者都具有挑战性（前者对于初创品牌更有挑战，后者对于传统品牌更有挑战）。

所有这些挑战都汇聚到最后一条诫律：打破常规，勇于创新。创造力的魄力意味着鼓起勇气去做从未做过的事情，或者摆脱过去的工作方式，或者在未来不明朗的情况下，将一些新事物带给大众。但是如果你把前九条诫律放在心上，那么最后一条应该是最容易的。勇敢不是盲目地跨入未知领域，而是走向未来的谨慎步伐。在不确定性面前保持斗志，因为不确定性永远存在。甚至这一点谁又能确定呢？

创造力具有传染效应。它与我们DNA中最原始的东西有关，不论是洞穴墙壁上绘制的故事和传说，还是篝火周围或喧嚣的集市中流传的故事。从根本上说，能够疯传的事物和人性有关。人们需要分享，建立连接，互相联系，说服他人，从而感到自己是更宏大的事物的一部分。我们相信，如果品牌忠于这十条诫律，便可以获得在文化对话中发声的权力，丰富我们在这个奇妙又疯狂的世界中的体验。十条诫律的核心是一个简单的事实：让人成为优先项。了解和满足他们的需求、想法、愿望、恐惧、挫折，最重要的是，他们的与众不同的地方。慷慨地发挥你的创造力，勇于实现你的愿景。最后，如果你喜欢这本书的内容，请把它传给其他人。

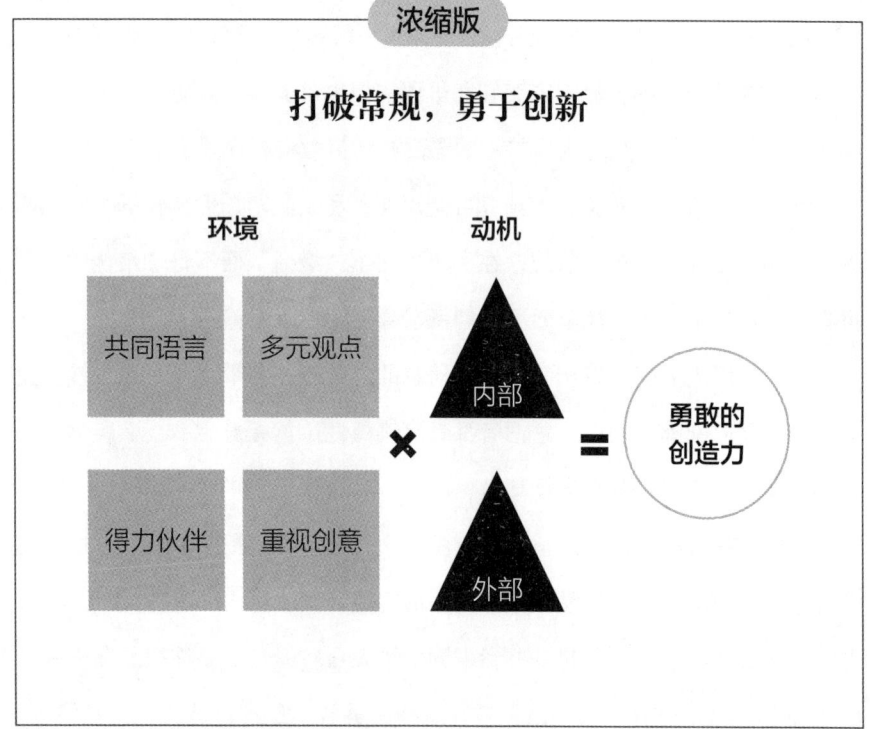

不入虎穴，焉得虎子。不去尝试，就不会有机会。瞄准月亮，即便错失，你也会击中星星。无论你最喜欢哪一句关于勇敢的老生常谈，在今天的营销领域，它们都无比适用。随着受众的分散化和广告门槛的消失，创造力是现代市场中最后一个长期竞争优势。简单来说，与非创造性工作相比，创造性工作更高效，更有效果。

创造性的工作也更令人生畏，因为支持大胆的想法和挑战惯例需要付出一定的努力。毕竟，人们很少因为保险起见而被解雇。但是，如果不仅要生存，还要茁壮成长，我们必须与自己的所有本能作斗争，不能以"足够好"为借口躲在舒适区。风险在所难免，因此，我们需要深入挖掘，以找到勇气去勇往直前，并投资于本能。

勇敢和愚蠢之间只有一线之隔，因此我们希望你能站在正确的一边。这就是为什么我们建议你在勇敢的同时衡量风险。一些实验获得成功，而另一些以灾难告终。因此，为明智的勇敢创造一种正确的生态系统，能够帮助你避免最坏的结果。

那么该如何建立一个生态系统，让勇敢茁壮成长呢？我们认为，它归结为正确的起始条件，加上内在动机（由激情驱动）和外在动机（由奖励驱动）的催化。

为了确保你有适当的起始条件，请问自己以下问题：

• 作为一个组织，我们是否有具体和通用的语言谈论创意？你可以把最聪明的人聚集在一起，但如果他们不能互相沟通，就不会产生结果。

• 我们是否邀请新的声音参与我们的对话，并尝试融入尽可能多的观点？没有新鲜的眼睛和不同的观点，你只能得到一小部分的可能性。

　　• 我们是否与勇敢行事的伙伴建立了良好的合作关系？勇敢的创造力就像核武器发射，双方都需要启动钥匙，使其成为现实。

　　• 我们的核心领导层是否赞成勇敢行事？如果你的最勇敢的想法在最后关头被否决，未来也不用抱太大希望了。

　　如果已经有了一个适当的生态系统，你则需要激励人们利用这个环境。问自己以下问题：

　　• 我们是否在吸纳那些热衷于大胆创意的人？

　　• 我们是否在创造一个激发和鼓励激情的环境？

　　• 我们是否为人们提供想要的奖励，来鼓励创造性工作？我们能提供哪些更好的东西？

　　有时创造性的勇敢可能在一夜之间发生。但更多时候，这是长年累月努力的结果。勇敢就像肌肉，创造力就像肌肉，营销就像肌肉。停下来，它会萎缩。只有推动组织变得更强大，它才会发展壮大。

　　我们希望本书能为你提供一套工具和策略，帮助你更贴近受众，了解你的公司为何以及如何为这些人提供最佳服务，并通过杰出的创意来丰富他们的生活，从而发展你的品牌。激励自己去做这些事情，你会发现它能疯传。

致 谢
ACKNOWLEDGEMENTS

尽管封面上只有两个名字，但是本书确实是集体努力的成果，我们要感谢多年来做出贡献的每一个人。本书是2004年以来，Contagious全球办公室汇聚的杰出人才的产物，他们精心编写了充满智慧的故事，总结出富有洞见的理论，并将支持创新、创造力的使命坚持到底。

特别感谢乔治亚·马尔登、亚历克斯·詹金斯、卡特里娜·多德、帕特里克·杰弗里和丹南，他们的深刻见解对帮助我们打磨和阐明书中的概念至关重要。感谢尼克·巴利斯，在一开始就支持本书的理念，并帮助它最后面世。感谢威尔·桑索姆、阿里夫·哈克、珍娜娜·博尔赫斯、西尔维亚·安图内斯、阿瓦·马达维和杰西·格林伍德，他们总结出了本书的许多策略，并亲自进行测试。我还想特别感谢理查德·纽曼、诺埃尔·韦弗和阿马尔·乔汉，他们的想法推动了Contagious的创立。

虽然我们无法感谢曾经在Contagious工作过的每一个人，但是不得不提到过去的14年里我们出版物产品的作者们，他们的作品为本书的写作提供了基础。感谢艾米丽·黑尔、克洛伊·马尔科维奇、凯特·霍洛伍德、索菲亚·爱泼斯坦、詹姆斯·斯威夫特、克里斯蒂娜·迪米特洛娃、爱丽丝·富兰克林、西安·贝特曼、吉娜·雷姆贝、拉基·乔泰、杰里米·爱德华兹、加比·洛特、路易斯·波特、露西·艾特肯、埃德·怀特、罗宾·利伯恩、格雷格·科普兰、斯塔西·雅各布斯、杰米·马奇、克里斯·沃尔和约翰·里德帕斯。

我们也想借这个机会向设计师迪安·多拉特、加文·赫特、史密斯·米斯特里、夏洛特·萨利斯和里奇·斯宾塞致谢,多年来他们为 Contagious 杂志、我们的在线平台、现场活动和营销材料提供了出色的设计。

本书也离不开 Contagious 董事会的大力支持,感谢约翰·戈登、大卫·福斯特、查尔斯·麦金泰尔以及保罗的长期合作者和联合创始人吉·汤姆森,以及我们极为耐心的首席执行官卡尔·马斯登。

克里斯的妻子阿什利也起到至关重要的作用,因为阿什利让他每一天都变得更聪明和智慧。在一本书中感谢妻子或许很奇怪,所以我想这么说:阿什利,我很高兴你是我的,我很期待与你接下来的冒险。感谢爸爸妈妈为本书初稿提出的建议,更重要的是,感谢他们养育我并教会我所知道的一切。感谢卡罗琳,第一个对我的写作产生影响的人和世界上最好的姐姐。感谢所有多年来一直鼓励和挑战我的朋友和家人。感谢尼克带我进入 Contagious 大家庭和所谓的"肮脏的广告教会"。而且,当然,感谢保罗和我一起踏上这段旅程,并且当我要求他删掉晦涩的英式表达时,他也忍受了,尽管我没能完全成功。

保罗也要感谢他的合著者,超人巴斯,他的精力和专业知识给了这个老手一些新的思路。在个人层面上,保罗非常感谢他优秀的妻子苏,自1986年在金史密斯学院相识以来,她一直是他的坚实后盾和导师。她可能会感到有些奇怪,但她的丈夫会坚持说:我从内心深处感谢你,一直以来相信我,向我展示生命中最重要的东西,感谢你的勇敢,让我拒绝一份舒适的工作,从而带着我和吉在酒吧的啤酒垫上潦草写下的被称为"疯传"的珍贵的小想法航行到未知的水域。中间你不得不忍受我无数次熬夜、长途旅行、周末出差和偶尔的脾气，希望这本书的出版能一定程度上弥补这些。感谢我不可思议的孩子，路易斯、海顿和克里斯丁：我知道我一直鼓励你们去寻找星星，但偶尔你们可以向下看，将卧室地板上的杂物清理干净。我想向我的父亲雷致敬，因为他给了我新闻的细胞，并在我小时候就带我混进米德尔斯堡比赛的新闻发布室，还有我的王牌姐姐西蒙娜，她一直陪伴我左右，她就像我们的丁丁历险记中的白雪。我想把这本书献给两位照亮我生活的强大而无私的女人：我可爱的妈妈，琼·罗伯逊，她在一件可以在商店买到的物品的封面上看到我的名字，会毫无理由地感到骄傲，以及我无比优秀的岳母，玛格丽特·坎普。

我们衷心感谢我们的经纪人托比·芒迪，他在整个过程中让我们安心写作，让这个非凡的过程成为可能。感谢我们尊敬的编辑马蒂娜·奥沙利文，文字编辑特雷弗·霍伍德，我们的公关人员大卫·奥尔，以及Portfolio Penguin出版社的整个团队，他们让这个过程十分顺利。能与这只著名的黑白小企鹅一起共事，我们感到无比兴奋和荣幸。

最后，感谢所有多年来支持Contagious的人。我们的创意已遍布世界各地，并通过像读者你、订阅者、客户、品牌的拥护者和广告代理商们再次传播。是你们让我们记录下这些勇敢、充满激情和高传播度的创意，因为它改变了我们周围的世界，为此，让我们一起"干杯"！